EDMUND STOIBER

WEIL DIE WELT SICH ÄNDERT

EDMUND
STOIBER

WEIL DIE WELT SICH ÄNDERT

POLITIK AUS LEIDENSCHAFT – ERFAHRUNGEN UND PERSPEKTIVEN

Siedler

MIX
Papier aus verantwortungsvollen Quellen
FSC® C014496

Verlagsgruppe Random House FSC-DEU-0100
Das für dieses Buch verwendete FSC®-zertifizierte Papier *Munken Premium*
liefert Arctic Paper Munkedals AB, Schweden.

Erste Auflage 2012

Umschlaggestaltung: Rothfos + Gabler, Hamburg
Satz: Ditta Ahmadi, Berlin
Reproduktionen: Aigner, Berlin
Druck und Bindung: GGP Media GmbH, Pößneck
Printed in Germany 2012
ISBN 978-3-8275-0005-2

www.siedler-verlag.de

Meiner Karin –
für Geduld und Liebe

INHALT

VORWORT

16. November 2011, Moskau, Gästehaus der Regierung. Nach einer mehrstündigen, intensiven Konferenz mit dem Ost-Ausschuss der Deutschen Wirtschaft, dessen Delegation ich angehöre, bittet mich Russlands Regierungschef Wladimir Putin zu einem Meinungsaustausch über die politische Lage in der Europäischen Union. Unter vier Augen, ohne Dolmetscher, wird Klartext gesprochen. Ausgerechnet der starke Mann Russlands, dem wir aus unserer deutschen Sicht viele Fragen zu seiner Politik und seinem Land stellen, macht den Demokratien der Europäischen Union Vorwürfe: »Europa ist ein Krisenherd in der Welt. Die Europäische Union gefährdet die Stabilität der Weltwirtschaft, weil ihr seit Jahrzehnten mehr ausgebt, als ihr einnehmt. Viele machen sich Sorgen, dass Europa seine Probleme nicht in den Griff bekommt und am Ende die ganze Welt in eine Krise stürzt. Ihr müsst etwas ändern.« So sagt er es sinngemäß.

Wladimir Putin steht mit seinen Worten nicht allein, der Chor der Kritiker gegenüber uns Europäern wird immer vielstimmiger und gerade in den sogenannten Schwellenländern lauter. Vorläufiger Höhepunkt sind die Analysen des einflussreichen Club of Rome, der den westlichen Demokratien Unfähigkeit vorwirft und das chinesische Regierungsmodell geradezu empfiehlt: zur Bewältigung der Klimaproblematik, der sozialen Herausforderungen und der Schuldenkrisen. Zwar lag diese »Denkfabrik« auch schon weit daneben, dennoch. Man traut seinen Augen und Ohren nicht. Wie die Welt sich ändert!

Ich bin ein Kind Nachkriegsdeutschlands, Jahrgang 1941. Die Zeiten waren schlecht, die Hoffnungen umso größer. Demokratie und soziale Marktwirtschaft waren nach 1945 eine Verheißung. In Moskau saß nicht der kritisch betrachtete Wirtschaftspartner, sondern der Herrscher über das Reich des Bösen. Deutschland war ein in jeder Hinsicht darniederliegendes Land. In der Welt und auch vor sich selbst moralisch diskreditiert durch das Grauen des Holocaust, zwangsgeteilt. Und heute? Ist Deutschland wiedervereinigt, wirtschaftlich wie politisch ein Führungsland innerhalb der Europäischen Union, ein viel beachteter Partner in einer sich rasant verändernden globalisierten Welt. Lange schien der ökonomische und gesellschaftliche Aufstieg unaufhaltsam. Aber die Vorhaltungen Putins und anderer haben einen Kern: Ist unsere demokratische und freiheitliche Gesellschaft, für die wir uns so unendlich eingesetzt haben, in der Wirklichkeit des 21. Jahrhunderts angekommen? Euro-Krise, Klimawandel, Energieversorgung, Demografie – haben wir die Kraft, Churchills Urteil wieder zu bestätigen: »Die Demokratie ist die schlechteste aller Regierungsformen – abgesehen von den anderen Formen, die von Zeit zu Zeit ausprobiert worden sind.«?

Über drei Jahrzehnte durfte ich hohe und höchste Verantwortung tragen für meine Heimat Bayern und auch für Deutschland, mein Vaterland. Wenn man sein Leben so sehr der Politik gewidmet hat, bleibt man ein politischer Mensch, auch wenn man keine aktiven Ämter mehr ausübt. Ein gewisser Abstand kann den Blick manchmal auch schärfen. Weit entfernt bin ich davon, Patentrezepte für die großen Herausforderungen der Gegenwart und der Zukunft zu präsentieren: Aber vielleicht können die Außenansichten eines politischen Insiders einen Beitrag leisten, politisches Bewusstsein zu schärfen und Denkanstöße zu geben. Womöglich kann man aus Erfahrungen, guten wie schlechten, die Zukunft etwas besser meistern. Gerade junge Menschen fragen mich oft: »Wie war das bei Ihnen? Was kommt alles auf uns zu? Und wie beurteilen Sie unsere

Chancen?« Das hat mich inspiriert, etwas aus meinem Leben zu erzählen und einige Gedanken über Gegenwart und Zukunft zu formulieren.

Über siebzig Jahre Leben und über dreißig Jahre politische Verantwortung passen nicht zwischen zwei Buchdeckel, deshalb galt es auszuwählen. Besonderen Dank schulde ich Friedrich Wilhelm Rothenpieler, Horst Möller und Rainer Haselbeck, die dieses Projekt mit ihrem Rat und großem Engagement möglich gemacht haben.

1.
HERKUNFT UND AUFBRUCH

Nach dem Krieg

Es war ein schönes Familienleben, mit meiner liebevollen und warmherzigen Mutter und meinen zwei älteren Schwestern, Hannelore und Silke-Anne. Überschattet war es allerdings von den Kriegsereignissen, von bescheidensten Lebensverhältnissen und der Sorge um unseren Vater, der bei Kriegsende in amerikanische Gefangenschaft geriet und erst 1946 nach Hause zurückkehrte. Er saß bereits auf dem amerikanischen Lastwagen, der ihn und einige Mitgefangene aufgrund eines Austauschs den Russen überstellen sollte. Als er registrierte, dass es nach Osten ging, ließ er sich rücklings vom Lastwagen fallen, konnte tatsächlich entkommen und sich irgendwie zu uns durchschlagen. Ich erinnere mich, als wäre es gestern gewesen, wie ein abgerissener Mann die Straße zu unserem Haus entlangschlurfte. Meine große Schwester lief ihm entgegen und schrie aufgeregt: »Der Papa kommt!« Ich rannte meiner Schwester hinterher, ohne die Dimension dieses Ereignisses für unsere Familie zu begreifen. Damals war ich vier, im selben Jahr wurde ich fünf Jahre alt. Den Papa, der in die Familie zurückkehrte, kannte ich bis dahin eigentlich nur aus Erzählungen. Edmund Georg Stoiber war ein gebürtiger Oberpfälzer, meine Mutter Elisabeth stammte aus Dormagen im Rheinland, doch damals lebten wir schon im oberbayerischen Oberaudorf. Schnell merkte ich, dass ich mehr Glück hatte als andere im Ort, denn mein Vater war nicht wie die Väter vieler meiner Freunde gefallen.

Meine Eltern verzichteten in den nächsten Jahren auf vieles. Ihr Wunsch war es – es war der Wunsch der meisten Eltern –, dass es

Familienleben: Als Dreizehnjähriger im Kreis meiner Eltern und Schwestern.

uns Kindern später einmal besser gehen sollte. So durfte ich, wenn auch mit sehr überschaubarem Erfolg, Klavier und Geige lernen, obwohl die Jahre nach dem Krieg recht entbehrungsreich waren. In den Urlaub fuhren wir nie, aber wir wohnten in einer Region, die zu den schönsten Landschaften zählt, mit dem Hausberg Brünnstein im Blick, mit dem Wilden und dem Zahmen Kaiser, zwei wuchtigen Gebirgsmassiven, die uns mit ihren imposanten Felsformationen beeindruckten.

Wir Kinder kannten noch keinen Terminkalender, und wenn die Hausaufgaben erledigt waren, liefen wir nach draußen und spielten. Wir rannten um die Wette, gestalteten die Wiesen meiner Heimat im Inntal zu Bolzplätzen um oder versetzten uns in fremde Welten. Karl May ließ mich nicht mehr los, von den Abenteuern, die er erzählte, konnte ich nicht genug bekommen. *Winnetou*, *Der Schatz im Silbersee*, *Im Tal des Todes* – ich verschlang alles. Besonders faszinierten mich die Indianer, und meinen Freunden und Spielkameraden erging es nicht anders. So haben wir Buben aus Oberaudorf ganze Nachmittage im Wilden Westen verbracht, auf den Spuren der Komantschen und der »Bleichgesichter«. Auf den Hügeln, zum Teil auch im Wald, gab es wunderbare Möglichkeiten, Freund- und Feindschaften im Spiel mit Pfeil und Bogen oder imaginären Gewehrkugeln auszutragen. Im Gegensatz zu meinem politischen Leben war ich als Kind also oft eine Rothaut.

Oder Skifahrer. Als einmal zu Weihnachten ein Paar Skier unter dem Christbaum lagen, war ich so glücklich, dass ich sie gleich mit ins Bett genommen habe. Die Liebe zum Wintersport wurde mir gleichsam in die Wiege gelegt. Schon mit drei Jahren stand ich auf diesen schmalen Brettern, und als Neunjähriger habe ich sogar ein Jugendspringen gewonnen. Und das, obwohl ich beim Probesprung bei sechzehn Metern stürzte und in die Pfütze des völlig aufgeweichten Aufsprungbereichs fiel. Durchnässt und ängstlich beschränkte ich mich im Wettkampf darauf, einfach über die Schanze zu fahren. So landete ich in beiden Durchgängen bei nicht gerade rekordverdächtigen neun Metern. Die Wagemutigeren sprangen deutlich weiter, bis zu achtzehn Meter. Weil sie dort aber alle mindestens einmal in den Schneematsch stürzten, hieß es am Ende zur Überraschung aller, auch meiner eigenen: »Der Stoiber hat gewonnen!« Vielleicht war das eine erste Erfahrung, wie manchmal auch ganz ungewöhnliche, scheinbar aussichtslose Wege durch glückliche Umstände zum Erfolg führen können. Skisprung und Langlauf waren bei uns Buben beliebter als der alpine Sport. Wobei auch das alpine Skifahren von damals nicht mit dem heutigen vergleichbar war: Zwar gab es schon den ersten Lift, aber meine Freunde und ich hatten nicht das Geld dazu. So bestiegen wir vor der Abfahrt das Hocheck, die Skier auf den Schultern und den Lift sehnsüchtig im Blick. Bis heute vergeht kein Winter, in dem ich nicht auf den Brettern stehe. Ich hoffe auf die Gesundheit, diesen Sport noch lange betreiben zu können.

Trotzdem: Meine allergrößte Leidenschaft war der Fußball. Wie viele andere Jungen hatte ich unvergessliche Erlebnisse mit dem runden Leder, auf dem Platz und ebenso als Fan. Eines vergesse ich nie: Es muss 1955 gewesen sein, wir durften das Endspiel um die oberbayerische Schülermeisterschaft bestreiten. Weil es in Oberaudorf keine Schülermannschaft gab, war ich beim ASV Kiefersfelden aktiv, einem Sport- und Fußballverein im Nachbarort. Wir hatten – erstaunlich genug – das Finale gegen den haushohen Favoriten 1860 Rosenheim erreicht. Das große Ereignis fand – wie es sich gehört – auf neutralem Boden in Brannenburg statt, im Landkreis Rosenheim. Mit meinem Radl fuhr ich die fünfzehn Kilometer von Oberaudorf zum vereinbarten Treffpunkt mit meinen Mannschaftskameraden am Fußballplatz in Brannenburg. Meine Position war Mittelläufer, wie es damals hieß. Und wir hatten einen Traumstart: Unser Mittelstürmer schob mir nach dem Anstoß den Ball zurück. Ich lief los, in die gegnerische Hälfte hinein, und hörte die Rufe: »Schiaß!« Mit ganzer Kraft und nicht besonders elegant schoss ich den Ball einfach nach vorn. Dann passierte das Unglaubliche: Der Rosenheimer Torwart lief dem Ball entgegen, doch der sprang noch vor ihm auf, über ihn drüber und rein ins Rosenheimer Tor. Welch ein Jubel! Danach kamen wir praktisch im ganzen Spiel nicht mehr über die Mittellinie, aber mit Glück und Einsatz bis zum Umfallen konnten wir das 1:0 über die Zeit retten. Oberbayerischer Meister! Unsere enttäuschten Rosenheimer Gegner bezeichneten uns dann noch als »Kiefersfeldener Bauernfünfer« – bei dem Spielverlauf konnte man ihren Ärger auch verstehen. Die Freude war trotzdem grenzenlos, und zur Belohnung gab es für jeden eine Limonade – oder bayerisch gesagt: ein Kracherl. Ich bin überzeugt: Zum heute weltweiten Faszinosum Fußball gehört es entscheidend, dass auch der Schwächere als Sieger vom Platz gehen kann.

Der FC Bayern München fiel mir mit acht, neun Jahren über das *Oberbayerische Volksblatt* auf, weil er einer der wenigen Klubs war, der den Landesnamen trug. Das machte mich neugierig. Zunächst war es aber nicht möglich, ein Spiel der Rot-Weißen in München zu sehen – die Landeshauptstadt war weit, Weg und Eintritt waren zu teuer. Aber dann ergab sich doch eine Chance. Mit einem großen Oberaudorfer Bayernfan, der ein Auto besaß, durfte ich zum ersten Mal ins Grünwalder Stadion fahren. Ein unvergessliches Erlebnis! Besonders aufgefallen ist mir der Stürmer Erich »Witschi« Hahn, der aber plötzlich in der zweiten Halbzeit nicht mehr spielte. Das war verwunderlich, war er doch einer der besten auf dem Platz. Schnell tauchten Gerüchte auf, dass er sich noch während des Spiels zum Trabrennen nach Daglfing verabschiedet und sein Geld verwettet hatte. Nach vielen Jahren als Fan wurde ich schließlich auch Vereinsmitglied von Bayern München. Mein Eintritt erfolgte 1965, Mitgliedsnummer 462 – bei heute über 180 000 Mitgliedern bin ich beinahe ein Urgestein.

Oberaudorf war mein Geburtsort, eine bäuerlich geprägte 1500-Seelen-Gemeinde, die nach dem Rhythmus der katholischen Feiertage lebte. Die Kirche empfand ich als streng, aber auch als gütig. Während der Woche besuchten wir häufig schon um sieben Uhr morgens, noch vor der Schule, den Gottesdienst. In der Schule wurde darauf geachtet, wer von uns ein fleißiger Kirchgänger war. Einmal, es dürfte 1947 oder 1948 gewesen sein, bekam ich von einem amerikanischen Soldaten zwei Semmeln geschenkt. Trotz meines Hungers wollte ich wenigstens eine davon meinen beiden Schwestern mitbringen. Daraus wurde jedoch nichts. Als ich daheim ankam, hatte ich beide Semmeln komplett aufgegessen. Der Bauch war voll, aber das Gewissen schlecht. So beichtete ich, noch dazu als Ministrant, die Geschichte unserem Pfarrer, der im Ort eine Autorität war. Danach ging es mir besser. Ich hatte die Absolution und fühlte mich befreit. Zehnmal musste ich das Vaterunser beten, dazu noch drei Rosenkränze.

So schön meine Kindheit war, als völlig frei von Rückschlägen konnte man sie nicht bezeichnen. Dank Latein musste ich die siebte Klasse im Humanistischen Gymnasium in Rosenheim wiederholen. Es bedrückte mich, dass ich nach den Sommerferien nicht mehr in dieselbe Klasse ging wie meine Schulkameraden. Aber noch mehr traf mich, dass mir mein Vater angesichts der Ehrenrunde erst einmal den geliebten Fußballplatz verbot. Geschadet hat mir das Sitzenbleiben im Nachhinein gesehen nicht, denn ich war gezwungen, das Lernen besser zu lernen.

In die Schule fuhr ich mit dem Zug. Um die neuesten Nachrichten zu erfahren, kaufte ich mir trotz knapper Finanzen oft für ein Zehnerl die *BILD*-Zeitung. Zeitungen lese ich heute noch genauso neugierig wie damals, zwei bis drei Stunden am Tag, auch in stressigen Zeiten, angefangen mit meiner Heimatzeitung *Münchner Merkur* bis zu allen größeren überregionalen Blättern. Da ich in allen Lebenslagen meiner Leidenschaft fröne, sind die Zeitungen manchmal zum Unmut meiner Frau überall in der Wohnung verteilt, vor allem die besonders interessanten herausgerissenen Artikel.

Natürlich ist alles ganz anders gekommen, nicht so, wie ich es als junger Mensch dachte. Ich wuchs in einer einfachen Familie in einem schönen Bauerndorf auf, da war es nicht gerade naheliegend, eines Tages Ministerpräsident zu werden oder als Parteivorsitzender in Berlin mit dem Bundeskanzler zu verhandeln. Blicke ich auf meine Vorgänger und Nachfolger in Partei und Staat, so eint uns alle die Herkunft aus einfachen Verhältnissen. Verständnis für die Sorgen der kleinen Leute und auch eine Portion Ehrgeiz zum sozialen Aufstieg haben hier sicherlich ihre Wurzeln.

Auch ich hatte damals meine Träume, aber die hatten nichts mit Politik zu tun. Die Idole der Jugend hießen Elvis Presley oder James Dean. Ein anderes Vorbild war Herbert Zimmermann, der als Sportreporter das legendäre Finale der Fußballweltmeisterschaft 1954 hoch emotional und leidenschaftlich im Radio kommentierte. Der Sieg der deutschen Mannschaft im Wankdorf-Stadion in Bern am 4. Juli 1954 war etwas, das mich als Zwölfjährigen zutiefst beeindruckte. Einen Fernseher besaßen wir damals natürlich nicht, und so versammelte sich die ganze Familie vor dem Radio, um dem Reporter des Nordwestdeutschen Rundfunks zu lauschen. Die Dramatik war unbeschreiblich, sogar meine Mutter, die sich eigentlich überhaupt nicht für Fußball interessierte, hörte mit: »Jetzt Deutschland am linken Flügel durch Schäfer. Schäfers Zuspiel zu Morlock wird von den Ungarn abgewehrt – und Bozsik, immer wieder Bozsik, der rechte Läufer der Ungarn am Ball. Er hat den Ball – verloren, diesmal gegen Schäfer. Schäfer nach innen geflankt.

Kopfball – abgewehrt. Aus dem Hintergrund müsste Rahn schießen – Rahn schießt – Tooooor! Tooooor! Tooooor! Tooooor!« Nach dem erlösenden Schlusspfiff erlebte ich zum ersten Mal, dass das ganze Dorf von einem Sportereignis bewegt war und die Leute sich auch auf der Straße stundenlang über das Spiel unterhielten. Walter Jens, der große Kritiker und Altphilologe, hatte wohl recht, wenn er das »Wunder von Bern« als eigentliche Geburtsstunde der Bundesrepublik Deutschland bezeichnete.

Doch zurück zu meinen Jugendträumen: Wenn schon nicht Presley, Dean oder Zimmermann – was führte mich dann in die Politik?

Nach seiner Heimkehr aus der Kriegsgefangenschaft war mein Vater lange Zeit ohne eine Anstellung. Er bekam gerade einmal 32 Mark Arbeitslosengeld, und wir konnten uns davon nur das Allernötigste leisten. Meistens liefen wir Kinder barfuß herum. Als Bub hatte ich, wie alle anderen auch, nur eine Hose: eine Lederhose. Aber das störte mich nicht, ich liebte meine Krachlederne mit den Hosenträgern und den verzierten Querriegeln. Besonders selbstbewusst waren im Dorf die bessergestellten Bauernkinder. Da hieß es gegenüber uns »Zuagroasten« schon einmal: »Du hast ja koa Sach.« Es stimmte, wir besaßen als Mieter keine »Sachen«, aber ich fühlte mich nicht wie jemand, der ausgeschlossen wurde. Schlimmer war schon die Erfahrung, dass ich einmal ein paar Wochen nicht zur Schule gehen konnte, weil meine Eltern das Fahrgeld nach Rosenheim nicht aufbrachten. Hannelore, Silke-Anne und mich aufs humanistische Gymnasium zu schicken war eine finanzielle Herausforderung für sie, und wenn einfach kein Geld da war, wurden wir Kinder schon mal krankgemeldet und mussten zu Hause bleiben.

Je älter ich wurde, desto bewusster wurde mir, wie brutal die Folgen des Krieges waren, wie er in das Schicksal von Familien eingriff, wie Menschen durch ihn ihr Leben verloren hatten, Väter, Brüder und Söhne. Aber auch Frauen, Kinder und Ältere hatten gelitten, mussten die Familien allein durchbringen, erfahren, wie die Städte, in denen sie gelebt hatten, zerbombt wurden, wie sie selbst ums Überleben kämpften – und diesen Kampf nicht immer gewannen. Manche mussten sich weit weg eine neue Heimat suchen, das waren die Opfer der Vertreibung. Fünfzig Meter von unserem Haus entfernt war eine Fliegerbombe niedergegangen, die Wände haben gewackelt. Ständig kamen Neuankömmlinge in unser Dorf, »Ausgebombte«, die weniger Glück hatten. In Oberaudorf und in den umliegenden Gemeinden konnte ich beobachten, wie sie einquartiert wurden. Für uns Kinder war schon deren hochdeutsche Sprache ein Erlebnis, kannten wir doch im Dorf nichts anderes als unseren bayrischen Dialekt.

Gerade die entbehrungsreiche Nachkriegszeit, die große Not im täglichen Leben, ließ alle ständig spüren, was die verbrecherische Politik der nationalsozialistischen Diktatur angerichtet hatte. Dazu kam die stets wiederkehrende Angst insbesondere der Mütter, ihren Kindern nicht genug zum Essen geben zu können. Erst nach und nach wurde uns das unaussprechliche Leid der Juden gewahr. Tiefes Entsetzen machte sich breit, aber nicht selten reagierte man mit Abwehr, im Sinne von: »Das haben wir nicht gewusst.« Als junger Mensch trieb mich, wie viele andere auch, mehr und mehr die Frage um, wie es zu alldem kommen konnte, warum ein Mann wie Adolf Hitler, ein Verbrecher, so tiefe schmerzliche Spuren hinterlassen konnte, nicht nur in unserem Land, auch bei vielen anderen Völkern dieser Welt. Und ob nur er und seine Regierung dafür verantwortlich waren oder ob etwa auch meine Eltern etwas dagegen hätten unternehmen können.

Im Alter von fünfzehn Jahren entdeckte ich zu Hause im Bücherschrank eine Ausgabe von Hitlers *Mein Kampf*. Diese ideologische Schrift stand in der zweiten Reihe und machte einen unbenutzten Eindruck. Da mein Vater und meine Mutter während der nationalsozialistischen Diktatur geheiratet hatten, war das Werk wohl ein zu dieser Zeit typisches Hochzeitsgeschenk der Gemeinde. Ich las das Buch durch, von der ersten bis zur letzten Seite, auf der Suche nach Antworten. Was dort zu Papier gebracht worden war, löste bei mir allerdings eher neue Fragen aus. Seine verbrecherischen und menschenfeindlichen Ansichten hatte der Autor schwarz auf weiß festgehalten, man hätte doch nur diese Schrift lesen müssen! Mein Unverständnis spitzte sich in Gesprächen mit meinem Vater zu. Sehr direkt und fordernd wollte ich als Fünfzehnjähriger von ihm wissen: »Wie konntet ihr das zulassen? Hitler hat doch schon während seiner Haft 1924 alles dargelegt, was er Furchtbares über die jüdischen Bewohner unseres Landes und große Teile Europas, über die Nachbarvölker und unser Land bringen wollte und dann auch gebracht hat!«

Die Antworten der Elterngeneration konnten junge Menschen häufig nicht befriedigen. Mehrmals erklärte mir mein Vater die Perspektivlosigkeit und Aussichtslosigkeit in den zwanziger und zu Beginn der dreißiger Jahre, dann die scheinbar positiven wirtschaftlichen Entwicklungen nach Hitlers »Machtergreifung«. Er erzählte weiter, dass der schreckliche Krieg ihn aber vom Nationalsozialismus geheilt hätte, nie werde er vergessen, wie seine Kameraden neben ihm den Tod fanden. Auf der Straße, in Frankreich, war er vorangegangen und hörte auf einmal lautes Knallen. Als er sich umdrehte, war er der einzige Überlebende seines Trupps. Seine Erlebnisse hatten ihn tief erschüttert.

Durch die Auseinandersetzungen mit meinem Vater und die Gespräche mit meiner Mutter – weniger aus dem, was ich in der Schule hörte – sowie aus dem bewussten Erfahren der unmittelbaren Folgen des Nationalsozialismus entstanden Interesse und Motivation zur Beschäftigung mit unserer Vergangenheit, der jüngsten Geschichte und der Politik. Damals kam ich sicher nicht auf die Idee, als Berufsziel »Politiker« zu wählen. Aber eine erste Sensibilität war geweckt, dass jeder, in welcher Form auch immer, achtsam sein sollte, damit Politik in Deutschland nie wieder auf derart schreckliche Irrwege gerät.

Erlebnisse, wie ich sie hatte, sind zum Glück nicht mehr der Hintergrund, auf dem sich junge Menschen heute für ein politisches Engagement entscheiden. Meine eigene Generation jedoch hat die Pflicht, Sorge dafür zu tragen, dass die verheerende Entwicklung nicht vergessen wird, die in unserem Land zu Diktatur, Verbrechen, Krieg, Zerstörung, Not und Elend geführt hat. Viele Jüngere können sich gar nicht vorstellen, wie uns diese Zeit geprägt hat. Die Prinzipien der Menschenwürde, die im Nationalsozialismus mit Füßen getreten wurden, sind die absolute Grundlage unseres Seins. Heute ist das für uns selbstverständlich, nach dem Krieg wurde uns das erst intensiv nahegebracht. Bei allen politischen Auseinandersetzungen in unserem Land: Wir Demokraten können gemeinsam stolz darauf sein, dass radikales Gedankengut in Deutschland bis heute gesellschaftlich und politisch kaum eine Chance hat. Es ist vor allem die Aufgabe kommender Politikergenerationen, dass dies so bleibt. Manchmal kann man ja den Eindruck haben, das in Deutschland sehr ausgeprägte Hinterfragen und der ebenso verbreitete Kritizismus sind eine Reaktion auf manches Wegschauen während des Nationalsozialismus. Mögen wir uns in manchen Bereichen damit gelegentlich selbst im Weg stehen, gegenüber radikalen politischen Kräften müssen wir auch in Zukunft die Kultur des Hinsehens und des Widerstands pflegen und bewahren.

Aus den Lehren der Vergangenheit musste die Zukunft gestaltet werden. Gut erinnere ich mich, wie meine Mutter und meine sieben Jahre ältere Schwester Hannelore am Radio gebannt der Übertragung der Bundestagsdebatte zur Einführung der Bundeswehr lauschten. Es ging um die »Westbindung«, also die Westintegration der jungen Bundesrepublik, und um einen deutschen Verteidigungsbeitrag im Rahmen des westlichen Bündnisses. Ich hörte mit, auch dann, wenn die Debatten beendet waren und im Familienkreis »nachbereitet« wurden. Für die Zielsetzungen »Westbindung« und »deutscher Verteidigungsbeitrag« stand vor allem Bundeskanzler Konrad Adenauer. Seine markante und streitbare Persönlichkeit prägte sich mir damals nachhaltig ein.

Als Jugendlicher sah ich mir oft Illustrierte im Lesezirkel an, in denen Fotos aus Amerika abgedruckt waren, die zeigten, was für ein Wohlstand in den USA herrschte. Und Adenauer verkörperte für uns die Hoffnung, ebenfalls einen solchen Wohlstand erlangen zu können. Besonders meine Mutter war eine große Anhängerin des Bundeskanzlers; als Rheinländerin hatte sie schon seine Zeit als Kölner Oberbürgermeister miterlebt, wie er Hitler den Handschlag verweigerte und die Rheinbrücken von NS-Fahnen befreite. Für sie gab es nur die CSU/CDU, während mein Vater diese eher als das kleinere Übel ansah.

Bis heute ist es für mich ein unvergessliches Erlebnis, wie ein junger CSU-Abgeordneter mit messerscharfer Analyse und klarster Argumentation wortgewaltig für Adenauers Politik eintrat. Diese Stimme im Radio gehörte Franz Josef Strauß. Die schroffen Gegensätze, die er damals zeichnete – im Sinne von: »Hier stehe ich, das ist der richtige Weg, die anderen, Ollenhauer und die SPD, gehen geschichtslose Wege und führen Deutschland ins Verderben« –, kann man sich heute gar nicht mehr vorstellen. Aber die Zeiten waren andere, und er trat in diesen Jahren für klare Positionen ein. Damals konnte ich freilich noch nicht ahnen, welche Rolle er einmal in meinem Leben und für meine eigene politische Laufbahn spielen würde, aber der Respekt vor seiner beeindruckenden Persönlichkeit und der argumentativen Kraft seines politischen Urteils wurzelt in diesen Jugenderinnerungen.

Bei aller Zustimmung zur Politik von Adenauer und Strauß tauchte in unseren familiären Diskussionen doch eine Frage auf: Warum setzte man eine Lehre, die man aus der Hitler-Diktatur und dem Zweitem Weltkrieg gezogen hatte, nun außer Kraft, indem man in Deutschland wieder eine Armee einführen wollte? Dies wurde durchaus als ein Zwiespalt empfunden, schließlich waren die zurückliegenden Gewalterfahrungen noch immer übermächtig. Die Maxime war doch: »Von Deutschland darf kein Krieg mehr ausgehen« – oder, wie es Strauß zugeschrieben wird: »Eher fault mir mein Arm ab, bevor ich jemals wieder ein Gewehr in die Hand nehme.« Die Regierung Adenauer stand damals nicht nur vor schicksalhaften Entscheidungen, sondern ebenso vor dem Problem, ihre Schritte gegenüber der Bevölkerung zu erklären. Aus der als leidvoll erlebten nationalsozialistischen Zeit, aber auch aus grundsätzlichen christlichen Erwägungen neigten viele Menschen zu einer pazifistischen Grundeinstellung, und sie erwarteten dies im Grunde ebenfalls von den christlichen Parteien. Einer Anekdote nach wurde Konrad Adenauer von seinem Regierungssprecher Felix von Eckardt darüber informiert, dass es gegen die Einführung der Bundeswehr im Jahr 1955 eine breite Mehrheit in der Bevölkerung gäbe. In den noch halb zerstörten Städten, etwa in Dortmund, demonstrierten Hunderttausende Menschen gegen die Wiederbewaffnung. Adenauers Antwort: »Dann werden wir noch eine Menge Überzeugungsarbeit leisten müssen.«

Diese Grundhaltung beeindruckt mich noch heute, bedeutet sie doch: Politik darf sich niemals darin erschöpfen, Meinungen zu erfragen und lediglich zu reproduzieren. Politik muss immer bestrebt sein, die öffentliche Meinung mitzugestalten. Trotz der gewaltigen Erklärungsprobleme bewies der Bundeskanzler eindrucksvoll Mut zur Führung. Er erkannte die Macht, die von Stimmungen in der Bevölkerung ausging und die der politischen Entscheidung heftig entgegenstand. Davon unbeirrt leistete er aber dennoch argumentative Erklärungsarbeit und erwarb sich Respekt für erforderliche Beschlüsse. Dass dieser Weg von Erfolg gezeichnet war, bewies die Bundestagswahl von 1957, in der Adenauer für die Unionsparteien zum ersten und einzigen Mal die absolute Mehrheit errang.

Womöglich wäre es bequemer gewesen, hätte man den pazifistischen Weg eingeschlagen. Entscheidend jedoch waren auch für meine Eltern schließlich die Argumente von Adenauer und Strauß: Wir leben in einer neuen Zeit. Noch völlig unkalkulierbare Bedrohungen durch die Sowjetunion und den Kommunismus werden auf uns zukommen. Dagegen müssen wir uns absichern. Wir brauchen deshalb Bündnispartner, müssen aber auch selbst bereit sein, in diesem Bündnis Waffen zu tragen. Deutsche Waffenlosigkeit wäre eine Einladung an die aggressiven Kräfte, die eine kommunistische Herrschaft über ganz Europa planen. Nur so kann verhindert werden, dass aus dem Kalten Krieg ein heißer Krieg wird.

Als Kind habe ich die große Angst miterlebt, dass der Krieg wieder zu uns zurückkommt, besonders als 1950 der Koreakrieg ausbrach und die Menschen erneut begannen, aus Kriegsangst Lebensmittel zu horten. Es folgten die Niederschlagung des Volksaufstands vom 17. Juni 1953 in der DDR und die ungarische Revolution von 1956 gegen die kommunistische Regierung und die Besatzungsmacht UdSSR, niedergewalzt durch sowjetische Panzer. Ein Teil von Deutschland stand unter der Herrschaft der Sowjetunion, und es bestand die Angst, dass sie letztlich auch über den anderen Teil stärkeren Einfluss gewinnt; dass die Menschen nicht mehr die soziale Marktwirtschaft, sondern den Sozialismus als den besseren Weg empfinden. Das waren bedrückende Ereignisse, die einen politisch interessierten Jugendlichen wie mich ganz erheblich prägten. Die Bedrohung wurde als existenziell empfunden, und der Ausspruch »Der Russ kommt« war selbst nach Ende des Krieges ein Ausdruck echter Furcht, vor Vergewaltigung, Zerstörung, vor furchtbaren Gräueln.

Nach dem Abitur 1961 trat ich den Grundwehrdienst bei den Gebirgsjägern in Bad Reichenhall an, später war ich dann in Mittenwald stationiert. Zwölf Monate, was für ein gravierender Einschnitt in die Freiheiten eines jungen Mannes! Der Rhythmus der Bundeswehr war streng und fordernd. Unter unseren Ausbildern waren noch Offiziere aus dem Zweiten Weltkrieg, die die soldatischen Tugenden der Wehrmacht als zeitlos gültig ansahen. Manche pflegten weiterhin ein Menschenbild, das man sich heute gar nicht mehr vorstellen kann. Seither hat sich so gut wie alles verändert, Millionen Staatsbürger in Uniform haben den Dienst für Frieden, Freiheit und Demokratie geleistet. Deutschland und das westliche Europa waren bis zur Wiedervereinigung vom Eisernen Vorhang durchtrennt, dahinter stand hochgerüstet die Militärmaschinerie des totalitären Warschauer Pakts. Diese Bedrohung ist – auch dank kluger Politik – Geschichte. Heute geht es um andere Gefahren. Die Wehrpflicht ist ein Grundrechtseingriff, der jahrzehntelang gerechtfertigt, notwendig und erfolgreich war. Aufgrund meines

Herkommens und den geschichtlichen Erfahrungen von uns Deutschen war ich noch bis zur Bundestagswahl 2009 ein Gegner der Berufsarmee. Aber ich sehe auch, dass sich die Sicherheitslage entscheidend verändert hat: weg von den Bedrohungen des Kalten Krieges, der Verteidigung unserer Landesgrenzen, hin zu vielen regionalen Krisenherden in der Welt, die auch in Tausenden Kilometern Entfernung die deutschen Sicherheitsinteressen verletzen können. Als die Wehrpflicht keine sicherheitspolitische Begründung mehr hatte, musste sie ausgesetzt werden. Es bleibt ein Verdienst Karl-Theodor zu Guttenbergs, den Deutschen die veränderte Sicherheitslage erklärt und die Umstrukturierung der Bundeswehr mehrheitsfähig gemacht zu haben.

1961 versuchte die SED-Regierung die Rechte der West-Alliierten einzuschränken, und am »Checkpoint Charlie« standen sich Panzer der Sowjetarmee und der US-Army gegenüber. War ich zu Beginn meines Wehrdienstes noch für zwölf Monate eingezogen worden, so wurde er, um die Verteidigungsbereitschaft Deutschlands angesichts der Berlin-Krise infolge des Mauerbaus zu verstärken, erst auf fünfzehn, dann auf achtzehn Monate verlängert. Aber es gab deswegen bei uns in der Gebirgsjägereinheit keinerlei Debatten oder Ähnliches. Wegen einer schweren Knieverletzung, die ich mir im ambitionierten Reserveoffizieranwärterlehrgang zugezogen hatte, endete meine Bundeswehrzeit dann trotzdem nach einem Jahr. Die Ereignisse in dieser Zeit waren geschichtsträchtig und trugen – neben dem diskussionsfreudigen familiären Umfeld und den außergewöhnlichen Persönlichkeiten von Adenauer und Strauß – dazu bei, sich eine politische Meinung zu bilden. Die Erinnerung an den Paradigmenwechsel bei Einführung der Bundeswehr ist mir lebendig geblieben. In gewisser Weise lebte er in der Kontroverse um die Nachrüstung in den achtziger Jahren wieder auf, mit der ich mich dann als Generalsekretär der CSU eingehend auseinanderzusetzen hatte.

In der Nachkriegszeit waren die Elternhäuser für die Information und die Meinungsbildung der heranwachsenden Generation entscheidender, als dies heute vielfach der Fall ist. Auf mich übertrug sich sozusagen von Kindesbeinen an das politische und gesellschaftliche Interesse meiner Eltern, und ich habe versucht, dieses auch an meine Kinder weiterzugeben – bei fundamentalen Themen wie Abtreibung waren das intensive, leidenschaftliche und auch kontroverse Diskussionen.

Keineswegs möchte ich den Eindruck erwecken, als hätte ich als Kind und Jugendlicher die politischen Zusammenhänge überblickt oder gar durchschaut. Aber die Debatten im Elternhaus lenkten meine Aufmerksamkeit auf strittige Themen und vermittelten mir früh: Was in der Politik geschieht, geht uns alle an, denn das Schicksal unseres Landes kann sehr schnell zum Schicksal der einzelnen Menschen werden. Auf das Schmerzvollste haben die Deutschen das erfahren, auch meine Familie, wie Millionen andere.

Zweifellos gibt es kein Zurück zu früheren Zeiten, schon allein deshalb, weil sich Familienbilder geändert und Einflüsse von außen drastisch zugenommen haben. Viele sogenannte heimliche Erzieher wie Fernsehen oder Internet prägen heute häufig unsere Kinder, und manchmal hat man den Eindruck: Sie prägen stärker als die Eltern. Umso mehr sollten auch die Elternhäuser ein Stück politischer Sozialisation leisten mit dem Ziel, verantwortliche junge Menschen heranzubilden, die ihren Aufgaben in unserem Gemeinwesen gerecht werden können. Grundlagen für bürgerschaftliches Engagement müssen in der Familie gelegt werden, das können Bildungseinrichtungen und Institutionen des politischen Lebens allein nicht leisten. Nur Eltern können Kindern schon in jungen Jahren verständlich machen, dass das Gemeinwohl uns alle angeht. Elternrechte sind wichtig, aber nicht zu vergessen sind die Elternpflichten. Die Vermittlung der wesentlichen staatsbürgerlichen Kenntnisse gehört nach meiner Überzeugung dazu. Demokratisches Bewusstsein muss auch von den Eltern an die Kinder weitergegeben werden.

Die Wahl meiner Studienfächer Rechtswissenschaft und politische Wissenschaften war von einer gewissen Konsequenz. Entsprachen sie doch meinem Interesse für die Grundlagen unseres Gemeinwesens, seine Regeln, Institutionen und Strukturen und für die Frage, was Staat und Gesellschaft zusammenhält.

Es fing erst einmal recht lässig an, mein erstes Semester an der Ludwig-Maximilians-Universität (LMU) in München. Nach den genormten Tagen bei den Gebirgsjägern empfand ich das Studium als unglaubliche Freiheit. Nicht mehr auf Drill reagieren, nicht mehr um Viertel nach fünf zum Dienst antreten zu müssen. Und ich leistete mir den Luxus, meine Allgemeinbildung zu fördern, einem Studium generale zu folgen und viele Vorlesungen zu hören: In den Fächern Jura und Politikwissenschaft sowieso, aber ich habe zum Beispiel auch Veranstaltungen zum Thema Ethik besucht. Natürlich genoss ich es, in den freien Stunden im Englischen Garten spazieren zu gehen und mit Kommilitonen die Cafés zu bevölkern – selbst wenn der Kaffee in Schwabing teurer war als in Wolfratshausen. Meine Eltern waren inzwischen von Oberaudorf nach Wolfratshausen-Waldram gezogen, und es war mir finanziell nicht anders möglich, als zu Hause zu wohnen. So pendelte ich mit dem alten, vom Vater meiner damaligen Freundin ausrangierten Opel nach München.

Im zweiten und dritten Semester brachte ich dann mehr Struktur in mein Studium. Ich sah, dass Mitstudenten emsiger waren als ich; ich bekam ein schlechtes Gewissen und legte mich wie sie ins Zeug. Da war aber ebenso der Wunsch, bald selbst Geld zu verdienen. Meine Eltern mussten schließlich einiges aufwenden, um mir das Studium zu finanzieren. Zudem war ich der Einzige in der Familie, der zur Universität gehen konnte. Meinen beiden Schwestern war dies aus ökonomischen Gründen nicht möglich gewesen, dabei wäre Hannelore gerne Ärztin geworden. Doch im Jahr 1953, als sie

Abitur machte, war mein Vater gerade arbeitslos, ein Studium einfach nicht »drin«. Einige Jahre später, als ich dann die Schule beendete, hatte sich die wirtschaftliche Situation im ganzen Land und auch bei uns so weit gebessert, dass ich studieren konnte. Immer wieder habe ich mit meiner Schwester über diese Zeit gesprochen, und ich verstehe es, dass sie sagte: »Du konntest studieren, ich nicht. Du hast das Glück, der Jüngste von uns zu sein.«

Damals war es eigentlich unvorstellbar, nach einem abgeschlossenen Studium arbeitslos zu werden. Nur sehr wenige eines Jahrgangs studierten überhaupt, etwa vier von hundert, und wenn man das Examen bestand, fand man hinterher mit einiger Sicherheit eine gute Stelle. Das ist heute ganz anders, die jungen Menschen stehen viel stärker unter Druck. Das sehe ich bei meinen Kindern, auch bei meinen Enkeln, die noch zur Schule gehen. Doch unabhängig von dem allgemeinen Wunsch, möglichst zügig die Ausbildung anzufangen und zu beenden, würde ich jungen Leuten empfehlen, vor dem Studium ein Jahr etwas anderes zu machen, vor allem auch ins Ausland zu gehen. Meine damaligen Kommilitonen, die Auslandserfahrungen sammeln konnten – es waren nicht viele –, hatten doch schon einen anderen Hintergrund als ich, der von der Bundeswehr in Mittenwald über Wolfratshausen nach München kam.

An der Uni erwarb ich mir aber nicht nur theoretisches Wissen. 1962 hatte es die »Schwabinger Krawalle« gegeben, ausgelöst durch eine Gruppe von Straßenmusikanten im Münchner Stadtteil Schwabing, ganz in der Nähe der LMU. Über 40 000 Jugendliche lieferten sich Straßenschlachten mit der Polizei. Die 68er-Bewegung formierte sich, und wie an jeder anderen bundesdeutschen Universität gab es auch an der LMU heftige Studentenproteste. Entscheidend war für mich, zu erleben, wie sich politische Kräfte in den Auseinandersetzungen an den Hochschulen fokussierten und kulminierten. Sicher war es ein breites Spektrum von Anlässen und Anstößen, die die Diskussionen und Unruhen auslösten und verstärkten. Die Menschen wurden durch den fatalen Krieg in Vietnam, die Ereignisse beim Besuch des persischen Herrscherpaars in

Berlin und den damit verbundenen Tod des Studenten Benno Ohnesorg am 2. Juni 1967 während einer Demonstration gegen Schah Mohammad Reza Pahlavi sowie durch die Auseinandersetzungen um die im Mai 1968 verabschiedeten Notstandsgesetze (sie sollten Handlungsmöglichkeiten des deutschen Staates in Krisensituationen sichern) bewegt. Essenziell war aber genauso die Auflehnung gegen die Vätergeneration und ihre Haltung im Nationalsozialismus sowie die angeblich versäumte Bewältigung dieser Zeit.

Immer deutlicher wurde in den zunehmenden Konfrontationen allerdings der grundsätzliche Konflikt zwischen der doktrinär-sozialistischen Richtung, zum Teil im Bündnis mit anarchistischen Gruppen und kommunistischen Ideologen, und den Kräften, die sich der freiheitlich-repräsentativen Demokratie verpflichtet fühlten. Es war unübersehbar, dass radikale und extreme Strömungen, die in der übrigen Bevölkerung mit keiner nennenswerten Akzeptanz rechnen konnten, an den Universitäten beachtliche Resonanz fanden und durch ihre Aktivitäten wie Sit-ins und Teach-ins, Hörsaalbesetzungen, Demonstrationen und Kundgebungen das Bild weitgehend beherrschten.

Der politische Absolutheitsanspruch, der von den aktivsten Teilen der Bewegung ausging, war für mich völlig unverständlich. Mich erschreckte die Faszination, die weltanschaulich geschlossene Konzepte für viele Studierende entfalteten. Offenbar üben intellektuelle Ideologien, die komplexe Probleme auf ein scheinbar einfaches Erklärungsmuster reduzieren und daraus historisch-politische Gesetzmäßigkeiten ableiten, eine besonders hohe Anziehungskraft aus. Darauf werden dann regelrechte »Heilslehren« aufgebaut für die angebliche Lösung der Gegenwarts- und Zukunftsfragen. Wer sich ihnen verschließt, ist in den Augen der Ideologen reaktionär und bösartig, weil er sich fortschrittlichen Entwicklungen zu einer Gesellschaft, in der alle endlich alles haben und alle Konflikte gelöst sind, widersetzt. Aus diesem Absolutheitsanspruch resultiert zwangsläufig Intoleranz gegenüber Andersdenkenden.

Die 68er-Bewegung mit ihren Facetten und Schattierungen kenne ich nur zu gut, um sie insgesamt für einen geschlossenen Trupp doktrinärer Ideologen zu halten. Aber die teilweise militante Intoleranz, die einem in den Auseinandersetzungen an den Hochschulen entgegenschlug, beschränkte sich damals keineswegs auf Einzelfälle. Ich musste das am eigenen Leib erfahren. Es interessierte mich, an einer Versammlung des Sozialistischen Deutschen Studentenbunds (SDS) mit Rudi Dutschke und Rolf Ludwig Pohle, Vorsitzender des Allgemeinen Studentenausschusses (AStA) der LMU, teilzunehmen. Aber als Mitglied des Ring Christlich-Demokratischer Studenten (RCDS) wurde ich als politischer Gegner erkannt – »Der ist beim RCDS, schmeißt sie raus, die schwarze Sau!« – und mit Brachialgewalt aus dem Audimax getrieben, dem größten Hörsaal der Universität.

Dutschke, der Studentenführer, redete eindringlich und fanatisch, seine Begeisterung für Systemkritik war deutlich zu spüren. Ich hatte den Eindruck, er glaubte tatsächlich an das, was er sagte. Pohle wurde später als RAF-Mitglied verurteilt und starb 2004 in Griechenland. Natürlich hat diese Zeit einer Außerparlamentarischen Opposition ihre Spuren in unserem Land hinterlassen. Positive. Aber auch negative, etwa wenn ich an den mangelnden Leistungsgedanken oder die fehlende Innovationsfreude denke. Mit den Spätfolgen kämpfen wir noch heute.

Achtundsechzig war auch für mich persönlich ein Schlüsselerlebnis. Die aggressive Unduldsamkeit, die mir damals entgegenschlug, bewirkte eine wichtige Entscheidung: Passives politisches Interesse allein reichte mir nicht mehr. Ich wollte mit dazu beitragen, dass sich eine derartige politische Intoleranz nicht in unserer Gesellschaft ausbreitet. Dies war für mich sicher nicht die konkrete Planung einer politischen Biografie, aber es war eine Grundsatzentscheidung dafür, politisch Position zu beziehen und mich im Rahmen meiner Möglichkeiten für eine freiheitlich-demokratische Ordnung einzusetzen. Später habe ich mich deshalb oft als »umgedrehten Achtundsechziger« bezeichnet. Meine bei Professor Friedrich-Christian Schroeder eingereichte Doktorarbeit stand in einem gewissen Zusammenhang mit den erlebten Umtrieben an der Münchner Universität. Die Besetzung von Universitätsgebäuden und Hörsälen war eine wichtige Motivation, um über das Thema »Hausfriedensbruch im Lichte aktueller Probleme« zu promovieren.

Mein Studium der Rechtswissenschaft konnte ich dann 1967 mit einem sehr ordentlichen Examen abschließen, an das sich von 1968 bis 1971 die Referendarzeit mit dem erfolgreich bestandenen zweiten Staatsexamen anschloss. Zwei Semester lang arbeitete ich neben meiner Referendarzeit als Wissenschaftlicher Mitarbeiter am Lehrstuhl meines Doktorvaters an der Universität Regensburg. Dies war für mich eine sehr wichtige Erfahrung. Nicht nur, dass ich erstmals in meinem Leben in bescheidenem Umfang Sozialabgaben zahlen durfte. Die juristischen Übungen, die ich den Studierenden nahezubringen hatte, waren meine ersten Gehversuche, vor einem größeren Kreis aufzutreten und zu sprechen. Dabei habe ich erfahren, wie unterschiedlich Menschen Vorgetragenes aufnehmen und wie man mit einer Zuhörerschaft umgeht.

Das Jahr 1968 brachte für mich noch eine weitere, eine persönliche Entscheidung, die wichtigste meines ganzen Lebens: die Eheschließung mit meiner Frau Karin. Erstmals gesehen hatte ich Karin Rudolf – sie stammte aus Buchau im Sudetenland (heute Bochov in Tschechien) und arbeitete als Bankangestellte in Geretsried –, wie konnte es anders sein, bei einem Fußballspiel des BC Farchet (Farchet ist ein Ortsteil von Wolfratshausen). Wir waren vor Kurzem zugezogen, ich bestritt ein Spiel für meinen neuen Verein und Karin stand als Zuschauerin am Spielfeldrand. Heute weiß ich, dass meine spätere Schwiegermutter ihre Tochter aufmerksam gemacht hatte nach dem Motto: »Siehst du den Blonden da, der macht doch einen ganz aufgeweckten Eindruck.« Wenn man weiß, wie Töchter auf solche Hinweise reagieren können, ist es für mich gerade noch mal gut gegangen. Doch damals ahnte ich von alldem nichts. Mein Vater wiederum war zur selben Zeit, 1963, entschieden der Meinung, dass ich mir in den Semesterferien einen Studentenjob suchen und etwas dazuverdienen sollte. Ich bekam auch eine Zusage, ausgerechnet von der Bank für Gemeinwirtschaft, die dem Deutschen Gewerkschaftsbund gehörte. Zur Erledigung der Formalitäten ging ich in das Büro der Chefsekretärin – und stellte verblüfft fest: »Wir haben uns doch schon einmal gesehen!« Es vergingen noch ein paar Wochen, bis ich Karin um eine Verabredung bat – und ich hatte Glück. Am 26. Februar 1966 schließlich verlobten wir uns, im Hotel Bachmair in Rottach-Egern am Tegernsee, im Beisein unserer Eltern. Nach zweijähriger Verlobungszeit fand mein Vater, ein Mann der Tat, dass geheiratet werden sollte. Eigentlich wollten Karin und ich warten, bis ich mein zweites Staatsexamen in der Tasche hatte, aber Edmund Stoiber senior setzte sich durch. Am 23. Februar 1968 heirateten wir standesamtlich, am nächsten Tag kirchlich. Die Wohnung, die wir danach in München bezogen, war klein, aber unsere eigene. Während Karin sich von der Geretsrieder Bankfiliale in eine am Münchner Promenadeplatz hatte versetzen lassen, bereitete ich mich auf das zweite Staatsexamen vor.

Meine Frau hat unsere Familie mit den drei Kindern Constanze, Veronica und Dominic liebevoll und umsichtig durch die Jahre gesteuert und mir von meiner Referendarzeit an in allen beruflichen und politischen Stationen mit Rat und Tat zur Seite gestanden. Mir ist heute mehr bewusst als damals, was ihr diese Zeit alles abverlangt hat und dass ich über weite Strecken meines politischen Weges meiner Familie die Zeit nicht zuwenden konnte, die vom hektischen politischen Alltag geradezu verschlungen wurde. Meine Frau hat mich unendlich unterstützt. Immer haben wir gemeinsam beraten und entschieden, auch wenn es wieder um eine neue politische Aufgabe ging – von der Kandidatur zum Bayerischen Landtag über den Generalsekretär und Minister bis hin zum Ministerpräsidenten, Parteivorsitzenden und Kanzlerkandidaten.

Karin begleitete mich, als die Kinder größer waren, öfter zu meinen Bierzeltauftritten. Die Bühne überließ sie mir, aber am Ende bekam sie mit ihrer freundlichen und herzlichen Art oft viel mehr Applaus als ich, obwohl ich mich vorne am Rednerpult abgestrampelt hatte. Mich freute, wie beliebt sie war (und ist), und ich dachte mir jedes Mal, vielleicht sagen die Leute ja, wenn der Kerl eine so tolle Frau hat, dann kann er eigentlich gar nicht so schlimm sein. Der Journalist und große Bayern-Kenner Hannes Burger brachte es nach der Landtagswahl 1994 mit seinem unnachahmlichen Humor auf den Punkt: »Die 53 Prozent sind für die CSU ja immer noch eine matte Sache, Herr Stoiber. Ihre Frau hätt' leicht 60 Prozent geholt, wenn Sie sich nicht dauernd in ihren Wahlkampf eingemischt und ihr dazwischengeredet hätten.«

Das erste Amt

1971, nach meinem zweiten Staatsexamen, begann ich meine Berufslaufbahn im neu eingerichteten Bayerischen Staatsministerium für Landesentwicklung und Umweltfragen. Unmittelbar nach dem mündlichen Examen fragte mich einer der Prüfer, der aus dem neuen Ministerium kam, ob ich mich nicht dort bewerben wolle. Offenbar war sein Eindruck aus der mehrstündigen Prüfung nicht so schlecht. Die Aussicht, beim Aufbau eines neuen Ministeriums mitwirken zu können und nicht bereits vorgegebene und verfestigte bürokratische Strukturen vorzufinden, reizte mich überaus.

In Erwartung einer juristischen Tätigkeit trat ich meinen Dienst an, wurde aber wohl wegen meines zusätzlichen Studiums der politischen Wissenschaften gleich am ersten Tag gefragt, ob ich Reden schreiben könne. Meine ehrliche Antwort lautete: »Keine Ahnung, ich habe das noch nie versucht.« Meine Aufgabe war es dann tatsächlich, für den neuen Umweltminister Max Streibl Redetexte zu entwerfen. Schon nach dem ersten Versuch klingelte mein Telefon, und es hieß, ich solle beim Minister erscheinen. Ich dachte, um Gottes willen, habe ich irgendwo in dem Entwurf danebengelangt? Aber es kam ganz anders. Minister Streibl zeigte sich zufrieden, bezeichnete mich als politischen Kopf und lud mich ein, in seinem Büro als persönlicher Referent mitzuarbeiten. So gelangte ich in kürzester Zeit von der Jurisprudenz zur politischen Zuarbeit auf höchster Ebene.

Es war aber auch das Thema selbst, das mich für diesen beruflichen Einstieg einnahm und wesentlicher Bestandteil meiner Arbeit wurde. Der Schutz der Umwelt ist Teil der Generationengerechtigkeit. Keine Generation hat das Recht, die Erde so zu malträtieren, dass nachfolgende Generationen schlechtere Lebensbedingungen vorfinden – wir müssen sorgsam mit der Natur umgehen. Das war der Ausgangspunkt intensiver Diskussionen Ende der sechziger, Anfang der siebziger Jahre. In meiner Jugend hatten die Menschen kein solches Umweltbewusstsein wie heute. Die große Mehrheit hatte keine Sensibilität für die Begrenztheit der Ressourcen und die Wirkung von Schadstoffen, Wirtschaft und Wohlstand waren – nach dem Krieg verständlich – das Maß der Dinge. Alfons Goppel, der von 1962 bis 1978 Bayerischer Ministerpräsident war, betrachtete den Umweltschutz durchaus als wichtige Aufgabe, sah sich aber auch großer Häme ausgesetzt, als er 1970 das erste Umweltministerium Europas schuf. Die Umweltpolitik sei eine Modeerscheinung und rechtfertige doch keinen eigenen Geschäftsbereich, erklärte etwa der damalige Bundesinnenminister Hans-Dietrich Genscher. Goppel, eigentlich ein ernst zu nehmender Mann, mache hier wohl seine Reverenz an den Zeitgeist. Sogar seine Seriosität wurde infrage gestellt. Auch Umweltminister Max Streibl – der von Strauß schon mal »Stink- und Rauchminister« tituliert wurde – stieß zum Teil auf heftigsten Widerstand. Vor allem die Bauern betrachteten damals seine Umweltpolitik und Landesplanung als geradezu sozialistische Methode und unerhörten Eingriff in ihr Eigentum. Doch Alfons Goppel und Max Streibl haben mit der Bewahrung der Umwelt ein entscheidendes Zukunftsthema frühzeitig erspürt, Bayern profitiert bis heute davon.

Als junger bayerischer Beamter lernte ich die Schnittflächen von administrativer Ministerialarbeit und Politik kennen. Und als Referent des Ministers machte ich ungemein wichtige Erfahrungen für mein eigenes politisches Handeln als späterer Abgeordneter,

Minister und Ministerpräsident. Diese Lehrzeit bleibt mir unvergesslich, ebenso die politische und persönliche Verbindung zu Max Streibl. Überhaupt rühren viele Kontakte aus diesen Jahren. So etwa zu Theo Waigel, der als persönlicher Referent für Wirtschaftsminister Anton Jaumann tätig war. Zwischen »seinem« Wirtschafts- und »meinem« Umweltminister bahnten sich aus nachvollziehbaren Interessengegensätzen immer wieder aufs Neue politische Schwierigkeiten an. Das gab Theo Waigel und mir die Gelegenheit, uns hier und da schon einmal in vorbeugender Konfliktbewältigung zu üben.

Mein Berufseinstieg half mir, politische Entscheidungsprozesse zu verstehen und mit vorzubereiten. Der Staatsapparat bedarf der politischen Führung, die vor dem Parlament zu verantworten ist. Die Verwaltung wiederum bietet der politischen Führung in Bayern die traditionelle Qualität der inhaltlichen und methodischen Vorbereitung, ohne die erfolgreiches Gestalten nicht möglich ist. Der Politiker muss Anstöße geben, Vorgaben machen und führen, er darf sich nicht zum Abhängigen seiner Verwaltung machen lassen. Aber er ist gut beraten, wenn er die Kompetenz seines Apparats nutzt und diesen zu Spitzenleistungen motiviert.

Meine Lehrzeit im Ministerium war vergleichsweise kurz, gut zwei Jahre, aber ungeheuer intensiv und für meine weitere Arbeit außerordentlich sinnvoll. Wer eine Institution führen will, sollte berufliche Erfahrungen in einer solchen erlangen oder sich auf sonstige Weise beruflich profilieren. Mit gewisser Sorge sehe ich beim politischen Nachwuchs – auch bei den zahlreichen unbestreitbaren Talenten, die es gibt – die Tendenz, gleich durchstarten zu wollen, von der politischen Jugendorganisation über den Jungfunktionär direkt in hohe politische Funktionen. Ich freue mich über ein politisches Engagement junger Menschen, aber darüber sollte man nicht versäumen, berufliche Erfahrungen zu sammeln. Sie helfen dabei, politische Verantwortung zu tragen und die Menschen zu verstehen, die sich nur punktuell für politische Zusammenhänge interessieren. Politiker sollen Lebensbedingungen gestalten, und dazu müssen sie das Leben kennen. Für mich war es lehrreich,

Strukturen und Abläufe von Entscheidungsprozessen kennenzulernen, nicht nur innerhalb eines Ministeriums, sondern auch zwischen den Ministerien und im Austausch mit dem Parlament. Auf diese Weise wurde ich zugleich mit einer Vielfalt an Themen konfrontiert. Es muss nicht zwingend ein Vorlauf in der Verwaltung sein, sollte man einmal politische Führungsaufgaben übernehmen wollen. Genauso hilfreich sind etwa berufliche Erfahrungen in der Wirtschaft oder in freien Tätigkeiten. Wichtig ist, dass sie den Horizont erweitern und einem helfen, Verantwortung zu spüren, zu erleben und bewusst zu übernehmen.

Wer sich ernsthaft für eine politische Karriere entscheidet, muss sich darüber im Klaren sein, dass die Amtsausübung, vor allem auf höherer Ebene, raum- und besitzergreifend ist und dass vieles im Leben zurücktritt, ja zurücktreten muss. In sämtlichen Berufen, bei denen man keinen geregelten Tagesablauf hat und der Arbeitstag auch einmal um sechs Uhr beginnen kann und um Mitternacht noch nicht zu Ende ist, ist die Gefahr groß, dass man anderes Wichtiges im eigenen Leben vernachlässigt und den Bezug zum normalen Leben verliert. Da muss man sehr aufpassen. Bei allem Stress habe ich versucht, Nischen frei zu halten, vor allem für meine Familie. Als Politiker mit großer Verantwortung ist man geneigt, das, was man unter der Woche nicht schaffen konnte, am Sonntag in Angriff zu nehmen. Eine an christlichen Grundwerten orientierte Partei wie die CSU sollte ihn eigentlich heilig halten – doch ist er auch in meiner Laufbahn vielfach zum Arbeitstag geworden. Die absolute Verdichtung der Politik waren für mich die Sitzungen des Koalitionsausschusses am Sonntagnachmittag im Berliner Kanzleramt. Mit Angela Merkel habe ich öfter darüber diskutiert, ob dieser Termin wirklich gut gewählt ist. Letztlich hat der Blick in die Terminkalender der Beteiligten aber immer ergeben, dass es offenbar nicht anders ging.

Unabhängig davon: Eine meiner privaten Nischen war stets, dass wir uns bei aller Dominanz der Politik das lange Frühstück mit der ganzen Familie am Wochenende nicht haben nehmen lassen.

Dadurch konnte ich viel erfahren und nachholen, was ich unter der Woche verpasst hatte: Wie geht es den Kindern in der Schule? Wie ist dieser oder jener Lehrer? Die erste Liebe. Welches Fach soll ich wählen und was soll ich studieren? Und wir hielten es stets so, dass ich mit meiner Frau und mit meinen Kindern immer wieder zwischendurch telefonierte, damit wir uns über Erlebnisse und nicht aufzuschiebende Fragen und Entscheidungen im Alltag austauschen konnten. Meine Frau und meine Kinder wussten und wissen: Wenn es darauf ankommt, gehe ich aus jeder Sitzung und bin für sie erreichbar. Heute noch, obwohl meine Kinder verheiratet sind, versucht die ganze Familie an einigen Wochenenden im Jahr zusammen zu sein, mit allen Enkeln. Das ist dann stets ein Riesenauflauf bei uns zu Hause in Wolfratshausen.

Zurück ins Umweltministerium. Als persönlicher Referent von Minister Max Streibl, der zugleich Bezirksvorsitzender der CSU Oberbayern war, kam ich in Kontakt mit dem Landtag. Das war ungemein spannend, ich durfte an politischen Gesprächen und Sitzungen im Parlament teilnehmen und den politischen Betrieb von innen kennenlernen. Es war außerordentlich interessant, das Zusammen- und Wechselspiel zwischen Staatsregierung und Landtag zu beobachten. Wie wichtig für den Volksvertreter die Verwurzelung in seinem Stimmkreis und die Identifikation mit den Anliegen der Heimatregion sind, wurde mir hier klar. Beides war immer auch entscheidend für die überragende Rolle der CSU als Volkspartei. Besonders lehrreich waren die Sprechstunden des Ministers und Abgeordneten Streibl in seinem Garmischer Stimmkreis, an denen ich als Referent teilnahm. Junger Akademiker, der ich war, traf ich im wahrsten Sinne auf Land und Leute. Besonders die Bauern haben ungeschminkt und ohne Scheu vor dem Herrn Minister Klartext gesprochen. Wie souverän und volksnah Max Streibl damit umging, hat mich beeindruckt.

Ich kann nicht behaupten, dass Max Streibl mich gedrängt hätte, ein Abgeordnetenmandat anzustreben. Aber ich denke, dass er es nicht ungern sah, wenn Leute aus seinem unmittelbaren Umfeld bereit waren, politische Verantwortung zu übernehmen. Wenn es sehr früh jemanden gab, der seinen Teil dazu beitrug, dass ich die politische Laufbahn einschlug, dann war es sicher der Wolfratshauser Amtsgerichtsdirektor Olaf Kapfenberger. Schon als Jurastudent hatte ich bei ihm ein Praktikum absolviert, später war ich als Referendar an seinem Gericht tätig. Unverkennbar gehörte er der Kriegsgeneration an. So erinnere ich mich noch gut an seine Entscheidung über den Widerspruch eines Verkehrssünders gegen einen mehrmonatigen Führerscheinentzug: Nachdem Kapfenberger den Angeklagten gefragt hatte, was der Grund für sein Hinken sei, und jener auf eine Kriegsverwundung hinwies, wurde aus dem Führerscheinentzug eine vergleichsweise milde Geldstrafe – »unter Berücksichtigung seines Einsatzes als Soldat und des gesundheitlichen Opfers für das Vaterland«. Ich erinnere mich noch, wie in unserer Münchner Wohnung das Telefon läutete. Am anderen Ende der Leitung war eben Kapfenberger, der mich zu meiner Überraschung aufforderte: »Sie müssen Bürgermeister von Wolfratshausen werden!« Und er fügte noch hinzu, dass er mit dem CSU-Ortsvorsitzenden bereits gesprochen habe.

Auch wenn ich dieses »Angebot« damals nicht ganz ernst nahm und nicht aufgriff, so war es doch ein gewisser Impuls, mich dem Gedanken an politisches Engagement und die Übernahme eines öffentlichen Mandats zu nähern. Bereits 1958 war ich der Jungen Union beigetreten, aber dies war anfangs nur eine formale Mitgliedschaft gewesen, sozusagen um meine Gesinnung zu demonstrieren. Seit 1970 war ich jedoch deren stellvertretender Kreisvorsitzender in Wolfratshausen. Das kam übrigens so: Als einfaches, nicht übermäßig engagiertes Mitglied ging ich erstmals zur turnusgemäßen Kreisversammlung, bei der ein neuer Vorstand gewählt wurde. Zu einigen Themen, an die ich mich heute nicht mehr erinnere, meldete ich mich zu Wort. Auf einmal hieß es, ja wenn der so gscheit daherredet, dann soll er doch gleich Verantwortung übernehmen. Das Ergebnis war, dass ich als stellvertretender Kreisvorsitzender wieder nach Hause zurückkehrte.

Doch wie wurde ich Abgeordneter? Beeindruckt hatte mich der CSU-Vorsitzende von Geretsried, Helmut Gänßbauer, ein ausgesprochen strategisch denkender Kopf und ungemein eloquenter Mann. Nachdem der CSU-Landtagsabgeordnete Anton Staudacher erklärt hatte, 1974 nicht noch einmal bei der Landtagswahl antreten zu wollen, forderte mich Gänßbauer energisch auf: »Du musst in den Landtag, du wärst mit deiner Leidenschaft für Politik ein Anwalt der Bürger!«

Die Kandidatur war gleichbedeutend mit einer intensiven Kontaktpflege zu CSU-Ortsvorsitzenden und -Bürgermeistern. Neben politischer Überzeugungskraft konnte das auch den Nachweis der Trinkfestigkeit einschließen. Im Rahmen meiner Vorstellungsgespräche kam ich auch zum einflussreichen Ortsvorsitzenden von Irschenberg, der mir ohne große Umschweife sagte: »Du brauchst gar nicht kommen, wir wählen dich sowieso nicht.« Weil ich wohl ein wenig bedröppelt dreinblickte, fügte er etwas freundlicher hinzu: »Aber komm halt rein, dann trinken wir zusammen noch einen Schnaps.« Eineinhalb Flaschen Schladerer später hatte ich einen gewissen Respekt erworben und konnte mich mit der Aussicht auf einen wichtigen Unterstützer wieder verabschieden. Und seit diesem Abend ertönte es bei politischen Versammlungen oftmals aus einer der letzten Reihen: »Der Stoiber hat recht.«

Ansonsten bringt man den Alkohol in der Regel nicht mit mir in Verbindung, Stichwort »Salbeitee im Maßkrug«: In einem meiner ersten Wahlkämpfe als Ministerpräsident hatte ich wieder einmal mehrere Reden an einem Tag auf den Marktplätzen gehalten und spürte vor der abschließenden Bierzeltrede am Abend eine heraufziehende Heiserkeit. Weil dies für einen Wahlkämpfer eine der denkbar schlimmsten Heimsuchungen darstellt, bat ich um Salbeitee anstelle des obligatorischen Bieres, der mir dann auch prompt in einem steinernen Krug serviert wurde. Die Presse, wie stets allen bedeutenden Details des Politikerlebens auf den Grund gehend, bekam diesen Umstand mit – und der aus dem Maßkrug Salbeitee trinkende Stoiber war geboren. Zwar kam ich in meinem

Kein Salbeitee: Die erste Maß zur Eröffnung des Münchner Oktoberfests 2006.

weiteren Leben ohne Salbeitee aus, aber kein Porträt über mich verzichtet auf diese Legende.

Doch zurück zur Nominierung zum Landtagskandidaten: Der anfänglichen Übermacht des Mitbewerbers bei den Delegiertenstimmen und der geringen Erfahrung in der Partei stellte ich mich mit jugendlichem Elan und der Überzeugung, unbedingt etwas für die Heimat und ihre Menschen leisten zu können und zu wollen. Lebenserfahrung gab es bei diesem Kandidatenrennen reichlich zu gewinnen. So bemerkte ich gerade noch rechtzeitig, dass mich der eine oder andere alteingesessene, selbstbewusste CSUler offenbar für einen arroganten Jungschnösel hielt. Was war der Grund? Bei der Ausbildung zum Gebirgsjäger hatte ich mir eine Schädigung des Augenlichts zugezogen, als ich ohne Schutzbrille in gleißender Höhensonne marschierte. Aus diesem Grund trug ich häufig eine getönte Sonnenbrille – was offenbar als Zeichen der Überheblichkeit gewertet wurde. Als der wahre Grund bekannt wurde, wurde aus dem Malus sogar ein Bonus: »Ja, wenn das so ist!« Ein Lehrstück für mich, wie ein Politiker mit Haut und Haaren von den Bürgern vereinnahmt und bewertet wird. Offenbar ist es mir schließlich doch gelungen, zu vermitteln: Der setzt sich mit ganzer Kraft für uns ein.

Mentor und Freund: Mit Franz Josef Strauß auf einer Pressekonferenz.

Die erste Hürde zum Landtagsmandat nahm ich auf der CSU-Delegiertenkonferenz mit dreiundzwanzig zu siebzehn Stimmen. Die Nominierung zum Landtagskandidaten durch die eigene Partei galt angesichts der Stärke der CSU als schwieriger als die eigentliche Wahl durch die Bevölkerung. So konnte ich siegessicher in den Landtagswahlkampf ziehen, und am Wahlsonntag Ende Oktober 1974 waren 61,8 Prozent der Erststimmen der Lohn für meinen Einsatz.

Ein Höhepunkt der besonderen Art in diesem Landtagswahlkampf war der Auftritt von Franz Josef Strauß in meinem Stimmkreis. In der Parteizentrale hatte ich die große Wahlkampflokomotive der CSU als Redner angefragt, und er sagte tatsächlich zu. So kam ich erstmals zu einer Herausforderung, die ich als späterer Generalsekretär der Partei noch das ein oder andere Mal bestehen musste. Als Lokalmatador bestand meine Aufgabe darin, die Veranstaltung zu eröffnen und die Zeit bis zur Hauptrede zu überbrücken. Nun neigte aber Franz Josef Strauß in den siebziger Jahren, wenn er aus Bonn zu Auftritten nach Bayern kam, nicht zur Pünktlichkeit. Also redete ich und redete – es vergingen zwanzig Minuten, es vergingen vierzig Minuten, und erst nach einer Stunde war der große Parteivorsitzende endlich da. Und sah nicht ohne Wohlwollen, dass mir offenbar genügend eingefallen war, das Publikum nicht nur bei Laune zu halten, sondern sogar ein wenig in Stimmung zu bringen.

Mit einer gewissen Süffisanz wurde ich einmal gefragt, welche Rednerschule ich denn besucht hätte. Meine Antwort: die Schule des Lebens. In einer Volkspartei wird man allein mit ausgefeilter Rhetorik nicht weit kommen. Als Redner muss man die Zuhörer vor allem emotional ansprechen, dann schafft man es auch, die Säle zu füllen. Der Schlüssel dazu ist – jedenfalls bei mir – die eigene Leidenschaft für das Thema, über das man spricht. Nur wer selbst begeistert ist, kann andere begeistern. Wenn ich rein sachlich auftrete, erreiche ich vielleicht die besonders Interessierten, aber nicht diejenigen, für die Politik nicht das Wichtigste im Leben ist, die nicht so gut Bescheid wissen über politische Abläufe und Zusammenhänge. Doch als Politiker muss ich diese Menschen genauso für die Demokratie gewinnen wie jene, die ein hohes politisches Sachverständnis haben. Das geht nur, wenn man seine Ziele mit einer gewissen Emotionalität vertritt. Strauß hat mir in jungen Jahren jedenfalls eine Bierzelt-Tauglichkeit attestiert, und das ist in Bayern ein nicht zu unterschätzender politischer Maßstab.

Nun war ich also Abgeordneter des Bayerischen Landtags, ein Volksvertreter, eine politische Stimme meiner Heimat im Parlament des Freistaats. Die erste Fahrt ins Münchner Maximilianeum war für mich etwas ganz Besonderes. Ich fuhr mit meinem alten Opel vor, durchaus stolz, aber keineswegs ahnend, dass dieser Prachtbau am rechten Isarufer mein Arbeitsplatz für die nächsten vierunddreißig Jahre sein würde. Mit mir zog eine Riege junger Nachwuchspolitiker in den Landtag ein, die man wohl unbestritten als »goldene Generation der CSU« bezeichnen kann: Günther Beckstein, Kurt Faltlhauser, Thomas Goppel, Hans Spitzner, Georg von Waldenfels, Otto Wiesheu, Hans Zehetmair.

Im Vordergrund stand für mich erst einmal der Einsatz im Stimmkreis, dadurch musste und wollte ich meinen Vertrauensvorschuss aus der Landtagswahl rechtfertigen. Und Themen im Interesse der Heimat gab es reichlich, von der Erhaltung des Gymnasiums im Schloss Tegernsee bis hin zur Durchsetzung von wichtigen Straßenbauvorhaben. Ich war nun in einer Situation, die ich von meiner Tätigkeit als Ansprechpartner im Ministerium schon kannte: Die Anliegen in meinem Stimmkreis musste ich möglichst überzeugend und wirkungsvoll an die Staatsregierung und die Behörden herantragen – und ich rannte dabei nicht nur offene Türen ein.

Eine Initiative, die von vielen heute ein wenig belächelt werden mag, trug mir erste überregionale Bekanntheit ein. An der Isar, in der Pupplinger Au nördlich von Wolfratshausen, sorgte das zunehmende Nacktbaden von Ausflüglern bei der einheimischen Bevölkerung für einigen Ärger. Mir ging es jedoch nicht so sehr darum, den Verzicht auf Badehose und Bikini zu skandalisieren, als vielmehr um den absehbaren Konflikt zwischen der Erhaltung dieses Naturschutzgebiets und einem sich abzeichnenden Freizeittourismus im Umfeld der Millionenstadt München. Nicht von ungefähr lautete denn auch der Antrag, den ich in der 100. Sitzung am 14. März 1978 im Bayerischen Landtag einreichte: »Maßnahmen zur Erhaltung des Naturschutzgebietes in der Pupplinger und Ascholdinger Au«. Auch wenn die Initiative damals abfällig als sittenstrenge Attacke gegen den Zeitgeist kommentiert wurde und mir lange anhing, so war es mir dennoch wichtig, besorgten Bürgern eine Stimme zu geben, selbst bei drohendem öffentlichen Spott.

Über das damalige Anliegen mag die Zeit hinweggegangen sein, aber die Bedürfnisse und Angelegenheiten der Menschen aufzugreifen und sie bei zu erwartendem politischen und publizistischen Gegenwind zu vertreten bleibt eine Kernaufgabe des Parlamentariers in der repräsentativen Demokratie. Nur so kann eine verhängnisvolle Kluft zwischen dem Abgeordneten und der Bevölkerung vermieden werden.

Wir jungen Abgeordneten hatten neue Ansätze und Konzepte – die Frage war nur, wie wir sie gegenüber den altgedienten Parlamentariern in der Fraktion stärken und verbreiten konnten. Nach einigen Überlegungen entstand die Idee, unsere Ansichten in einem Buch zu vereinen und so einen innovativen Vorstoß in die politische Diskussion zu wagen. Kurt Faltlhauser und ich waren die Herausgeber dieser gemeinsamen Schrift, die unter dem Titel *Politik aus Bayern* veröffentlich wurde. Das entsprach unserer Überzeugung, dass Politik intellektuell-innovative Anstöße über das Tagesgeschäft hinaus braucht. Politik, die sich in der Problemverwaltung und Machterhaltung erschöpft und keine klaren Linien zu langfristigen Zielen aufzeigt, verliert jede Faszinationskraft, ohne die eine moderne lebendige Demokratie erstarrt und erstickt. Mit diesem Ziel haben wir das Buch kurz vor der Bundestagswahl 1976 veröffentlicht. Eine Wahl, »in der nicht nur über das politische Schicksal der Bundesrepublik, sondern auch über den politischen Weg der Bundesrepublik und darüber hinaus Europas in den nächsten Jahrzehnten« entschieden werden sollte.

In diese Zeit fiel eine Begegnung, die meine Mutter außerordentlich beeindruckte. Obwohl vom Temperament eine waschechte Rheinländerin, ließ sie auf den barocken Franz Josef Strauß nichts kommen und verehrte ihn tief. Eines Tages stand er plötzlich vor ihr, mitten in Bad Tölz, beim Verlassen eines Lokals. Sie grüßte, stellte sich kurz vor und erhielt zur Antwort: »Sie sind die Mutter des Abgeordneten Stoiber? Ich prophezeie Ihrem Sohn noch eine große Zukunft.« Jahre später wiederholte er diese Einschätzung beim Politischen Aschermittwoch in Passau vor Tausenden CSU-Anhängern: »Der Edmund Stoiber wird, mit Gottes Segen, noch eine großen politischen Weg haben.«

Politischer Aschermittwoch ist für mich persönlich aber auch mit einem großen Schmerz verbunden. 1979, unmittelbar vor meiner ersten Eröffnung dieser größten CSU-Veranstaltung, erreichte mich die Nachricht vom Tod meiner Mutter. Diesen Schmerz in der überfüllten Passauer Nibelungenhalle zu spüren hat mir gezeigt, wie grenzenlos öffentlich Politik sein kann.

Mythos Kreuth

Von Kreuth aus – die Gemeinde ist ausgezeichnet mit dem Prädikat »Heilklimatischer Kurort« – wurden die Geschicke der CSU immer wieder maßgeblich bestimmt, ob im Jahr 2002, als von hier aus das Signal für meine Kanzlerkandidatur ausging, oder im Jahr 2007, als meine Amtszeit als Ministerpräsident zu Ende ging. 1974 pachtete die Hanns-Seidel-Stiftung auf Initiative des rührigen Geschäftsführers Siegfried Lengl die Gebäude der ehemaligen Kureinrichtungen und baute sie zum Bildungszentrum von Wildbad Kreuth um; fortan fanden hier alljährlich die Klausurtagungen der CSU-Landesgruppe im Bundestag und der Landtagsfraktion der CSU statt, traditionell zu Beginn des Jahres.

Dieser Ort südlich des Tegernsees wird häufig mit dem Wort »Mythos« in Verbindung gebracht, man spricht gerne von einer »Legende« oder »Verschwörung«. Seinen Ausgang nahm dies in einer der brisantesten Phasen meiner ersten Landtagsjahre. Ich meine die Entwicklung, die im November 1976 zum Kreuther Beschluss führte. Er beinhaltete in aller Dramatik, die langjährige Fraktionsgemeinschaft von CSU und CDU im Bundestag nicht länger fortzuführen. Die Entscheidung betraf in erster Linie die CSU-Landesgruppe im Bundestag selbst. Aber sie war natürlich auch bei uns in der CSU-Landtagsfraktion wie in der gesamten Partei das essenzielle Thema, da sie an den Grundfesten des Selbstverständnisses der CSU und des Verhältnisses der Unionsparteien zueinander rüttelte. Als Landtagsabgeordneter war ich bei diesem historischen Einschnitt für die CSU selbst nicht dabei. Doch er sollte meine politische Arbeit und mein Engagement für viele Jahre ganz entscheidend prägen. Noch gut erinnere ich mich, wie ich die Nachricht im Autoradio hörte. Karin und ich waren gerade auf dem Weg in die Oper, als ich spontan rechts ranfuhr und erst einmal tief Luft holte.

Ein entscheidender Auslöser für den Trennungsbeschluss war das Ergebnis der vorangegangenen Bundestagswahl vom Oktober 1976. Mit 48,6 Prozent der Stimmen hatte die Union mit ihrem Kandidaten Helmut Kohl, dem Ministerpräsidenten des Landes Rheinland-Pfalz, zwar ein großartiges Wahlergebnis erreicht (in Bayern lag der Stimmenanteil der CSU bei 60 Prozent). Aus Sicht von CSU-Parteichef Franz Josef Strauß hatte sich jedoch erneut gezeigt, dass die bisherige Formation von CDU und CSU gegen das sozialliberale Bündnis mit dem amtierenden Bundeskanzler Helmut Schmidt keine Chance auf eine Mehrheit hatte – »knapp verloren ist auch verloren«, ließ er verärgert verlauten. Etliche Positionen – etwa im Streit um die Ostpolitik – konnte die Union aus seiner Sicht nicht deutlich genug formulieren, da die CDU die kompromisslosere Strategie der CSU letztlich nicht mittrug. Von der Trennung erhoffte er sich ein klares Profil und dass eine bundesweite CSU konservative Wähler in ganz Deutschland anlocken könnte. Franz Josef Strauß verkündete demnach immer wieder seine Strategie, ein Prinzip Helmuth von Moltkes (1800–1891) in der Schlacht bei Königgrätz im Jahr 1866: »Getrennt marschieren, vereint schlagen.«

Als junger Abgeordneter des Bayerischen Landtags war es für mich selbstverständlich, ein »Kreuthianer« zu sein, ein Anhänger des Beschlusses von Kreuth, der »reinen Lehre«. Ich versprach mir davon mehr Bewegung in der festgefügten Parteienlandschaft, denn es stand zu befürchten, dass das sozialliberale Bündnis auf längere Sicht weiterregieren würde, auch weil der Union schlichtweg ein Bündnispartner fehlte. Ebenso erhoffte ich mir breitere Entfaltungsmöglichkeiten für die CSU, wodurch sie größeres bundespolitisches Gewicht bekommen würde.

Helmut Kohl hat den Trennungsbeschluss von Kreuth offenbar aus den Medien erfahren. Entsprechend heftig war die Reaktion der CDU und ihres Vorsitzenden. Unverhohlen drohte er mit dem

»Einmarsch« der CDU nach Bayern, wenn die CSU die Gemeinschaft aufkündige und in der übrigen Bundesrepublik antrete. Und es blieb nicht nur bei der Drohung. Drei Tage nach Aufkündigung der Zusammenarbeit wurde auf Betreiben von Kohl im Bundesvorstand der Christlich Demokratischen Union ausdrücklich festgelegt, dass die CDU mit eigenen Kandidaten in Bayern antreten würde, wenn die gemeinsame Fraktion von CDU und CSU nicht weiter Bestand habe.

Einige Reaktionen in der CSU zeigten dann, dass die Drohung nicht ohne Wirkung blieb und die Partei in dieser Frage zum Verdruss von Strauß keine Einigkeit zeigte. Namhafte Politiker, etwa der damalige Bayerische Innenminister Bruno Merk, machten sich zu Sprechern einer Gegenbewegung. Sogar Max Streibl ging vorsichtig auf Gegenkurs. Sie wollten sich dem Kreuther Beschluss widersetzen. Besonders umstritten war die Entscheidung in den fränkischen Landesteilen Bayerns, hier besaß Helmut Kohl eine große Anhängerschaft, aber auch im an Württemberg grenzenden Schwaben.

Die weitere Entwicklung zeigte, dass die Trennung ohne größere Schäden für die Ideen der Union nicht durchsetzbar war. CSU und CDU mussten sich einigen, die Fraktionsgemeinschaft im Bundestag fortzusetzen. Nach drei Wochen, am 12. Dezember 1976, wurde nach intensiven Verhandlungen erneut ein Vertrag über die Fraktionsgemeinschaft geschlossen. Darin wurde vor allem festgehalten: Die CSU ist eine bayerische Partei mit bundesweitem Anspruch und deutscher und europäischer Mitverantwortung.

Franz Josef Strauß' Kanzlerkandidatur von 1980 war dann eine endgültige Antwort auf Kreuth 76. Es gab für mich in dieser Frage keine Zweifel: Die Einheit der Union retten wir nur mit einem Kandidaten der CSU. Ein erneutes schroffes Aufeinanderprallen der Schwesterparteien und eine erneute CSU-Position wie 1976 nach dem Motto: »Ihr habt vielleicht den Kanzlerkandidaten, aber wir haben den besseren Mann«, hätte das einigende Band in der Union zerrissen. Strauß setzte sich als Kandidat gegen Kohl und Albrecht durch und wurde gemeinsamer Repräsentant von CDU und CSU. Von Trennung war keine Rede mehr.

Ohnehin: Schon damals wurde bei genauerer Überlegung zweifelhaft, ob bei einem getrennten Auftreten von CSU und CDU tatsächlich zusätzliches Wählerpotenzial erschlossen worden wäre oder ob nicht »Reibungsverluste« zulasten beider Parteien eintreten würden, auch weil sich zwangsläufig ein Gegeneinander beider Parteien entwickelt hätte. Wesentlich entscheidender war für mich aber Folgendes: In Konkurrenz zu einer betont liberalen CDU hätte sich die CSU womöglich zu einer rechten Partei verändert und den Charakter einer breit aufgestellten Volkspartei in Bayern verloren – mit unübersehbaren Auswirkungen auf ihre Verankerung in der bayerischen Bevölkerung. Strategisch könnte man sagen: »In Ordnung, dann ist die CSU eine rechte Partei mit bundesweit zehn Prozent«, aber eine solche Ansicht habe ich nie akzeptiert. Die Volkspartei CSU darf nie eine rechte Partei werden. In der Gesamtunion profitieren beide Parteien bei gemeinsamem Auftreten voneinander – und zwar deutlich, denn in den anderen Bundesländern unterstützen nicht wenige Wähler die CDU, weil für sie zum Profil der Union die CSU gehört. Umgekehrt gilt das ebenso für Wahlentscheidungen zugunsten der CSU.

Der Mythos Kreuth steht seit den dramatischen Tagen des Trennungsbeschlusses von 1976 für die Eigenständigkeit der CSU. Niemand, heute oder in Zukunft, darf die Eigenständigkeit der CSU infrage stellen. Wer dies tut, macht den Erfolg der Union zunichte. Kreuth macht immer wieder deutlich, dass es keinen Bindestrich gibt, keine CDU-CSU, sondern zwei Parteien: CDU und CSU. Das ist auch der tiefere Grund, warum zu Beginn jeden Jahres in den oberbayerischen Bergen Politik ganz bewusst besonders kraftvoll formuliert wird. Dieses »und« im Verhältnis der Schwesterparteien herauszuarbeiten bleibt Mahnung und Auftrag jeder Generation der Christlich Sozialen Union. Dass sich die CSU dabei für die Hüterin der wahren Union hält – selbstbewusster, geschlossener, wertebewusster –, versteht sich natürlich von selbst.

Die historische Trennung in zwei Parteien, die im Grundsatz eine politische Richtung haben, gibt es so nirgendwo in Europa. In Bayern hat sich eine Christlich Soziale Union etabliert, bevor es die Christlich Demokratische Union gab. Immer wieder existierten Bestrebungen, die beiden Parteien zu einer zu machen. Der Letzte, der alles dafür getan hätte, den »historischen Irrtum« zweier Parteien zu bereinigen, war Heiner Geißler. Derzeit sehe ich jedoch niemanden mehr in der CDU, der die formale Trennung ernsthaft aufheben wollte.

Das verbindende Band war noch einmal in ernster Gefahr, und zwar in Zusammenhang mit der Diskussion um die Gesundheitsprämie im Jahr 2004, die von der CDU vehement gefordert, von der CSU aber abgelehnt wurde. Wenn es der Union damals nicht gelungen wäre, einen Kompromiss herzustellen und eine einheitliche Linie zu finden, wäre hier schwerer Schaden entstanden. Man muss aufpassen, dass sich eine solche Auseinandersetzung nicht an anderer Stelle wiederholt. Ich führe das deshalb an, weil ich verdeutlichen möchte, dass ein grundsätzlicher Streit zwischen CSU und CDU, egal, ob es um kleine oder große Fragen geht, am Ende in einem Kompromiss münden muss, um das gemeinsame Dach zu bewahren. Die Gemeinsamkeit zwischen CSU und CDU erachte ich als ein kostbares politisches Gut, das es für die Zukunft zu erhalten und weiterzuentwickeln gilt. Es bleibt die Aufgabe der Verantwortlichen, den Kreuther Trennungsgeist auch künftig nicht mehr aus der Flasche zu lassen. Dazu gehört es aber, die jeweiligen Eigenheiten der Schwesterpartei zu kennen und sich gegenseitig zu respektieren.

2.
ÜBERZEUGUNGSTÄTER

Ein großer Sprung

Nach der Bundestagswahl von 1976 forderte der harte Kern der jüngeren CSU-Abgeordneten im Landtag, Franz Josef Strauß zum Bayerischen Ministerpräsidenten zu machen. Wir waren überzeugt: Strauß ist das größte politische Kaliber der CSU mit der besten Perspektive. Um dies deutlich zu demonstrieren und nicht dauerhaft das Image des polternden Oppositionspolitikers auf sich zu ziehen, musste er möglichst bald, fast zehn Jahre nach dem Ende der Großen Koalition in Bonn, wieder zu Regierungsverantwortung gelangen. Gerade ich setzte mich dafür in der Öffentlichkeit nachdrücklich ein und musste deshalb herbe Kritik seitens einiger Landtagskollegen hinnehmen, bis hin zum Versuch der Ausgrenzung. Das hatte auch damit zu tun, dass der seit 1962 amtierende Ministerpräsident Alfons Goppel keinerlei Amtsmüdigkeit zeigte. Er hatte sich herausragend um Bayern und die CSU verdient gemacht und konnte sich durchaus noch eine weitere Amtsperiode vorstellen, akzeptierte aber schließlich den Anspruch von Strauß und trat zur Landtagswahl 1978 nicht mehr an. So wurde Strauß im Herbst 1977 für das Amt des bayerischen Regierungschefs nominiert.

Goppel kam aber nicht seinem Wunsch nach, vorzeitig zurückzutreten und seinen Nachfolger mit dem Amtsbonus des Ministerpräsidenten in die Wahl gehen zu lassen. Bei den Landtagswahlen vom 15. Oktober 1978 errang die CSU dann 59,1 Prozent der Stimmen, und am 6. November wählte der Bayerische Landtag Strauß zum Ministerpräsidenten. Eine besondere Freude und die Bestätigung meiner Arbeit war, dass ich mein persönliches Wahlergebnis im eigenen Stimmkreis auf über 62 Prozent steigern konnte – nur wenigen CSU-Abgeordneten gelang es, das Gesamtergebnis zu übertreffen.

Zeit seines Lebens war Strauß Bundespolitiker gewesen, vom Landrat ist er direkt zum Generalsekretär aufgestiegen und Konrad Adenauer aufgefallen. Maßgeblich hat Strauß die Republik mitgestaltet, und so war es auch kein Wunder, dass er bei seinen ersten Auftritten im Landtag etwas fremdelte. Dort musste er sich nicht mehr mit Brandt, Wehner oder Schmidt auseinandersetzen, sondern mit diversen bayerischen Landespolitikern. Gleich bei seiner ersten Rede herrschte er den Vorsitzenden der SPD, Helmut Rothemund, an: »Sie dröhnendes Nichts!« Diese Tonlage war ein Novum. Es ging im Landtag nicht um Strategien für den Nahen Osten, sondern vielfach um weniger weltbewegende Dinge wie Radfahrwege an der Donau. Kein Wunder, dass er da den Landtag einmal als »weißblaues Puppenküchentheater« bezeichnete. Aber Strauß war ein waschechter Bayer; als Historiker lebte er in der Tradition und Geschichte Bayerns, und er kannte die Strukturprobleme des Landes.

Ein außerordentlicher Vertrauensbeweis war dann für mich zwei Wochen später die Ernennung zum Generalsekretär durch Franz Josef Strauß.

Mit seinen politischen und organisatorischen Herausforderungen flößte mir das Amt gehörigen Respekt ein. Die hohe Verantwortung für die CSU und ihre Rolle in Bayern, Deutschland und Europa war mir bewusst, ebenso, welche Ansprüche die Partei und ihr Vorsitzender Franz Josef Strauß an mich stellen würden. Zweifellos musste ich mich mit meinen damals eher geringen politischen Erfahrungen sehr anstrengen, um die Erwartungen zu erfüllen. Ein Generalsekretär hat »gefahrgeneigte Arbeit« zu verrichten: eine Führungsposition auszuüben, die mit hohen Risiken verbunden ist. Doch macht man seine Sache gut, hat man auch keine schlechten Chancen auf Einfluss und für die weitere politische Laufbahn. Die Reihe meiner Vorgänger war beeindruckend, in ihr standen unter anderem der junge Franz Josef Strauß, Fritz Zimmermann, Anton

Jaumann und Max Streibl. Das Amt übernahm ich von Gerold Tandler, der Innenminister wurde. Tandler hatte die Partei in vielerlei Hinsicht reformiert, kampfkräftig aufgestellt und deutliche Spuren hinterlassen.

Als Strauß mir das Amt antrug, kam dies überraschend. Zwar kannte er mich als Kreisvorsitzenden der Jungen Union und als Landtagsabgeordneten, aber einen wirklich engen persönlichen Kontakt hatte es bis dahin nicht gegeben. Es waren eher einzelne Begegnungen, fast schon zufällige Gespräche, die ich hätte aufzählen können. Als er einmal Umweltminister Streibl nicht erreichen konnte und mich als dessen persönlichen Referenten am Telefon hatte, legte er mir zu meiner Verblüffung ausführlich seine Argumente dar, was seine Ablehnung des umstrittenen Grundlagenvertrags – er wurde 1972 geschlossen und regelte die Beziehungen der Bundesrepublik mit der Deutschen Demokratischen Republik – und den von ihm angestrebten Gang nach Karlsruhe vors Bundesverfassungsgericht betraf. Strauß meinte, es sei nicht hinzunehmen, dass der Grundlagenvertrag im Widerspruch zum Ziel der Wiedervereinigung stehe. Er betonte, dass er in dieser Sache einen schweren Weg gehe, dass er diesen Weg aber im Interesse der Einheit Deutschlands gehen müsse. Das war faszinierend. Ich, ein kleiner Referent, und am anderen Ende der Leitung der große Vorsitzende. Und am Ende des Telefonats sagte er nicht: »Richten Sie dem Streibl aus, er möge mich zurückrufen.« Ganz im Gegenteil: Er führte das Gespräch, als ob wir uns auf Augenhöhe befänden. Als Gesprächspartner war ich akzeptiert worden – wobei Gesprächspartner etwas übertrieben ist, es ging vor allem darum, seinen Erläuterungen zuzuhören.

An seiner Grundsatzorientierung, dass über alle pragmatischen und tagespolitischen Erwägungen hinaus an der Einheit der Deutschen durch die Bundesrepublik Deutschland festzuhalten sei, hat Strauß niemals rütteln lassen. Es war mit die wichtigste Entscheidung in seinem Leben. National wie international wurde er deshalb angefeindet, er wurde als »Friedensstörer« und »Ewiggestriger« tituliert. Der von ihm erzwungene Gang vor das Bundesverfassungsgericht gegen den Grundlagenvertrag war ja selbst in seiner eigenen Partei umstritten. Die bayerische Staatsregierung unter Ministerpräsident Goppel folgte ihrem Parteivorsitzenden erst nach langen Diskussionen und zum Teil nur widerwillig auf diesem Weg. Am Ende erwies sich das von Strauß erreichte Urteil als historisch, als Basis für die spätere Einheit Deutschlands. In ihrem Urteil vom 31. Juli 1973 stellten die Karlsruher Richter zwar die Vereinbarkeit des Vertrags mit dem Grundgesetz fest, doch verpflichteten sie die Politik erneut, am Wiedervereinigungsgebot festzuhalten. All seinen Kritikern, die ihm attestiert hatten, er sei ein Feind der deutschen Entspannungspolitik, schleuderte Strauß damals entgegen: »Notfalls müssen eben die Bayern die letzten Preußen sein.« Als während der Koalitionsverhandlungen 1987 der Fraktionsvorsitzende Alfred Dregger diese Position von Strauß für die CDU nachträglich erstmals würdigte – unter dem »lauten Schweigen« von Kohl und Geißler –, erlebte ich Strauß bewegt wie selten.

Zu unseren wenigen Begegnungen vor der Ernennung gehörte ein Besuch des Parteivorsitzenden Franz Josef Strauß in meinem heimatlichen Kreisverband. Das war die Gelegenheit, mit ihm persönlich zu sprechen. In seinem Beisein kam es zu einer Diskussion über die Krankenhausfinanzierung, und ich legte die Gründe dar, weshalb ich seine Ansicht über die Auswirkungen des in Bonn beschlossenen Gesetzes nicht teilen würde. Der bleibende Eindruck bei den Debattenteilnehmern war, dass Strauß, der angeblich Widerspruch schwer ertrug und manches Mal regelrecht explodieren konnte, fachlich fundierte Argumente durchaus anerkannte und sich auf einen sachlichen Diskurs einließ. Meine Wortmeldung war ihm anscheinend in Erinnerung geblieben und hat mir nicht geschadet. Später kam sicherlich hinzu, dass ihm bewusst war, wie sehr ich mich als junger Abgeordneter exponiert hatte, indem ich mich ohne Rücksicht auf Animositäten für ihn als Ministerpräsidenten in schneller Nachfolge Alfons Goppels einsetzte. Das war eher ungewöhnlich. Normalerweise sind junge Abgeordnete zurückhaltender, sie warten erst ein bisschen ab. Aber ich habe diese Position damals mehrfach öffentlich vertreten und auch seine politisch oftmals kantigen, aber klaren Linien verteidigt. In dieser Zeit begann sich wohl mein Ruf als »blondes Fallbeil« zu entwickeln, der mir lange angehangen hat.

Heute werde ich oft gefragt, wie ich mit derartigen Zuschreibungen und Charakterisierungen, aber auch mit Spott, Häme und Satire umgehe. »Der kühle Blonde aus dem Süden, der sich selber als ›norddeutschen Typ‹ empfindet, gehört jedenfalls nicht zu dem gemütlicheren und in Bayern geläufigeren Typ des Rund- und Dickschädels. Der hoch aufgeschossene Sohn ›aus kleinbürgerlichen Verhältnissen‹ zählt vielmehr zu dem in Bayern weniger hervortretenden Typ des Langkopfs (griechisch-lateinisch: *Dolichozephal)*, dem freilich dort traditionsgemäß wegen seiner Halsstarrigkeit und Zähigkeit mit besonderer Vorsicht begegnet wird.« So schrieb der *Spiegel*-Journalist Heinz Höfl 1979 in einem der ersten größeren Porträts über mich. Als der Artikel erschien, war ich siebenunddreißig. Und heute muss ich beinahe noch mehr darüber schmunzeln als damals. Unzählige weitere Male bin ich in meinem politischen Leben von Journalisten durchleuchtet, bewertet und gewichtet worden. Mal fiel das Urteil bescheiden aus, mal geradezu euphorisch. Das entscheidende Kennzeichen aber war aus meiner Sicht: Ich war kein um sieben Ecken denkender Taktiker. Ich war überzeugt. Ich war überzeugt, dass wir als CSU in den wichtigen Fragen richtigliegen. Und aus dieser Überzeugung heraus habe ich Politik gemacht. Ich hatte ja immer große Mehrheiten des Volkes auf meiner Seite. Und ich hatte gewissermaßen die positive Entwicklung Bayerns auf meiner Seite. Daran konnte unterm Strich niemand rütteln. Deshalb störte es mich auch wenig, wenn ich angefeindet, kritisiert oder sogar ins Lächerliche gezogen wurde. Ich war überzeugt, das Richtige zu tun, und dafür habe ich Risiken und Nebenwirkungen in Kauf genommen.

Gerne wurde ich als humorlos dargestellt. Vielleicht lag das daran, dass ich politische Lösungen in der Öffentlichkeit konsequent vertreten und oft auch durchgesetzt habe. Ich verstand mich nicht als erster Humorist, sondern als erster Manager des Freistaats Bayern. Und Humor ist nicht immer das Mittel, wenn es darum geht, Entscheidungen zu treffen. Aber er gehört zum Leben dazu – und auch zur Politik.

Als ich 1984 zum ersten Mal in meinem Leben einem Double von mir ins Gesicht blickte, war ich ziemlich perplex. Beim traditionellen Singspiel am Münchner Nockherberg mit Starkbieranstich – viele bayerische Landes- und prominente Bundespolitiker lassen es sich nicht nehmen, dort als Gäste zu erscheinen – trat ohne jede Vorwarnung der Schauspieler Michael Lerchenberg als Edmund Stoiber auf. Da gab es ein großes Hallo. Sicher, es ist gewöhnungsbedürftig, wenn eigene Macken und Angewohnheiten satirisch aufgegriffen und übertrieben werden. Auf der anderen Seite ist das für einen Politiker eine Auszeichnung, denn so ganz blass kann er dann nicht sein. Und ganz offensichtlich bin ich nach wie vor eine Marke, mein aktueller Imitator, der Kabarettist Wolfgang Krebs, scheint gut beschäftigt zu sein. Er gibt schon mal das eine oder andere Interview als »ich«. Bei einer Laudatio auf ihn habe ich dazu scherzhaft gesagt: »Wie die meisten vielleicht mitbekommen haben, halte ich mich mit guten Ratschlägen an meine Nachfolger sehr zurück – obwohl ich oft dazu aufgefordert werde. Meine Zurückhaltung fällt mir auch deshalb gar nicht so schwer, weil mein Double diese Noblesse überhaupt nicht kennt. Und besser als er könnte ich es meinen Nachfolgern gar nicht sagen, was sie alles … richtig machen.«

Was die sogenannten Kultreden betrifft, da muss ich manchmal selber schmunzeln, wenn ich so einen Wortdreher von mir höre oder lese: »die gludernde Lot, die ludernde Glot«, mithin »die lodernde Glut!«. Manchmal »scheitere« ich aber auch, wenn ich meinen Zuhörern zu viel zumute. So ist die Kompetenz-Kompetenz nun einmal eine wichtige Rechtsfigur des Staats- und Verwaltungsrechts, die in jedem juristischen Wörterbuch erklärt wird. Und wenn ich Blumen »hinrichte«, möchte ich sie keinesfalls ermorden, sondern ganz im Gegenteil schön herrichten. Wer des Bayrischen mächtig ist, hält das für ganz selbstverständlich. Doch wie dem auch sei: Die Bürger kommen heute noch, wenn ich irgendwo auftrete. Wer mich kennt, weiß, dass ich immer mit voller Leidenschaft bei der Sache bin. Und als Wahlkämpfer, der ja nicht ganz erfolglos war, weiß ich: Da kann schon mal ein Wort verspringen, wenn man mit heißem Herzen dabei ist.

Noch im unmittelbaren Vorfeld meiner Ernennung zum Generalsekretär hatte Strauß bei mir anfragen lassen, ob ich zu einer Törggelen-Fahrt nach Südtirol mitkäme. Gerade war ich mit meiner Familie in unsere Doppelhaushälfte nach Wolfratshausen gezogen, und meine Frau und unsere kleinen Töchter Constanze und Veronica saßen sozusagen noch auf den Umzugskisten. Ein schlechtes Gewissen hatte ich schon, als ich meine Frau fragte, ob ich bei dieser Tour mitfahren solle. Törggelen ist Südtirol pur, in geselliger Runde deftig essen und nicht schlecht trinken. Karin meinte, dies sei kein günstiger Zeitpunkt für derartige Unternehmungen, sie wisse aber, wie wichtig mir ein solches Zusammensein mit Strauß sei. Kurzerhand, ich solle »halt fahren«.

In der Bergwelt der Dolomiten, bei Südtiroler Brotzeit und Neuem Wein, fragte mich Strauß mit meinen gerade einmal vier Jahren Landtagserfahrung, wer meiner Meinung nach in sein Kabinett solle. Ich nannte ihm ein paar Namen. Da mischte sich Siegfried Lengl in unser Gespräch ein und fragte: »Warum nimmst du eigentlich nicht den Stoiber?« Woraufhin Strauß nebulös erwiderte: »Mit dem habe ich etwas anderes vor.«

Einige Zeit nach der Südtiroler Zusammenkunft lud Strauß mich in der ersten Sitzung der neuen Landtagsfraktion zum Abendessen zu sich nach Hause ein. Seine Frau Marianne, der noch amtierende Generalsekretär Gerold Tandler und der Leiter des Parteivorsitzendenbüros Wilhelm Knittel waren ebenfalls anwesend. Beim Abendessen wurde in lockerer Atmosphäre diskutiert. Strauß hatte die Absicht, Tandler zum Innenminister zu machen, wodurch wiederum der Posten des Generalsekretärs neu zu besetzen war. Er präzisierte nun seine Äußerung von der Törggelen Fahrt und bot mir zu meiner Überraschung das Amt des CSU-Generalsekretärs an. Wegen meines großen Respekts vor dieser Aufgabe fragte ich, ob ich nicht erst einmal als Staatssekretär lernen solle, ein großes Amt zu führen. Strauß war enttäuscht und unwillig über mein Zögern: »Wie kommst du mir eigentlich vor? Staatssekretäre gibt es zum ›Saufuttern‹, aber es gibt nur einen Generalsekretär! Dir ist anscheinend nicht bewusst, welche politische Bedeutung das hat.« Er war regelrecht verärgert, dass ich nicht sofort freudig zugesagt habe, sondern Bedenkzeit forderte.

Ich wollte die Angelegenheit unbedingt zunächst mit meiner Frau besprechen. Als ich ihr dann von dem Angebot erzählte, war sie alles andere als begeistert. Im Grunde sei sie dagegen, sagte sie. Das war nachvollziehbar, denn wir hatten uns das gemeinsame Leben nicht im grellen politischen Scheinwerferlicht vorgestellt. Aber sie wisse andererseits, fuhr sie fort, wie sehr ich eine solche Herausforderung bestehen wolle. Deshalb sei sie einverstanden. Meine Frau wusste: Angesichts meiner politischen Leidenschaft konnte ich eigentlich nicht Nein sagen. Eine Nacht lang überlegte ich mir die ganze Sache noch einmal. Am nächsten Morgen rief ich Strauß an und sagte zu. Allerdings hatte ihn mein Zögern erkennbar irritiert, das Gespräch war nicht gerade überschwänglich.

Im Rückblick erstaunt mich die Entscheidung von Strauß noch immer. Im Grunde kannte er mich gar nicht, und viele hatten mit der Berufung von Otto Wiesheu gerechnet, der als profilierter Landesvorsitzender der Jungen Union eine vollkommen andere Ausgangsposition hatte als ich und mit Sicherheit auch die nötigen Kompetenzen für das Amt besaß. Für mich war das damals ein gewaltiger Sprung und ein großer Vertrauensvorschuss.

Ich hatte geglaubt, die Entscheidung sei noch nicht publik, als sich vor meinem Landtagsbüro ein ganzer Trupp von Journalisten auf mich stürzte: »Was sagen Sie zu Ihrer Berufung zum Generalsekretär? Haben Sie damit gerechnet? Was sind die Gründe für diese Entscheidung?« Es war alles schon öffentlich; Strauß musste irgendwann erklärt haben, was er vorhatte. Meine öffentliche Vorstellung war dann zugleich meine erste Pressekonferenz; ich besaß noch keinerlei Erfahrungen, wie man sich in einer solchen zu verhalten hat. Vor den versammelten Journalisten erläuterte Strauß seine Entscheidung damit, dass 49,9 Prozent für Wiesheu gesprochen hätten und 50,1 Prozent für Stoiber. Anschließend deutete er auf mich und meinte: »Jetzt fragen Sie ihn selber« – und ging. Ich stand allein vor den Presseleuten und versuchte darzustellen, wie ich mir die Parteiarbeit vorstelle und welche Ideen ich umsetzen wolle.

Die Fragerunde der Journalisten war für mich eine gehörige Improvisationsaufgabe. Irgendwie habe ich diese gelöst, denn es hieß danach zumindest nicht, Strauß habe einen völlig ahnungslosen neuen Generalsekretär berufen. Noch unzählige Male sollte ich als Politiker damit konfrontiert werden, spontan auf die ernsthaftesten, aber auch auf die kuriosesten Fragen zu antworten. Selbst der belesenste und interessierteste Politiker kann nicht alles wissen, was er gefragt wird. Natürlich versucht man, auf die ein oder andere Weise durchzukommen. Es fällt schließlich schwer, im Ausnahmefall in die Mikrofone zu sprechen: »Tut mir leid, aber in dieser Frage bin ich noch nicht genügend informiert.« Ob verantwortlichen Politikern die gleiche Toleranz entgegengebracht würde wie den Piraten? Wenn Angela Merkel etwa auf die Frage nach der Zukunft des Euro antwortete, sie hätte hier noch keine Meinung? Hätten Bürger und Märkte dafür Verständnis? Bestimmt nicht.

Durch die Konkurrenz um das Amt des Generalsekretärs wurde die Freundschaft zwischen Otto Wiesheu und mir nicht belastet – im Gegenteil. Strauß selber hatte daran seinen Anteil, indem er uns beide nach meiner Berufung zu sich nach Hause einlud. Danach fuhren Wiesheu und ich gemeinsam in den Landtag, und während dieser Fahrt fragte ich ihn: »Otto, meinst du, dass ich das schaffe?« Seine Antwort habe ich noch im Ohr, er sagte, unnachahmlich trocken: »Logisch!«

Von einem Tag auf den anderen hatte ich eine erfolgreiche Volkspartei als General zu repräsentieren und als Sekretär zu organisieren. Der Abgeordnete aus Wolfratshausen sollte auf einmal bundesweit agieren und die Interessen der CSU vertreten. Wichtig war mir in meiner neuen Funktion, die CSU-Landesleitung zu motivieren und als effiziente Institution der Parteiführung hinter mich zu bringen. Von der routinemäßigen Alltagsarbeit bis zur Hochkonjunktur in Wahlkampfphasen, von der Beratung der politischen Spitze bis zur Umsetzung in die Partei hinein muss diese einen hohen professionellen Standard haben – und die erwähnten Aufgaben im Team bewerkstelligen. Genau dies fand ich vor, aufgebaut von meinem Vorgänger Gerold Tandler. In kürzester Zeit konnte ich mir einen Überblick über die Partei verschaffen, ich versuchte, in regionale Besonderheiten und örtliche Probleme tief einzudringen. Und durch meine stetige Präsenz hieß es bald: Der Generalsekretär kümmert sich um die Partei, auch wenn es um Detailfragen geht.

Flagge zeigen

Der bundespolitische Anspruch der CSU, das Eintreten für die Gesamtunion gerade nach Kreuth 76 brachte ständigen Gesprächskontakt mit den führenden Personen der CDU mit sich, besonders mit dem Generalsekretär Heiner Geißler. Franz Josef Strauß bezeichnete Geißler als einen »Herz-Jesu-Marxisten« und warf ihm nicht weniger als eine »ideologisch-progressive Öffnung nach links« vor. Die große Sorge von Strauß, gerade in Abgrenzung zu manchen Ansätzen und Ideen Geißlers – und damit in gewisser Weise auch Helmut Kohls –, galt der Erhaltung und Schärfung des Profils der Union als traditionsbewusste, auch konservative Partei. Geißler hingegen dachte immer wieder darüber nach, wie Wählerschichten über das traditionelle Spektrum der Union hinaus angesprochen werden könnten, was Strauß eine Verwischung der Markenzeichen und eine Verunsicherung des treuen Kerns befürchten ließ. Diese Diskussion wird in der Union bis heute immer wieder geführt.

Gegen den Gewinn neuer Wählerschichten ist natürlich nichts einzuwenden, aber er darf keinesfalls um den Preis geschehen, dass man im Gegenzug Stammwähler verliert.

Geißlers Theorie, dass es im Grunde nur zwei Lager gäbe, das bürgerliche von Union und FDP und ein linkes Lager aus SPD und später den Grünen, griff Strauß in Interviews immer wieder scharf an. Einmal warf er Geißler vor, nach seiner Auffassung komme es letztlich nicht darauf an, ob sich die Gewichte zwischen Union und FDP verschöben und die FDP zulasten von CDU und CSU zulegte. Auch ich war der Meinung, in dieser gravierenden Auseinandersetzung Flagge zeigen zu müssen. Es ging schließlich darum, das klare Profil von CDU und CSU als Volksparteien auf christlicher Grundlage zu erhalten und nicht im Sinne eines parteiübergreifenden Lagers zu nivellieren. In einem Zeitungsinterview ließ Strauß es nicht an Deutlichkeit fehlen, sagte dann im Hinausgehen aber mit leichtem Schmunzeln: »Das muss man dann beim Autorisieren des Interviews noch sehr vorsichtig formulieren.« Der Pressereferent legte mir dann den zu autorisierenden Text vor, und ich fand, dass man die Vorsicht in dieser entscheidenden Frage auch nicht übertreiben dürfe. Die Reaktion von Heiner Geißler ließ nicht auf sich warten: Im sonntäglichen *Bericht aus Bonn* trat er mit vielen Gramesfurchen im Gesicht auf und stellte fest: »Die Töne aus München werden langsam unerträglich.« Strauß quittierte das mit der Bemerkung: »Das hat aber gesessen!« Wenn es um schicksalhafte Fragen wie die Zukunft der christlichen Volksparteien und ihres Profils geht, muss auch ein klares Wort unter Freunden möglich sein.

Im März 1979 entsandte mich Strauß zum Bundesparteitag der CDU nach Kiel. Hintergrund war, dass er es anlässlich einer Verärgerung über Kohl schlichtweg ablehnte, den üblichen Auftritt zu absolvieren, der einem CSU-Vorsitzenden bei einem CDU-Parteitag zukam; nun sollte ich ihn vertreten. Dass Strauß einen noch weithin unbekannten Generalsekretär nach Schleswig-Holstein schickte, stellte an sich schon eine Provokation gegenüber der Schwesterpartei dar. Erst recht herausfordernd waren die kritischen

Anmerkungen, die ich im Sinne von Strauß den Granden und Delegierten der CDU (Gerhard Stoltenberg, Ernst Albrecht, Karl Carstens, Alfred Dregger und natürlich Helmut Kohl), deren Mienen zusehends versteinerten, auf ihrem eigenen Terrain ins Stammbuch schrieb. Was ich vortrug, war Originalton Strauß: Er hatte mir den Text in seinem Ärger geradezu in die Feder diktiert, und ich hatte als strammer Generalsekretär keinen Zweifel, dass alles exakt so gesagt werden musste: »Die Einheit der Union darf sich nicht darin erschöpfen, eine möglichst große Einheit in der Daueropposition zu zeigen, die dazu bestimmt ist, mit der Kindertrompete neben der Militärmusik hermarschieren zu dürfen. Nur verantwortungslose Kurzsicht könnte es gebieten, die Dinge so treiben zu lassen, und nur selbstmörderische Fehleinschätzung könnte dazu verleiten, die CSU falsch verstehen zu wollen. Der Gegner heißt für uns gemeinsam SPD und FDP. Was falsch wäre – ich sage das ganz offen –, wäre Hochmut gegenüber der CSU. So wünsche ich Ihnen allen den Erfolg, den Deutschland braucht und Europa haben muss.« So waren die Zeiten und die Worte. Im Rückblick betrachtet wäre eine etwas gemäßigtere Wortwahl der Einheit von CDU und CSU wohl förderlicher gewesen, denn schon etwa ein Jahr später ging es um den gemeinsamen Kanzlerkandidaten, der, wie gesagt, aus meiner Sicht nur Franz Josef Strauß heißen konnte.

Meine Gespräche mit dem CDU-Generalsekretär Heiner Geißler waren für mich zwar immer interessant, aber angesichts der Rahmenbedingungen oftmals nicht besonders harmonisch. So führte ich mit ihm eine heftige Kontroverse über den für die Europawahl 1979 vorgesehenen Slogan »Politik für die Freiheit – Glück für den Menschen«. Er enthielt in meinen Augen keine wahlkampftaugliche, also zugespitzte Aussage – wie etwa unsere alte Parole »Freiheit statt Sozialismus«. Diese Verheißung der Glückseligkeit war mir einfach zu schlicht. Zudem versprach der Europa-Slogan etwas, was Politik nicht leisten und schon gar nicht garantieren kann. Politik kann vieles, aber sie kann den Menschen nicht Glück verheißen. Ein solches Versprechen würde auf einen falschen Weg führen. Glück ist

Die Generalsekretäre der Schwesterparteien:
Mit Heiner Geißler auf dem CSU-Parteitag 1979.

keine politische Kategorie. Wer das Glück von Menschen planen will, der hegt meiner Meinung nach ein totalitäres Ansinnen.

Geißler reagierte auf meine Kritik mit einem aus meiner Sicht belehrenden, überheblichen Schreiben, das er veröffentlichte und in dem er die Tonart des erfahrenen Politikers und Parteimanagers gegenüber dem »Politiklehrling« anschlug. So zitierte er aus der CSU-Wahlkampfzeitung, in der vom »Glück, ein Bayer zu sein«, die Rede war. Und auf den Wahlkampfplakaten, so hob er hervor, seien penetrant glückliche Menschen zu sehen, die sich im »lebens- und liebenswerten Bayern« offensichtlich wohlfühlten. Es sei kaum anzunehmen, dass dieses bayerische Glück in der Absicht vorgestellt wurde, die Politik der CSU habe damit nichts zu tun. Die Querelen führten am Ende dazu, dass CDU und CSU schließlich keinen gemeinsamen Slogan verwendeten. Dass die Europawahl 1979 mit einem Ergebnis von 65 Prozent in Bayern gemeistert wurde, war neben unserem klaren Profil sicher auch der Spitzenkandidatur des langjährigen Ministerpräsidenten Alfons Goppel geschuldet.

Nichtsdestotrotz ging es mit Heiner Geißler spannend weiter. Im Mai 1979 sondierte ich mit ihm bei einem geheimen Treffen in Südtirol die strategischen Varianten für die Bundestagswahl 1980. Bei den Gesprächen wurde klar, dass die Kreuther Erfahrungen noch tief saßen, und so kam es auch hier zu keiner Einigung. Immer drängender jedoch wurde die Frage nach der Kanzlerkandidatur. Aus Richtung der CDU war der Name von Ernst Albrecht zu vernehmen; der niedersächsische Ministerpräsident hatte in seinem bis dahin fast schon traditionell von der SPD regierten Land die Mehrheit der Mandate geholt. Es ging darum, Position zu beziehen und geregelte Verfahren für eine im Endeffekt einvernehmliche Lösung zu finden. Darauf deuteten das Vorpreschen der CDU und die Lancierung von Ernst Albrecht jedoch nicht hin. Und ich war – wie viele in der CSU – überzeugt davon, dass Strauß über das größere politische Potenzial verfügte. Strauß selbst war angesichts der Konstellationen in der Union eher zögerlich. Von ihm gab es den Ausspruch: »Kassandra wählt man nicht«, wobei er sich selbst in der Rolle der Kassandra sah, jener Gestalt aus der griechischen Mythologie, die die Gabe der Vorhersehung hatte, Unheil immer voraussah, aber bei ihrer Umgebung kein Gehör fand.

Am 23. Mai 1979 kam es in Bonn im Anschluss an die Wahl von Karl Carstens zum Bundespräsidenten zu einer entscheidenden Zusammenkunft zwischen Strauß, Friedrich »Fritz« Zimmermann, dem Vorsitzenden der CSU-Landesgruppe, und mir über die Frage der Kandidatur. Es war ein wunderschöner, vorsommerlicher Tag, und Strauß war im Kreis seiner Bonner Freunde. Wir hatten schon vor der Präsidentenwahl ein Gespräch in Strauß' Bonner Wohnung vereinbart, aber es kostete einige Mühe, ihn dazu zu bewegen. Erst beim dritten Anlauf war es mir gelungen, ihn wegzulotsen.

Mit Zimmermann war ich einig, dass Strauß zur Kandidatur antreten müsse. Zimmermann drängte Strauß regelrecht, die Herausforderung anzunehmen: »Wann, wenn nicht jetzt?« Und: »Das ist die Stunde der Wahrheit.« Ich betonte, dass wir nicht noch einmal wie 1976 verfahren dürften, also nach dem Motto: »Wir haben zwar einen besseren Kandidaten, aber im Interesse der Einheit unterstützen wir den Kandidaten der CDU.« Besorgt war ich auch deshalb, weil nicht wenige in der CSU damit liebäugelten, neben dem Kandidaten der CDU einen eigenen Kanzlerkandidaten Strauß zu nominieren. Dabei wollten sie außerhalb Bayerns mit der Bürgerpartei zusammenarbeiten. Diese letztlich erfolglose Protestpartei hatte der Steuergewerkschaftler Hermann Fredersdorf gerade neu formiert. In dieser politischen Großwetterlage stimmten Zimmermann und ich überein: »Entweder du kandidierst jetzt, oder wir müssen den Kandidaten der Gegenseite akzeptieren. Einen dritten Weg gibt es nicht.« Strauß hingegen wies auf durchaus realistische Gründe hin, die gegen eine Kandidatur sprachen, auch sorgte er sich, was mit der CSU im Falle einer Niederlage passieren würde. Erst gegen Ende des Gesprächs, zu dem gegen 22 Uhr 30 Peter Boenisch, der damalige Chef der *Bild am Sonntag* und Duzfreund von Strauß, sowie die CSU-Bundestagsabgeordnete Michaela Geiger hinzustießen und wir einiges aus seinem Kühlschrank konsumiert hatten, zeigte Strauß eine gewisse Bereitschaft.

Als Zimmermann und ich schließlich spätnachts auf der Fritz-Erler-Straße standen, waren wir uns nicht einig, ob Strauß es wirklich machen würde. Nach längerer Diskussion kamen wir überein, am nächsten Morgen durch eine gemeinsame Erklärung des CSU-Landesgruppenvorsitzenden Zimmermann und des CSU-Generalsekretärs Stoiber Tatsachen zu schaffen.

Mit einer der ersten Maschinen flog ich von Bonn nach München. Den ganzen Vormittag wartete ich zu Hause voller Spannung auf die verabredete Meldung – aber sie kam nicht. Ein Anruf bei Norbert Schäfer, dem Pressesprecher der CSU-Landesgruppe, ergab, dass Zimmermann noch gar nicht mit ihm gesprochen, geschweige denn den Auftrag zu der Erklärung erteilt hatte. Schäfer war nicht bereit, eine solche abzugeben. Er wollte zunächst mit seinem Chef Zimmermann sprechen, was ich durchaus verstehen konnte. Ich griff also erneut zum Telefonhörer, dieses Mal, um Fritz Zimmermann selbst anzurufen. Als ich ihn im Auto erreichte – damals war das nicht so selbstverständlich wie heute –, war vernehmbar, dass er wegen des Abends zuvor Kopfweh hatte. Trotzdem konfrontierte ich ihn mit der doch vereinbarten Erklärung. In seine etwas angeschlagene Stimme mischte sich nun ein Zögern. Mit vielen Worten beklagte er sich, dass es ihm gar nicht gut gehe, und überhaupt müsse all das, was wir gestern auf der nächtlichen Fritz-Erler-Straße besprochen hätten, noch einmal gründlich überdacht werden. Unbeirrt von seinen plötzlichen Bedenken drängte ich ihn, bei unserer Erklärung zu bleiben. Ich erinnerte ihn an die guten Gründe, die er selbst formuliert hatte, und daran, dass wir keine andere Wahl hätten. Zimmermann sicherte schließlich etwas grummelnd zu, dass er sich darum kümmern würde. Und er hielt Wort. Als dann die Meldung über die Bereitschaft von Strauß zur Kanzlerkandidatur wenig später herausgegeben wurde, entfaltete sie sofort ihre Wirkung. Es war keine Rede mehr davon, dass die CDU der CSU ihren potenziellen Kandidaten Ernst Albrecht einfach aufdrängen konnte.

Schon am Nachmittag traf ich mit Strauß bei einer großen Kundgebung in Nürnberg zur Europawahl 1979 wieder zusammen. Zugegeben, ich war ziemlich angespannt, bestand doch das nicht unerhebliche Risiko einer Aussage wie: »Dummes Zeug, was Stoiber und Zimmermann da verbreiten.« So kam es zwar nicht, doch empfand ich es auch nicht gerade als ermutigend, dass er die Kandidatur mit keinem Wort erwähnte. Beim anschließenden Empfang auf der mittelalterlichen Kaiserburg in der Nürnberger Altstadt bestürmten ihn die Journalisten mit ihren Fragen. Es herrschte eine geradezu euphorische Stimmung, und Ernst Dieter Lueg, live für die Spätausgabe der *Tagesschau* auf Sendung, kämpfte sich bis zu Strauß vor und fragte ihn: »Warum wollen Sie Kanzlerkandidat werden?« Die Miene von Strauß war recht mürrisch, er zeigte auf mich und sagte: »Was fragen Sie das mich? Fragen Sie doch den da!« Ich glaube, Lueg kannte mich gar nicht, und so durfte ich dann erklären, warum Franz Josef Strauß Kanzler der Bundesrepublik Deutschland werden müsse. Das war wohl mein erster Auftritt in der *Tagesschau*.

In der Folge war eine Reihe von Gesprächen zu führen, vor allem mit wichtigen Repräsentanten der CDU, um die Unterstützung von Strauß innerhalb der Gesamtfraktion zu sichern. Einer dieser Repräsentanten war Rainer Barzel, der zu verstehen gab, er sei auf unserer Seite. Als Fürsprecher hielt er dann eine brillante Rede in der Bundestagsfraktion, in der er dezidiert für die Kanzlerkandidatur von Strauß plädierte – was viele CDU-Mitglieder doch sehr überraschte. Kontakt suchte ich auch zu Kurt Biedenkopf, der, wie ich wusste, nach seinen Auseinandersetzungen mit Helmut Kohl ebenfalls Sympathien für Strauß bekundet hatte. Unabhängig von unserem Vorstoß hatte der CDU-Vorstand jedoch Ernst Albrecht offiziell zum Bewerber erklärt. Helmut Kohl war zu diesem Zeitpunkt Partei- und Fraktionsvorsitzender, aber seine Kandidatur stand trotz seines 48-Prozent-Ergebnisses bei der Bundestagswahl 1976 für die Wahl 1980 nicht zur Debatte. Dafür sorgten schon seine innerparteilichen Gegner. Aber auch Strauß hatte mit manchen herben Kritiken seinen Teil dazu beigetragen. Unabhängig davon blieb ich bei meiner Meinung, dass Strauß es gegen Albrecht packen würde – wir waren einfach überzeugt davon.

Danach stellte sich für mich eine schwierige Frage: Gehe ich am 2. Juli 1979 zur entscheidenden Abstimmung in die Bundestagsfraktion oder unterlasse ich es lieber? Nach Rücksprache mit Zimmermann entschied ich mich dagegen, weil ich mit meiner Anwesenheit die Chancen von Strauß nicht verschlechtern wollte. Für viele in der CDU war ich ja ein rotes Tuch, ein Haudrauf, der jeden Morgen im Deutschlandfunk erklärte, welche Fehler die CDU gerade gemacht hatte, dass die CSU es besser wisse und könne und Strauß sowieso der Größte sei. Mit ihm war ich dann am Tag der Nominierung in seinem Büro in der Münchner CSU-Zentrale. Die Spannung war kaum auszuhalten, bis das Ergebnis bekannt gegeben wurde. Es fiel – wie erhofft – mit 135 zu 102 Stimmen deutlich für Strauß und gegen den von Kohl favorisierten Albrecht aus. Und im Grunde begann sofort der Wahlkampf.

Als Generalsekretär der CSU hatte ich organisatorische wie politische Aufgaben zu übernehmen, und dabei war nicht unwesentlich, dass ein bundesweiter Wahlkampf nur in enger Abstimmung mit der CDU bewerkstelligt werden konnte. Als kontraproduktiv empfand ich da die Bemerkung von Heiner Geißler, der bei unserem ersten Treffen im Hinblick auf die Aufgabenverteilung auf mich deutete und sagte: »Jetzt haben Sie Ihren Kandidaten. Dann machen Sie auch den Wahlkampf!« Es entwickelte sich aber in der Folge doch noch eine ausgesprochen konstruktive Zusammenarbeit, und ich muss Geißler attestieren, dass er und sein Apparat in der Bundesgeschäftsstelle der CDU mit vollem Einsatz für den Erfolg arbeiteten. Einzelne Meinungsverschiedenheiten schloss das natürlich nicht aus.

Heiner Geißler war für mich als jungen und weniger erfahrenen Politiker eine echte Herausforderung. Er war ein außerordentlich effizienter Generalsekretär und ein ausgefuchster Konterpart in einer Zeit, in der die schwesterliche »Liebe« zwischen CSU und CDU noch wesentlich hitziger war als heute. Mit wenigen in der Union habe ich mich so auseinandergesetzt wie mit ihm, mit kaum jemandem so um den gemeinsamen Erfolg gerungen. Es ist durchaus beeindruckend, wie hartnäckig und streitlustig er sich nach wie vor in die politische Diskussion einbringt. Aber auch frustrierend, denn manche seiner heutigen Positionen zu unserer Gesellschafts- und Wirtschaftsordnung teile ich ganz und gar nicht. Seine Ansichten lassen kaum mehr vermuten, dass er früher einmal Generalsekretär der CDU war, aber immerhin: Er hat etwas zu sagen und scheut sich nicht, dabei notfalls anzuecken. Leider trugen in der Wahlauseinandersetzung 1980 nicht alle in der CDU den Wahlkampf für Strauß so mit wie Geißler, vom RCDS wurde die Unterstützung sogar verweigert.

Die Persönlichkeit von Strauß wirkte polarisierend, er passte sich keineswegs geschmeidig an, sondern bezog in deutlicher Sprache Position. Die Angriffe auf ihn waren oft hasserfüllt – man unterstellte ihm absurderweise Kriegstreiberei und faschistische Tendenzen. Als Generalsekretär rückte ich in den Fokus, indem ich die Frage nach dem sozialistischen Element im Nationalsozialismus aufwarf – es galt ja die schon erwähnte Wahlkampfparole »Freiheit oder Sozialismus« – und sagte: »Wir haben in der Vergangenheit nicht deutlich gemacht, dass Nationalsozialisten in erster Linie Sozialisten waren und dass Nationalsozialisten Leute waren, die im Großen und Ganzen kollektivistische Lösungen angestrebt und durchgeführt hatten.« Diese Äußerung resultierte aus der Lektüre von Sebastian Haffners *Anmerkungen zu Hitler*, die mich sehr beeindruckt hatte. Er hatte in seinem Essay geschrieben: »Da man aber das, was hinter den linken Parteien stand, die Arbeiterschaft, nicht abschaffen konnte, musste man sie politisch für den Nationalsozialismus gewinnen, und das bedeutete … man musste ihr Sozialismus bieten, jedenfalls eine Art von Sozialismus, eben einen Nationalsozialismus.«

Strauß stellte sich in den darauffolgenden Debatten demonstrativ an meine Seite, die Wahlkampfwogen und die publizistischen Empörungswellen gingen natürlich entsprechend hoch. Willy Brandt nahm sich, durchaus verständlich, »diesen Stoiber in München« in seinen Reden ganz besonders vor.

Man darf dabei nicht übersehen, dass meine damalige Sozialismus-These eine Reaktion auf die Bezüge war, die der politische Gegner, aber auch Teile der Publizistik zwischen der CSU, Strauß und dem Nationalsozialismus herzustellen versucht hatten. Aus heutiger Sicht sehe ich sie durchaus kritisch. Man kann aus wissenschaftlich-historischer Sicht der Frage nach dem Verhältnis des Sozialismus zum Nationalsozialismus nachgehen, etwa im Hinblick auf die Rolle der Gebrüder Strasser bei der ideologischen Ausrichtung und Profilierung der NSDAP. Etwas anderes ist es aber, diese These als Waffe in Richtung der SPD zu führen, die gegen Hitlers Ermächtigungsgesetz gestimmt hatte und zum Opfer der totalitären NS-Diktatur wurde. Heute würde ich meine Aussagen von damals so nicht mehr wiederholen.

All das wirkte sich jedenfalls emotionalisierend auf unseren Wahlkampf aus, Gegner – »Stoppt Strauß!« – wie Anhänger waren

Nach den Kämpfen: In der Wahlnacht am 5. Oktober 1980.

gleichermaßen leidenschaftlich. Viel zu berichten wäre von zahllosen Kundgebungen, mit Strauß und allein. Ich bin von der Nordsee bis in den kleinsten Herrgottswinkel mit ihm gezogen und habe Veranstaltungen unsäglicher Art erlebt – massive Störungen gab es im Grunde ständig. Beispielsweise in Essen, wo Strauß im September 1979 vor 15 000 Leuten gesprochen hat und sich auf dem Burgplatz bürgerliche Anhänger und fanatisierte Gegnertrupps gegenüberstanden.

Für eine Initiative von Künstlern für Strauß wollte ich unter anderem Golo Mann gewinnen. Nach der Ratifizierung der Ostverträge durch Willy Brandt hatte er sich von der SPD entfernt, ebenso hatten die Studentenunruhen und der Terrorismus in Deutschland zur Distanzierung von den Sozialdemokraten und zu einer Neuorientierung beigetragen. Es kam zu einer Annäherung an Strauß, dessen rhetorische Gewandtheit er bewunderte. Schon 1972 hatte er in sein Tagebuch geschrieben: »Von den Gegnern war Strauß der Einzige, der mir imponierte und sogar gefiel.« Des Weiteren konstatierte er, dass eine Fee an seiner Wiege »ihm höchste Intelligenz und stärkste Vitalität, eine seltene Verbindung«, geschenkt habe. Im Februar 1978 hatte Golo Mann den Redner Strauß live erlebt, und einige Monate später, im Sommer, trat der Historiker im Rahmen einer Tagung der Hanns-Seidel-Stiftung in Wildbad Kreuth auf, die Opernsängerin Erika Köth und der Schauspieler Joachim Fuchsberger waren ebenso zu dieser Veranstaltung geladen. Golo Mann hielt einen Vortrag mit dem Titel: »Intellektuelles Ethos und politisches Engagement«.

Um die politische Sympathie Golo Manns wissend, war ich am 23. September 1979 in seinen kurzzeitigen Wohnort Icking gefahren, im Isartal, nicht weit von Wolfratshausen entfernt. Über vier Stunden dauerte unser Gespräch in seinem Anfang des Jahres bezogenen Haus, und ich versuchte den Sohn von Thomas Mann mit den Worten zu überzeugen: »Jeder aufrechte Deutsche muss seine Stimme in die Waagschale werfen.« Golo Mann willigte sodann ein, er selbst äußerte mir gegenüber den Wunsch, Strauß in einem Fernsehinterview gegenüberzutreten. Letztlich war es ihm aber doch unangenehm, für ein parteipolitisches Bekenntnis vereinnahmt zu werden. Missverständnisse kamen auf, besonders anlässlich meines Vergleichs von Nationalsozialisten und Sozialisten. Er schrieb mir einen Brief mit den folgenden Zeilen: »Mit der SPD können Sie die Nazis nun wirklich nicht zusammenbringen: da war nicht die allerheimlichste und nicht die indirekteste Komplizenschaft. In dieser Sache war die Haltung der SPD mustergültig.« Und Strauß riet er zum Schluss: »Er sollte unterscheiden zwischen Sozialdemokraten alten Stils und Sozialisten neuesten Stils und sollte den Sozialdemokraten alten Stils, ob sie nun tot sind oder noch leben – es leben auch noch solche! – seine Hochachtung bezeugen. Damit wäre der Schaden noch nicht wieder gutgemacht, aber doch ein Anfang dazu.« Der Kontakt zu Golo Mann bestand locker weiter bis zu seinem Tod 1994.

Oberflächlich gesehen war das Ergebnis der Bundestagswahl vom 5. Oktober 1980 vielleicht enttäuschend: Im Vergleich zu 1976 mit dem Spitzenkandidaten Kohl verlor die Union 4,1 Prozent; in Bayern war ein Minus von 2,4 Prozent zu verzeichnen. Aber richtig ist, dass Strauß zwar prozentual verloren, aufgrund der höheren Wahlbeteiligung im Vergleich zu 1976 aber in absoluten Zahlen an Stimmen hinzugewonnen und Helmut Schmidt im direkten Vergleich geschlagen hatte. Natürlich nahm er dessen Verbleib im Kanzleramt persönlich, er brauchte lange, um das Ergebnis wegzustecken.

Wie auch immer man einzelne Formen und Formulierungen des Wahlkampfs im Rückblick beurteilen mag, eines bleibt nach meiner Erfahrung und nach meiner festen Überzeugung notwendig: In der politischen Auseinandersetzung ist es unverzichtbar, konzeptionell und nicht nur personell wirkliche Alternativen anzubieten – dies ist Grundlage demokratischer Entscheidungsprozesse. Dazu gehört der Mut zur Kontroverse, zur Verdeutlichung von Unterschieden, zur Zuspitzung und auch zum Schlagabtausch. Franz Josef Strauß hat den Mut zum Disput und zur politischen Alternative geradezu verkörpert. Heute hat man den Eindruck, dass dieses Element in der Politik fehlt.

Die Jahre nach der Bundestagswahl 1980 waren insbesondere geprägt von der Diskussion um den Nachrüstungsbeschluss der NATO und der Auseinandersetzung mit der Friedensbewegung. Die öffentliche Diskussion dazu wurde weithin nicht von rationalen sicherheitspolitischen Argumentationen beherrscht. Moralische Absolutheitsansprüche, ethisch verworrene Begründungen sowie Angstszenarien beherrschten die politische Bühne, die sich oftmals in Form von eindrucksvollen Massenveranstaltungen präsentierte. Um eine Position zu vertreten, brauchte man nur nach einem einfachen Schema vorzugehen: Gute Menschen sind gegen Waffen und Rüstung, uneinsichtige und letztlich böse Menschen für die Nachrüstung.

Im Schatten von Massenvernichtungswaffen war es oft kaum möglich, sachlich zu argumentieren und gehört zu werden – der Gedanke, dass der Friede damals auch auf dem Gleichgewicht atomarer Rüstung beruhte und ein gestörtes Gleichgewicht wiederhergestellt werden musste, hatte es immer schwerer. Bei allem Verständnis für die Furcht der Menschen vor einem Atomkrieg lag mir auch daran, Raum für die Erkenntnis zu schaffen, dass Friedensgefährdung gerade von einem Ungleichgewicht zwischen den Blöcken ausging. Gegenüber den damals weitverbreiteten Parolen »Lieber rot als tot« oder »Frieden um jeden Preis« galt es, den für uns unauflöslichen Zusammenhang von Frieden und Freiheit deutlich zu machen. Viele hatten den aggressiven und expansiven ideologischen Charakter des Sowjetsystems völlig verdrängt. Dieser musste immer wieder in die öffentliche Diskussion eingebracht werden, was führende Personen der CSU mit Strauß an der Spitze mit großem Einsatz taten.

Mein Eindruck war, dass auch manche in der eigenen Partei sich scheuten, in der direkten Konfrontation eine klare Meinung zu vertreten, aus Angst vor der möglichen Kritik, der Wucht, mit der diese Auseinandersetzung geführt wurde. In zahlreichen Veranstaltungen versuchte ich die Notwendigkeit der Nachrüstung argumentativ in die Partei hineinzutragen und den Mut zu verbreiten, sich selbst einer übermächtig erscheinenden öffentlichen Meinung entgegenzustellen. Das stieß nicht überall auf Gegenliebe. Mancherorts musste ich sehr deutlich machen, welche Folgen es haben würde, wenn der Anschein entstünde, einige in der CSU würden vor dieser Debatte zurückschrecken – und dies möglicherweise auch noch zu Recht. Die Mobilisierung innerhalb der Partei habe ich damals für die ureigene Aufgabe eines Generalsekretärs gehalten.

Bewusst ging ich in alle außerparteilichen Kontroversen hinein, etwa mit Petra Kelly, der Vorkämpferin der deutschen Friedensbewegung, die zur neuen Partei der Grünen führte, oder mit dem DDR-Dissidenten und Philosophen Rudolf Bahro. Das tat ich nicht nur, um Position zu beziehen, sondern auch, um den eigenen Mitgliedern ein Beispiel zu geben.

Nachdem die sozialliberale Koalition unter der Führung von Helmut Schmidt 1982 durch ein konstruktives Misstrauensvotum zu Fall gebracht wurde, konnte der NATO-Doppelbeschluss von der unionsgeführten Bundesregierung unter Helmut Kohl erfolgreich durchgesetzt werden. Strauß und die CSU konnten für sich in Anspruch nehmen, dazu einen entscheidenden Beitrag geleistet zu haben.

Hätten wir diese Auseinandersetzung nicht durchgehalten, so meine heutige Sicht, hätte die Sowjetunion nicht zur Kenntnis nehmen müssen, dass der Westen ihr mit glaubhafter Verteidigungsbereitschaft und militärischem Gleichgewicht gegenübertritt. Es wären nicht nur unabsehbare Risiken zutage getreten, vielmehr wäre ein Ende des Ost-West-Konflikts in weite Ferne gerückt. Und noch eines lehrt die Diskussion um die Nachrüstung: Gerade wir Deutschen neigen häufig dazu, in wichtigen politischen Fragen sehr schnell mit moralisierenden Urteilen oder absolut geltenden Wahrheiten aufzutreten und fachlich-sachliche Abwägungen beiseitezuschieben. Dienlich ist das in der Sache nicht immer.

Natürlich müssen Politiker, die sich als christlich verstehen, bei grundlegenden Problemen Fragen zur Werteorientierung und zu ethisch-moralischen Kategorien aufwerfen. Um diese jedoch zutreffend stellen zu können, darf man sich die sachliche Vertiefung mit allen damit verbundenen Aspekten nicht zu leicht machen oder gar ersparen. Wer ohne reale Kenntnis argumentiert und handelt, flüchtet sich geradezu in scheinbar moralische Rechtfertigungen und kann deshalb auch keine fundierten, tragfähigen Antworten geben. In einer Demokratie sollten wir uns davor hüten.

Die Wende im Herbst 1982, die mit dem Ende der sozialliberalen Koalition eingeleitet wurde, veränderte die politische Landschaft der Bundesrepublik grundsätzlich. Ausgerechnet mein CDU-Kollege Heiner Geißler war bei mir zu Gast in Wolfratshausen, als wir – nach einer großen Kundgebung der beiden Generalsekretäre war er noch zu mir nach Hause gekommen – auf dem Wohnzimmersofa saßen und die Nachrichten sahen, die das Auseinanderbrechen der sozialliberalen Regierungskoalition ankündigten. Weit vor dem Zeitalter von Handy und Internet begannen augenblicklich hektische Telefonate, zu denen wir uns an der Festleitung abwechselten. Geißler reiste noch in der Nacht ab, um für die CDU den politischen Wechsel in Bonn zu organisieren. Das bisherige Dilemma der Unionsparteien, keinen Koalitionspartner zu haben, wurde durch den Wechsel der FDP zu einer von Helmut Kohl geführten Regierung beendet. Das machte zugleich an der CSU-Spitze die Gedankenspiele und Überlegungen zu einer vierten Partei, die in der CDU stets für eine gewisse Unruhe gesorgt hatten, endgültig obsolet.

Allerdings verlief die Bonner Wende zwischen CDU und CSU, aber auch innerhalb der CSU nicht spannungsfrei. Strauß sah mit dem Scheitern der Regierung Schmidt die einmalige Chance für die Union, in sofortigen Neuwahlen wie 1957 zum zweiten Mal die absolute Mehrheit zu erringen, überzeugt davon, dass man die FDP so entscheidend schwächen könne. Kohl war gegen sofortige Neuwahlen, weil er eine langfristig angelegte strategische Partnerschaft mit der FDP anstrebte – auch als ein gewisses Gegengewicht zur CSU. In diesem Sinne hatte er der FDP wohl schon feste Zusagen gemacht. Kohls Befürchtung war, dass schnelle Neuwahlen die durch das Ende der sozialliberalen Koalition innerlich zerrissene und mit dem Odium des Wechslers belastete FDP in eine existenzielle Krise bringen würden. Fritz Zimmermann teilte die Meinung, dass die Union zwar bei sofortiger Neuwahl die absolute

Mehrheit erreichen könne – aber was wäre dann bei der nächsten Wahl in vier Jahren? Strauß fühlte sich außen vor und von Kohl und Zimmermann in die Entscheidungen nicht genügend eingebunden, in seinen Augen machte auch das lange Warten die Chance auf eine absolute Mehrheit der Union zunichte. Unmittelbar erlebte ich mit, wie sehr ihn dies erregte, sah er doch eine historische Chance verspielt.

Als Generalsekretär der CSU brachte die Bonner Wende für mich erstmals eine intensive Einbeziehung in die Koalitionsgespräche. Die Verhandlungen zur Bildung einer neuen Regierung gehören zum Spannendsten, was Politik zu bieten hat. Man kommt aus dem Wahlkampf, und nun besteht das gemeinsame Ziel darin, eine Atmosphäre für eine gemeinsame Regierung zu schaffen. Ein Vertrauensverhältnis muss entstehen, sodass man im Wesentlichen die gleichen Ziele vertritt. Aber zugleich wissen alle Beteiligten auch: Jetzt kommt es zum Schwur, jetzt geht es darum, welche unserer Positionen wir tatsächlich durchsetzen können. Entsprechend angestrengt ist die Atmosphäre. Selbstverständlich spielt auch das persönliche Verhältnis der Spitzenvertreter untereinander eine besondere Rolle. Die Stimmung zwischen Strauß und Kohl war stets wesentlich gespannter als später mit Theo Waigel oder auch bei Angela Merkel und mir. Die aktuelle politische Stärke wird ebenso spürbar: So gab es Phasen in den achtziger Jahren, in denen sich Helmut Kohl noch um die Spitzen der Partei bemühte und auf sie zuging. Später, nach dem Fall der Mauer, trat er wesentlich bestimmter auf und dominierte die Koalitionsverhandlungen ganz eindeutig. Meine eigene Bilanz bei politischen Verhandlungsgesprächen: Nicht weniger als acht Bundestagswahlen und sechs Koalitionsrunden sollte ich in meiner politischen Laufbahn in vorderster Verantwortung bestreiten.

Die weitere Entwicklung brachte mich in ein Dilemma mit folgendem Hintergrund: Strauß war als Parteivorsitzender einer Regierungspartei nach wie vor viel in Bonn und mischte vehement auf der bundespolitischen Bühne mit. Im Bayerischen Landtag führte das zu Zeitproblemen, ebenso zu Informationsdefiziten; war der Ministerpräsident am Rhein, war es ihm natürlich nicht möglich, in der CSU-Fraktion oder im Ältestenrat Einfluss zu nehmen. Nachdem ich dies einige Zeit beobachtet und erlitten hatte, ergriff ich die Initiative und drängte Strauß, der Regierungszentrale einen politischen Kopf zu geben. Ich schlug vor, es müsste sich einerseits um einen kompetenten Politiker handeln, der aber andererseits von den etablierten Ministern nicht als Konkurrenz für eine spätere Nachfolge gesehen werde. Danach nannte ich ihm den Staatsminister für Bundesangelegenheiten und Europafragen und späteren EU-Kommissar Peter Schmidhuber sowie Innenstaatssekretär Franz Neubauer als mögliche Kandidaten. Strauß hörte sich das an und sagte dann einen Tag später: »Ich habe mir das überlegt, du hast recht. Aber das machst du!« Meine Antwort war: »Das geht nicht. Ich stehe als Generalsekretär schon in der Vorbereitung der vorgezogenen Bundestagswahl im März. Du kannst jetzt nicht ein halbes Jahr vorher den Wahlkampfleiter auswechseln, das ist völlig unmöglich.« Für einen Neuling ohne entsprechende Wahlkampferfahrung wäre eine solche Aufgabe kaum lösbar gewesen. So kam es, dass ich bis zur Bundestagswahl beide Positionen bekleiden sollte, Leiter der Staatskanzlei und zugleich Generalsekretär der CSU. Strauß musste dabei über seinen Schatten springen, hatte er doch seinerseits Heiner Geißler für die Ämterhäufung als CDU-Generalsekretär und Bundesgesundheitsminister heftig kritisiert. Schließlich sah er die Notwendigkeit aber knurrend ein. Die Kombination beider Ämter brachte mir in manchen Kreisen den scherzhaften Titel »Generalstaatssekretär« ein. Vor allem bedeutete die Doppelfunktion noch einmal reichlich Mehrarbeit auf Landes- und vor allem auf Bundesebene.

Für die Staatskanzlei, die ja einen beamteten Chef hatte, war es gewöhnungsbedürftig, jetzt einen Politiker an der Spitze der Behörde zu haben. In gewisser Weise war dies ein Pilotprojekt, das im Laufe der Jahre andere Ministerpräsidenten nachvollzogen. Kurz nach meiner Berufung, 1984, machte Helmut Kohl Wolfgang

Schäuble als Bundesminister in ähnlicher Weise zum Leiter des Bundeskanzleramts. Das erleichterte nicht nur meine Koordinierungsarbeit in Richtung Bonn, sondern gestaltete sie auch wesentlich konstruktiver. Schäuble und ich haben eine ähnliche Arbeitsauffassung. Uns ging es um die Effizienz der Arbeit, und so gelang es, manchen heraufziehenden Konflikt zwischen Kohl und Strauß rechtzeitig beizulegen beziehungsweise erst gar nicht entstehen zu lassen. Es war aus meiner Sicht eine nahezu perfekte Zusammenarbeit.

Mit Wolfgang Schäuble verbindet mich nicht nur eine jahrzehntelange enge Zusammenarbeit, sondern auch eine freundschaftliche Beziehung. Schon als junger Parlamentarischer Geschäftsführer der CDU/CSU-Fraktion war er mir in vielen Diskussionen als scharf denkender und präzise argumentierender Kollege aufgefallen. Es war für mich einer der schlimmsten Momente, als ich vor einer großen Kundgebung in Holzkirchen den Anruf des Lagezentrums bekam, Schäuble sei Opfer eines Attentats geworden. Angesichts dieser Nachricht fühlte ich mich nicht in der Lage, die Veranstaltung wie geplant durchzuführen. So trat ich vor das Publikum, informierte es über das dramatische Ereignis und bat um Verständnis.

Vor seiner Lebensleistung habe ich großen Respekt: Wolfgang Schäuble war ein prägender Repräsentant der Bonner Republik. Als Architekt des Einigungsvertrags hat er sich außerordentliche Verdienste um die deutsche Wiedervereinigung erworben. Und mit seiner Rede zur Hauptstadtfrage im Deutschen Bundestag wurde er ein Wegbereiter der Berliner Republik. Als Kanzlerkandidat im Jahr 2002 habe ich etwas gezögert, ihn zu fragen, ob er in meinem Kompetenzteam als Repräsentant für die Außen- und Sicherheitspolitik mitmachen würde, war er doch selbst schon auf dem Weg in das Kanzleramt gewesen. Seine Antwort freute mich umso mehr: »Mit dir mache ich das.« In den Fragen der Finalität Europas habe ich schwere inhaltliche Kämpfe mit Wolfgang Schäuble ausgefochten, weil mir sein Tempo und seine Affinität zur europäischen Integration und Vertiefung zu weit gegangen

Weggefährte: Mit Wolfgang Schäuble in Brüssel.

sind. In der heutigen Krise Europas und angesichts unserer Verantwortung für deren Überwindung ist es dennoch gut, dass er dem Land als Bundesfinanzminister dient.

Die vorgezogene Bundestagswahl fand schließlich im März 1983 statt. In Bayern errang die CSU das beachtliche Ergebnis von 59,5 Prozent. Die CDU brachte es im übrigen Bundesgebiet auf 38,2 Prozent, was für die Union ein Gesamtergebnis von 48,8 Prozent bedeutete – mit den von der FDP errungenen 7 Prozent eine stabile Mehrheit für die neue Regierung. Strauß wollte den Erfolg dieser bürgerlichen Regierung, aber sein Spannungsverhältnis zu Kohl blieb, das war auch an der häufig gestellten Frage abzulesen: »Besteigt Strauß die Kutsche nach Bonn?« Kohl, der Strauß in Wahrheit nicht im Kabinett haben wollte, legte hier seine ganze Raffinesse an den Tag und erklärte, mit Strauß stelle die CSU vier Mitglieder der Bundesregierung, ohne ihn fünf. Strauß brächte also das politische Gewicht von zwei Bundesministern auf die Waage – wahrlich ein vergiftetes Kompliment. Welches Ministerium für den Mann aus Bayern in Betracht kam, war nicht definiert. Das Außenministerium kam wegen Genscher nicht infrage, Finanz- und Wirtschaftsministerium waren bereits mit Stoltenberg und Otto Graf Lambsdorff besetzt, und die Übernahme des ihm schon bekannten Verteidigungsministeriums lehnte Strauß innerlich mal ab, mal nicht. Ich war der Meinung, dass er das Amt des Verteidigungsministers, das er vor Jahren schon innehatte, nicht annehmen sollte. Letztlich stieg Strauß aus wohlerwogenen Gründen überhaupt nicht in die Kutsche nach Bonn.

Mehrfach geriet ich in den folgenden Jahren selbst in Diskussionen und Überlegungen zur Übernahme eines Bundesministeriums. Strauß dachte 1983 an mich als Bundesverkehrsminister, das kam damals für mich wegen meiner drei noch kleinen Kinder nicht infrage. 1988 wollte Strauß dann, dass ich die Nachfolge von Verteidigungsminister Manfred Wörner antrete. Kohl wäre einverstanden gewesen. Aber ich redete Strauß diese Idee aus, weil die Position sicherheits- und außenpolitische Kompetenzen voraussetzte, über die ich damals aus meinen bisherigen Aufgabengebieten nicht verfügen konnte. Strauß hätte mich gerne im Verteidigungsministerium gesehen, weil er mir zutraute – ich selbst tat dies nicht –, ein Gegengewicht zu Genscher im Bundeskabinett zu bilden. Letztlich akzeptierte er aber meine Argumente.

1989 schließlich fragte mich Helmut Kohl, ob ich mir vorstellen könnte, das Bundesinnenministerium zu übernehmen. Als das Telefon läutete und der Bundeskanzler am anderen Ende der Leitung war, lag ich gerade wegen einer Nebenhöhlen-Operation im Münchner Krankenhaus Josephinum. Kohl sagte, er wolle mich unbedingt in seinem Kabinett haben. Das war ehrenvoll, und das Amt wäre eine neue Herausforderung gewesen. Eine Zusage war für mich allerdings nicht möglich, da ich den angesehenen Fritz Zimmermann auf keinen Fall aus diesem Amt drängen wollte.

Bei den Überlegungen, ob Strauß nach Bonn wechseln würde oder nicht, spielte der plötzliche und tragische Tod seiner Frau eine wichtige Rolle. Marianne Strauß war am 22. Juni 1984 bei einem Autounfall in der Nähe von Wildbad Kreuth tödlich verunglückt. Als Strauß von der Nachricht hörte, brach er sofort seine Jugoslawien-Reise ab. Heimgekehrt, verlangte er auch nach mir. Ich verbrachte gerade ein paar Urlaubstage in Österreich, in den Gurktaler Alpen auf der Turracher Höhe, als ich über den Unfall informiert wurde. Sofort kehrte ich nach München zurück. Bis tief in die Nacht hinein saß sein engster Freundeskreis bei ihm und seinen Kindern. Strauß sprach – wie am 2. Juli 1979, als es um die Abstimmung über die Kanzlerkandidatur ging – überwiegend von seinen Erinnerungen an den Krieg: von Grenzsituationen, dramatischen Erlebnissen im Schützengraben, von Stalingrad. Dieser Krieg war so traumatisch, dass die Erinnerungen in schwierigsten Lebensmomenten zurückkehrten.

Wenig später flogen wir zusammen zu einem Koalitionsgespräch nach Bonn. Diesen Tag werde ich nie vergessen. Ich sollte dem langjährigen Bayerischen Sozialminister Fritz Pirkl nachfolgen – und wollte dies selbst, weil ich davon überzeugt war, ich könnte Strauß aufgrund meines Images als »Mann fürs Grobe« und »blondes Fallbeil« in der Staatskanzlei nicht mehr entscheidend helfen. Zu viele innerparteiliche Gegner hatten sich auf mich eingeschossen. Aber nun merkte ich, dass ihm mein Wechsel gar nicht mehr passte. Ich spürte, dass er in dieser Zeit nur »bekannte Gesichter« um sich haben wollte, Menschen, auf die er sich zu hundert Prozent verlassen konnte. So legte ich ihm meine Hand auf den Arm und sagte: »Wenn du das willst, bleibe ich bei dir in der Staatskanzlei.« Daraufhin drückte er nur meine Hand. Ich blieb noch vier Jahre, bis zu seinem Tod. In dieser Phase erfuhr ich die ganze Härte des politischen Geschäfts, etwa als Helmut Kohl Franz Josef Strauß kurz nach dem Tod seiner Frau mitteilte, dass Martin Bangemann Nachfolger von Graf Lambsdorff würde. Für ihn, Strauß, komme dieses Amt ja wohl jetzt ohnehin nicht infrage.

Monika Hohlmeier, die Tochter von Marianne und Franz Josef Strauß, übernahm in diesen Jahren die Rolle der Landesmutter, die ihre Mutter so sehr geprägt hatte. Vor allem gab Monika ihrem Vater Kraft und Mut in der schwierigsten Phase seines Lebens. Keine *Spiegel*-Affäre, kein politischer Kampf hat diesen starken Mann so getroffen wie der Unfalltod seiner Frau Marianne.

Ein Einschnitt war für ihn das erste Weihnachtsfest ohne sie. Es war Heiligabend, und am Nachmittag machte ich mich auf den Weg zu seinem Haus in Sendling, eine kurze Autostrecke. Bis zum frühen Abend saßen wir zusammen, ehe seine Kinder kamen, um mit ihm Weihnachten zu verbringen. Für den zweiten Weihnachtsfeiertag habe ich ihn zu uns nach Wolfratshausen eingeladen. Es gab Schweinebraten, den er gerne aß. Der Weinkenner Strauß erkannte dabei sehr schnell, dass ich keine ausgewählten Weine zu Hause hatte. Gerade deshalb wiederholte er immer wieder, er wolle nur Rotwein trinken. Für mich war das eine Herausforderung, weil ich nur zusammengewürfelte Flaschen im Keller hatte. Was auch immer ich auf den Tisch stellte, Franz Josef hatte seinen Spaß und meinte augenzwinkernd, das sei ja wie auf einer Weinprobe. An diesem Abend wurde eine mehrjährige Tradition begründet.

In das zeitliche Umfeld der Bonner Wende gehört eine dramatische Entscheidung von Franz Josef Strauß, die den politischen Prozess bis zum Fall der Mauer und zugleich die Parteienlandschaft in der Bundesrepublik ganz entscheidend beeinflussen sollte: der Milliardenkredit an die DDR. Auf Vermittlung von Strauß gewährte ein Konsortium bundesdeutscher Banken unter Führung der BayernLB mit Bonner Garantie der DDR einen milliardenschweren Kredit. Publik geworden war dieser »Geheimdeal« – er war ohne Außenminister Genscher und Finanzminister Stoltenberg eingefädelt worden – durch einen Bericht in der *Frankfurter Allgemeinen Zeitung* aufgrund einer Indiskretion. Zwar wusste ich, dass Franz Josef Strauß aufseiten der DDR einen »Gesprächspartner« hatte (er sprach nie von Schalck-Golodkowski), trotzdem war ich perplex über diese Nachricht. Normalerweise meldete ich mich bei Franz Josef Strauß an, wenn ich ihn während seiner Amtsgeschäfte sprechen wollte. Als ich aber an jenem Tag die Nachricht gelesen hatte, eilte ich sofort in sein Büro und legte ihm die FAZ auf den Tisch. Mir ging es weniger darum, dass ich nicht eingebunden war. Mir war vielmehr sofort klar, dass diese Aktion erheblichen politischen Erklärungsbedarf erforderte, insbesondere gegenüber der eigenen Partei. Ich wollte wissen, welche Strategie Strauß verfolgte. Zunächst war er voller Empörung, fragte, wie das denn in die Presse komme. Irgendwann sagte ich: »Na ja, das ist jetzt eigentlich zweitrangig. Stimmt denn der Inhalt?« Er stimmte.

Im Nachhinein sehe ich ein Spitzengespräch von CDU und CSU im März 1983 als Geburtsstunde des Milliardenkredits. Teilnehmer waren meiner Erinnerung nach Helmut Kohl, Alfred Dregger, Heiner Geißler, Franz Josef Strauß, Fritz Zimmermann und ich. Strauß fragte Kohl sehr direkt, wie er als Bundeskanzler mit der Einladung seines Vorgängers Helmut Schmidt an Erich Honecker nach Bonn umzugehen gedenke. Er verlangte von Kohl unmissverständlich, die bisherige Oppositionspolitik fortzusetzen und Honecker wieder auszuladen. Als Helmut Kohl, sichtlich unangenehm berührt, etwas von »außenpolitischen Usancen« murmelte, platzte

Franz Josef Strauß der Kragen und er bekam einen regelrechten Wutanfall. Es sei ein schwerer Fehler, in der Regierung das Gegenteil dessen zu tun, was man jahrelang in der Opposition vertreten habe. Man könne nicht einfach das verbrennen, was man stets angebetet habe. Aber wenn das so sei, dann werde er, Strauß, es auf keinen Fall hinnehmen, als »letzter kalter Krieger« an den Pranger gestellt zu werden. Dann werde er schneller aus dieser Ecke springen, als alle glaubten.

Spätestens mit der Nachricht über den Milliardenkredit wussten dann alle, wie er das gemeint hatte. Seine strategische Überlegung war: Die DDR steht ohne frische Devisen vor dem Staatsbankrott. Mit Blick auf das Ziel der Wiedervereinigung musste die DDR stärker an den Geldkreislauf der DM angebunden werden. Ansonsten blieben für die DDR nur der Hilferuf nach Moskau und eine noch größere Abhängigkeit vom Rubel und von der Sowjetunion. Nach der Veröffentlichung dieses Paukenschlags rief Strauß Gerold Tandler, Fritz Zimmermann und mich zu sich, und wir berieten darüber, wie wir diese Nachricht innerhalb unserer Partei kommunizieren sollten.

Einige in der CSU wollten den Argumenten von Strauß nicht folgen. Sie konnten es nicht fassen, dass derjenige, der ein bekennender Gegner des DDR-Regimes war und keineswegs zu den Entspannungspolitikern zu zählen war, einen solchen Milliardenkredit für die Mauerbauer von der SED eingefädelt hatte. Sie warfen ihm vor, jahrzehntelang praktizierte Grundsätze der CSU über Bord geworfen zu haben, für die er selbst wie kein anderer stand. Auf dem folgenden Parteitag in München Mitte Juli 1983 bekam Strauß bei seiner Wiederwahl zum Vorsitzenden »nur« 77 Prozent. Als er von diesem Ergebnis – das schlechteste seit zweiundzwanzig Jahren – erfuhr, kehrte er nicht einmal mehr auf das Podium zurück, sondern fuhr, tief beleidigt, einfach nach Hause. So kam es zu der einmaligen Situation, dass der Parteitag offiziell nie beendet wurde.

Mich selbst hatte es als Adlatus von Strauß noch schlimmer getroffen. Nach meiner Zeit als Generalsekretär kandidierte ich als Schriftführer für den Parteivorstand. Mit sage und schreibe 46,9 Prozent wurde ich heftig abgestraft. Nur der Wahlmodus der Sammelabstimmung, bei dem eine relative Mehrheit ausreichte, und die Satzungskenntnis von Wahlleiter Otto Wiesheu retteten mich davor, bei meiner Bewerbung durchzufallen und damit einen schweren politischen Rückschlag zu erleiden – was wohl nicht alle meine »Freunde« in den Führungskreisen der CSU bedauert hätten.

Die Bundestagsabgeordneten Ekkehard Voigt und Franz Handlos verließen in der Folge die CSU und gründeten noch im selben Jahr gemeinsam mit dem Journalisten Franz Schönhuber eine neue Partei, mit der ich noch heftigste Auseinandersetzungen führen sollte: Die Republikaner (REP). Nach dem Milliardenkredit wurden Selbstschussanlagen abgebaut, deren Existenz Honecker lange bestritten hatte. Die Familienzusammenführung wurde erleichtert, sodass die Übersiedlungen aus der DDR 1984 einen absoluten Höchststand erreichten. Heute ist weitgehend unbestritten, dass dieser Deal über »die Bundesgarantie der Bundesschuldenverwaltung für einen ungebundenen Finanzkredit an die Deutsche Außenhandelsbank AG, Berlin (Ost)« erheblich dazu beitrug, das starre DDR-Regime poröser zu machen und den Zerfallsprozess dieses Unrechtsstaats zu beschleunigen.

Aus dieser schwierigen Phase zog ich die Lehre, dass man als Politiker große Energie und Sorgfalt darauf verwenden muss, den eigenen Anhängern seine Politik zu erläutern und sie immer wieder aufs Neue zu gewinnen. Sonst läuft man Gefahr, einen erheblichen Teil der Stammwähler zu verlieren. Neudeutsch gesagt: Man muss seine Partei mitnehmen. Gerade die tatsächliche oder auch nur scheinbare Veränderung lange vertretener Positionen bedarf ausführlicher Erklärung. Inhaltliche Neuausrichtungen dürfen niemals den Eindruck von Leichtfertigkeit oder Zeitgeistigkeit erwecken. Keineswegs möchte ich behaupten, dass dies mir selbst zu jeder Zeit perfekt gelungen ist. Aber zumindest habe ich versucht, diesen bedeutenden Teil der politischen Führungsaufgabe nie aus dem Blick zu verlieren.

Die Methode Strauß

Die Ära »Generalsekretär der CSU« war abgeschlossen. Als Leiter der Staatskanzlei traf ich auf eine hoch kompetente und sehr motivierte Mannschaft, die es als eine Auszeichnung empfand, für den Bayerischen Ministerpräsidenten tätig zu sein. Die Mitarbeiter hatten vor ihrer Berufung in die Staatskanzlei durchweg in anderen Ministerien und nachgeordneten Bereichen der Staatsverwaltung Erfahrungen gesammelt.

Strauß stellte an sein Team höchste Qualitätsansprüche. Wer nicht gut vorbereitet bei ihm erschien, bekam seinen Unwillen sofort zu spüren. Im Stile eines strengen Lehrers bohrte er nach und legte das Nichtwissen des Gegenübers schonungslos offen. Lieferte ein Kabinettsmitglied einen in seinen Augen unqualifizierten Diskussionsbeitrag ab oder war sich seiner Sache nicht sicher, nahm ihn Strauß gnadenlos auseinander. Er fragte dann: »Wo steht das, was du behauptest, in welchem Gesetz?« Für Vermerke, die es an Gründlichkeit fehlen ließen, gab es gelegentlich ungnädige Zensuren: »Man sollte sich nur mit Themen beschäftigen, von denen man etwas versteht!« Solche Erfahrungen sprachen sich schnell herum, und alle setzten Fleiß und Ehrgeiz daran, sich vor ihm nicht zu blamieren. Umgekehrt konnte man mit guter Vorbereitung und fachkundiger Ausarbeitung, in der alle Details bedacht waren, dauerhaft Anerkennung und Vertrauen bei ihm gewinnen. Strauß selbst las unendlich viel, es war ihm kein Gräuel, sich das Aktenwissen anzueignen. Manche Nächte opferte er zwar gerne seinen Freunden, aber auch der konsequenten Vorbereitung. Doch verstand er das viel besser zu verschleiern als ich. Sein Arbeitsstil prägte mich sehr. Jedenfalls erwartete er auch von mir, dass ich alles Wesentliche über das jeweilige Problem gelesen hatte.

Strauß führte das Kabinett straff. Ihm kam es vor allem darauf an, dass seine Politik entsprechend umgesetzt und nötigenfalls gegen Widerstände durchgesetzt wurde. Von mir erwartete er die effiziente Koordinierung der bayerischen Politik mit der Vorberei-

Vorbereitung ist alles: Blick in die Akten auf dem CSU-Parteitag in Nürnberg 1986.

tung der Kabinettsentscheidungen. Für montagabends verabredete ich grundsätzlich keine Termine, wegen der Vorbereitung der Kabinettssitzung am nächsten Tag.

Ganz entscheidend war für Strauß die Vertretung seiner politischen Ziele gegenüber der Bundesregierung, was durchaus konfliktreich sein konnte. Es waren aber nicht nur die Ausführung und Umsetzung seiner Politik, die er vom Leiter seiner Staatskanzlei erwartete, sondern er wollte ganz bewusst einen politischen Kopf an der Spitze seines Hauses haben, von dem er Anstöße und konzeptionelle Ideen erwarten konnte. Von Anfang an war mir klar, dass ich zwischen allen Stühlen sitzen würde. In dieser Funktion zwischen Strauß, seinen Kabinettsmitgliedern, der Regierungsfraktion im Bayerischen Landtag und der CSU-Landesgruppe im Bundestag waren keine Lorbeeren zu erringen, jedenfalls nicht, was Beliebtheit und Zustimmung betrafen. Doch hatte ich mich für den engagierten Einsatz zugunsten von Strauß entschieden, und sein Vertrauen war die feste Grundlage meiner Arbeit. Hilfreich war, dass alle sehr bald merkten: Strauß steht zu Stoiber. »Ohne Stoiber geht nichts«, war kurzes, aber höchstes Lob, das nicht jedem in seiner Umgebung gefiel. Mit ausschweifender Anerkennung war er eher sparsam, aber sein Vertrauen zu besitzen war mir eine Auszeichnung.

Ich nahm ihm sehr viel Arbeit ab. »Das brauchst du gar nicht anzuschauen, das habe ich in deinem Sinne erledigt«, sagte ich nicht selten zu ihm. Manchmal stieß ich an Entscheidungsgrenzen. Dann legte ich ihm die Akte vor und sagte: »Hier bin ich mir nicht sicher, wie du entscheidest, schau dir mal die vier Alternativen an.«

Die Risiken meines Einsatzes ignorierte er nicht, das zeigte sich an Äußerungen wie: »Der Edmund Stoiber pflegt den Kopf auch da hinzuhalten, wo es ihn denselben kosten kann.« Das war tatsächlich nicht meine Hauptsorge, ich rechnete stets damit, dass es mit der Politik schnell wieder vorbei sein könnte. Aus diesem Grund hatte ich schon 1978 trotz meiner politischen Pflichten eine Zulassung als Rechtsanwalt erwirkt und zu Hause meine Kanzlei eröffnet. Generell kann ich nur empfehlen, bei aller Leidenschaft für die Politik darauf zu achten, persönlich unabhängig zu bleiben. Nur dann ist es möglich, seine Überzeugungen auch gegen den Mainstream zu vertreten. Zweifellos muss ein Politiker die Fähigkeit und Bereitschaft zum Kompromiss mitbringen. Trotzdem ist es wichtig, sich eine innere Freiheit zu bewahren, um notfalls die politische Laufbahn wieder beenden zu können.

Strauß war einerseits gutmütig, andererseits auch ein misstrauischer Mensch. War aber der Beweis erbracht, dass man sich zu hundert Prozent für ihn einsetzte, dass man absolut verlässlich war, stellte er auch mal Blankoschecks aus. Das war manchmal schon eine Herausforderung. Hin und wieder wäre es mir lieber gewesen, er wäre erreichbar geblieben, schließlich gab es Dinge, über die man mit ihm vor einer Entscheidung reden musste. Strauß konnte sich besser, als mir das gelang, oft völlig zurückziehen, besonders bei der Jagd, er war dann nicht immer sofort greifbar.

Zu den bleibenden Eindrücken meiner Arbeit für Strauß gehört, dass es eines seiner Grundprinzipien war, die Sorgen der Menschen im ganzen Land aufzugreifen. Es waren keineswegs nur die großen politischen Themen, für die er seine Stimme erhob, sondern auch scheinbar kleine Anliegen, derer er sich mit Hingabe annahm. Er las unzählige Briefe, Petitionen und Eingaben und vergaß nicht, nachzufragen, was daraus geworden sei. Viele sahen in ihm eine Art Volkstribun, der von keiner Fahrt ins Land zurückkam, ohne dass daraus Aufträge an Ministerien und Behörden erfolgten, gerade den Bitten »kleiner Leute« um Hilfe nachzugehen. Intensiv studierte er regelmäßig lokale Zeitungen, ob sie Berichte über bürokratisches Unverständnis gegenüber Bürgergesuchen enthielten. Eines Tages fand er einen Artikel über das Schicksal einer alten Dame, deren Rente vor fünfundzwanzig Jahren falsch berechnet worden war und die nun einer für sie unbezahlbaren Rückforderung gegenüberstand. Er gab diesen Artikel weiter mit der energischen Randbemerkung: »Ein Rechenfehler vor fünfundzwanzig Jahren mag verzeihlich sein, diese Herzlosigkeit eines Bürokratenhirns nicht! Bitte für Abhilfe sorgen!« Tatsächlich fand sich ein rechtlich vertretbarer Weg, der Frau zu helfen.

Wenn ihm die Bearbeitungszeit eines Vorgangs durch eine Behörde zum Nachteil von Bürgern unangemessen lang erschien, konnte es vorkommen, dass er – frei nach Karl Valentin – neben das Wappen im Briefkopf der betroffenen Institution deutlich erkennbar, wenn auch mit geringer zeichnerischer Begabung, eine Schnecke malte. Damit erst gar keine Unklarheit aufkommen konnte, schrieb er daneben: »In das Wappen dieser Behörde gehört eindeutig eine Schnecke!« Man mag darüber lächeln und diese Vorkommnisse als Anekdoten abtun, aber für mich enthalten sie eine Kernbotschaft an Politiker: Ihr seid im Amt um der Menschen willen. Nehmt euch ihrer Anliegen an. Gebt den Menschen eine Stimme, damit das, was sie bewegt, öffentlich wahrgenommen und als politische Aufgabe verstanden wird.

Die größte Gabe von Strauß war, dass er den Menschen die Welt erklären konnte – und sie ihm zuhörten. Er war volksnah, aber niemals in einem anbiedernden Stil. Sein zeitlos gültiges Motto lautete: »Schaut dem Volk aufs Maul, aber redet ihm nicht nach dem Mund.« Bei aller überragenden Bildung und Intelligenz und nach Jahrzehnten des Umgangs mit den mächtigsten Männern und Frauen in Deutschland und der Welt blieb er sich stets bewusst, wo er selber herkam und wo seine Partei die Mehrheiten für eine große und bedeutende Volkspartei erringen konnte. Doch immer hatte er die ganze Bandbreite im Blick: Als er mir einmal zurief: »Wir sehen uns heute Abend auf dem Filmball«, und ich ihn verständnislos ansah, sagte er: »Zu Hause sind wir in der Leberkäs-Etage, aber wir müssen uns auch in der Kaviar-Etage bewegen können!«

Die Entfremdung zwischen Politik und Bürgern, die spürbare Politikverdrossenheit sind Anlass genug, heute die »Methode Strauß« wieder zu beleben.

Strauß war für die Ausrichtung unserer Partei aber noch in einem anderen Punkt ganz entscheidend. Trotz seiner streng katholischen Erziehung war er überzeugt, dass die CSU sowohl eine Partei für Katholiken als auch für Protestanten, sowohl konservativ, liberal als auch sozial sein sollte. Strauß war es, der in schweren innerparteilichen Kämpfen die CSU dahin brachte, dass sie toleranter und offener wurde. Für erzkonservative katholische Frauen und Männer war er geradezu ein Revolutionär, doch im Grunde legte er mit diesem liberalen Reformgedanken die Basis für die Mehrheitsfähigkeit seiner Partei in den Städten genauso wie auf dem Land.

Letztlich habe ich in den Jahren in der Staatskanzlei gelernt, wie man regiert. Im Kabinett konnte ich verfolgen, wie schwierig es manchmal sein kann, ein Land zu entwickeln, es zu repräsentieren, den Menschen Stolz zu verschaffen – und gleichzeitig hart zu arbeiten. Aber die »Methode Strauß« und ihre Zielsetzung sind ein wesentlicher Teil meines Politikstils geworden, und ich bin heute fest davon überzeugt, dass ich in der Nachfolge von Strauß in den vierzehn Jahren als Ministerpräsident diese Politik des Nachvornedrängens, der Stärkung der bayerischen Wirtschaft und der bayerischen Innovationskraft, der Freude an den technischen Entwicklungen vorangetrieben habe.

Die Zäsur

Am Sonntag, den 1. Oktober 1988, erreichte mich nachmittags die Nachricht, Franz Josef Strauß sei in Regensburg zusammengebrochen und dort mit einem Hubschrauber in das Krankenhaus Barmherzige Brüder geflogen worden – die Polizei, die mich informierte, konnte mir nicht sagen, wie ernst die Lage ist. Die Nachricht traf mich völlig überraschend, denn in den vergangenen Tagen hatte es keinerlei Anzeichen für gesundheitliche Probleme gegeben. Im Gegenteil, an diesem Samstag hatte er sich um die Mittagszeit noch mit Bundesverteidigungsminister Rupert Scholz in bester Laune auf dem Münchner Oktoberfest getroffen. Am Tag zuvor hatte er mich gefragt, ob ich mitkommen wolle, doch das war mir nicht möglich gewesen, da ich bereits eine größere Veranstaltung zugesagt hatte. Direkt vom Oktoberfest aus war Strauß mit einem Hubschrauber zu einem Jagdaufenthalt in die Wälder des Fürstenhauses Thurn und Taxis in der Nähe von Regensburg geflogen, zum Jagdschloss Aschenbrennermarter. Kaum war er gegen 16 Uhr aus dem Helikopter gestiegen, sagte er, es gehe ihm nicht gut, man möge bitte einen Moment warten. Dann verlor er das Bewusstsein, ein Kreislaufzusammenbruch, direkt vor dem Jagdfreund Johannes Fürst von Thurn und Taxis.

Die Nachrichten aus Regensburg versetzten Bayern in Schockstarre, und weit über Deutschland hinaus fragten Menschen aus Politik und Wirtschaft mit großer Anteilnahme, wie es Strauß gehe und ob er es schaffen könne. Der Zusammenbruch traf das Land völlig unerwartet, die Vorstellung von einem Bayern und Deutschland ohne diesen Landesvater hatte sich angesichts seiner Vitalität und des ungebrochenen politischen Temperaments zu keinem Zeitpunkt auch nur angedeutet. Mit seinen dreiundsiebzig Jahren war er zwar in einem Lebensalter, wo sich Nachfolgefragen durchaus hätten stellen können – er selbst hatte gelegentlich von einem »Wurzelgeflecht« möglicher Nachfolger gesprochen –, aber die Achtung vor seiner Person und seinen Leistungen hatte keine ernsthafte

Diskussion darüber zugelassen. Für ihn war es selbstverständlich gewesen, zur Landtagswahl 1990 anzutreten, er war – unwidersprochen – der Auffassung, ohne ihn gehe es noch nicht. Auch wenn er oft halb im Spaß formulierte: »Wenn die Belastung Strauß wegfällt, kommt ihr alle groß raus.«

Das Wochenende verging zwischen Hoffen und Bangen. Alle Überlegungen, den Bewusstlosen ins Klinikum der Universität München zu verlegen, erwiesen sich als nicht durchführbar. Sein Zustand war instabil. Am 3. Oktober waren die Ärzte frühmorgens der Ansicht, dass der Zustand des Patienten zwar sehr schlecht sei, man aber an diesem Tag wohl nicht mit besonderen Entwicklungen zu rechnen habe. Im Laufe des Vormittags verschlechterte sich jedoch der Zustand dramatisch, ehe Franz Josef Strauß gegen Mittag des 3. Oktober 1988 starb. »Bayern hat seinen Landesvater und Deutschland einen großen Staatsmann verloren«, war die Botschaft an die Teilnehmer der eilig noch vor Ort einberufenen Pressekonferenz.

Die Nachricht von Strauß' Tod verbreitete sich wie ein Lauffeuer, und zahllose Menschen strömten zum Krankenhaus Barmherzige Brüder, um mit sichtbarer Betroffenheit und in ehrfürchtigem Schweigen an seinem Sarg in der Krankenhauskirche vorüberzuziehen. Es war zu spüren, dass es nicht nur CSU-Wähler waren, die diesen Abschiedszug bildeten. So sagte ein alter Mann: »Gewählt habe ich ihn nie, aber ich hatte große Hochachtung vor ihm.«

Die Überführung nach München wurde zu einem überwältigenden Zeichen der Anteilnahme. Die Strecke, die der Fahrzeugkonvoi zurücklegte, wurde von Menschen mit Kerzen in den Händen gesäumt, auf den Autobahnbrücken und den Parkplätzen erwiesen ihm Trachtengruppen, Vereine und Feuerwehren die letzte Ehre. Auf der Gegenfahrbahn kam der Verkehr teilweise zum Erliegen, die Menschen stiegen aus und standen am Rand der Fahrbahn Spalier. Bei der Abschiedsfeier in München und dem anschließenden Trauerzug durch die Ludwigstraße zum Siegestor zeigten zahlreiche Staatsmänner und führende Politiker aus der ganzen Welt ihre Achtung und ihre Anerkennung. Für mich und die Staatskanzlei war diese Trauerfeier eine riesige Herausforderung.

Die Predigt Kardinal Ratzingers zur Beisetzung von Franz Josef Strauß in der Familiengruft Rott am Inn neben seiner Frau Marianne gehört zu den bewegenden Momenten meines Lebens. Ohne Vorlage und mit wunderbar klaren Gedanken würdigte Kardinal Ratzinger die große Persönlichkeit des Verstorbenen, mit all seinen Schwächen und Stärken. Wer in der Kirche oder am Fernsehapparat dabei war, wird es nie vergessen: »Er hat wie eine Eiche gelebt. Und er wurde wie eine Eiche gefällt«, sagte der spätere Papst Benedikt XVI. über meinen Lehrmeister und Freund.

Mit dem Tod von Franz Josef Strauß ging für mich ein wichtiger Abschnitt meines Lebens zu Ende. Strauß war ein fordernder und fördernder, nicht selten auch ein anstrengender Mentor, dem ich einen Erfahrungsschatz verdanke, von dem ich in meiner politischen Arbeit bis heute zehre. Die letzten zehn Jahre seines Lebens war ich ihm politisch und persönlich sehr nahe. Als ich als junger Spund, mit sechsunddreißig, Generalsekretär wurde, hätte ich nicht im Traum daran gedacht, ich würde Strauß später in seinen drei großen Positionen als Parteivorsitzender, Ministerpräsident und Kanzlerkandidat der Union nachfolgen. Die lange Zeit an seiner Seite führte zu tiefer Verbundenheit und menschlicher Nähe, die meine Familie mit einschloss: Strauß war Taufpate meines Sohnes Dominic. Und als meine Tochter Constanze ihren ersten Lateinunterricht hatte, entspann sich sogar ein kleiner lateinischer Briefwechsel zwischen ihr und dem studierten, kundigen Altphilologen.

Hätte ein Strauß in der heutigen Politik eine Chance? Das Zeitalter der Ideologien, der echten Gesinnungskampfgemeinschaften ist vorbei. Doch bin ich überzeugt: Würde er in dieser Zeit noch leben, hätte er sich auf die neuesten Entwicklungen eingestellt, insbesondere auf die veränderte Medienkultur. Auch als konturenreicher und eckiger Politiker würde er heute seine Anhänger finden, mehr als viele glauben, die sich smart und soft hinter dem Zeitgeist verstecken.

3.
BEWEGTE JAHRE

»Law and Order«

Erstaunlich schnell und einvernehmlich wurden die Nachfolgeregelungen getroffen. Max Streibl, bisheriger Stellvertreter von Strauß, übernahm wie selbstverständlich das Amt des Ministerpräsidenten. Noch bevor diese Entscheidung gefallen war, hatte sich das Kabinett in Regensburg, am Sterbeort von Strauß, eingefunden – und es war förmlich zu sehen, wie es weitergehen würde: Die Kabinettsmitglieder scharten sich um Max Streibl, er bildete den Mittelpunkt. Offenbar gibt es im politischen Leben Lösungen, um die nicht gerungen werden muss, die sich vielmehr aus der Situation und den personellen Konstellationen intuitiv und fast wie von selbst ergeben. Dieser Kreis war ebenfalls Sinnbild dafür, dass man sich ein bisschen nach gemächlicheren Zeiten sehnte, so wie unter Ministerpräsident Alfons Goppel. Man hielt Ausschau nach einem Landesvater, der möglichst keine große Weltpolitik machen würde, der außenpolitische Pläne nicht in den Mittelpunkt stellen und auch keine großen gesellschaftlichen Auseinandersetzungen über »Freiheit oder Sozialismus« führen würde. Es konnte ruhig wieder gemütlicher und bayerischer werden. Max Streibl verkörperte diese starke bayerische Tradition und Identität.

Auch Theo Waigel folgte als Parteichef der CSU wie selbstverständlich nach. An diesem Amt hatte Gerold Tandler ebenfalls Interesse gehabt, gegen den Schwaben hatte er jedoch selbst keine Chance gesehen, und so übernahm er das einflussreiche Amt des Finanzministers. Für mich kam der Wechsel in den Spitzenämtern sicherlich fünf Jahre zu früh. Zwar durfte ich als Leiter der Staatskanzlei einige Jahre gleichsam als »geschäftsführender stellvertretender Ministerpräsident« agieren. Aber ich hatte noch nicht genügend politische Reputation, um die Hauptverantwortung für ein großes Land wie Bayern zu übernehmen. Wenn es mir auch nicht an Ehrgeiz und Selbstbewusstsein mangelte, so fühlte ich mich mit meinen siebenundvierzig Jahren eher der kommenden politischen Generation zugehörig und hatte viel zu große Achtung vor dem Amt des bayerischen Regierungschefs.

Mehr denn je bin ich davon überzeugt, dass Respekt vor der Aufgabe eine unbedingte Voraussetzung ist, um in politischen Spitzenämtern gut zu sein. Es verblüfft mich immer wieder, dass sich viele Politiker schon in jüngsten Jahren und trotz vergleichsweise geringer Erfahrungen ganz selbstverständlich jedes Amt zutrauen.

Wie ging es weiter? In der Führung der CSU gab es einige, denen ich, wie auch Gerold Tandler, zu »straußig« war. In ihren Augen hatten wir Strauß zu stark, zu polarisierend beeinflusst und sollten deshalb jetzt nicht mehr in der ersten Reihe stehen. Allerdings brachten diejenigen, die so dachten, dann doch nicht den Mut auf, uns hinauszudrängen. Damals habe ich sehr deutlich meine Interessen am Innenministerium bekundet, etwa nach dem Motto: »Ich repräsentiere gerne den Teil der CSU, der für Recht und Ordnung steht, ich bin ein Mann des Rechts und der inneren Sicherheit.« Die CSU-Fraktion im Landtag unterstützte meine Ambitionen. Max Streibl akzeptierte diesen Vorstoß dann nach einigen Überlegungen. So übernahm ich nach der Kabinettsbildung im Oktober 1988 das Bayerische Staatsministerium des Innern.

Dieses Ressort mit einer außerordentlich selbstbewussten Beamtenschaft verfügte innerhalb der Staatsregierung sicherlich über den breitesten Zuständigkeitsbereich; er reichte damals von der inneren Verwaltung, dem Sicherheits- und Polizeibereich über die kommunalen Angelegenheiten, Gesundheitsfragen und Rauschgiftbekämpfung bis zur Obersten Baubehörde, die auch für Straßenbau, Schienenverkehr und Gewässerschutz zuständig war. Mich motivierten die Vielzahl der Gestaltungsmöglichkeiten sowie die damit verbundenen Einwirkungsinstrumente über Bayern hinaus.

Im Innenministerium traf ich auf ein loyales, aber selbstsicheres Ressort, das sich aus der Tradition der bayerischen inneren Verwaltung seit den Zeiten Montgelas' (1759–1838) verstand, der Staatsreformer und Minister unter König Maximilian I. gewesen war. Maximilian von Montgelas, ein bayerischer Politiker mit dem Willen zur Modernisierung, hatte in seiner Programmschrift *Ansbacher Mémoire* (1796) als Grundsatz einer zeitgemäßen Verwaltung festgehalten, was in Bayern bis heute gilt: Die Ämter und Stellen werden nach der Befähigung besetzt, eine Auswahl nach Parteizugehörigkeit oder Konfession findet – entgegen gern gepflegter Vorurteile – nicht statt. Säkularisierung und Leistungsgedanke waren und sind ein entscheidender Aspekt der Entwicklung Bayerns.

Auch Ministerpräsidentenkollegen anderer Bundesländer hegten aus diesem Grund keinerlei Zweifel an der besonderen Qualität der bayerischen Verwaltung. Im Gegenteil, sie begegneten ihr mit großer Achtung und übertrugen dem Land häufig wie selbstverständlich die Federführung in wichtigen Arbeitsgruppen. Bei vielen Verhandlungen zwischen Bund und Ländern wurde oftmals nur der bayerischen Verwaltung zugetraut, administrativ auf Augenhöhe mit dem Kanzleramt und den Bundesministerien Vorschläge zu prüfen oder neue zu entwickeln. Bei Steuerreformen hieß es regelmäßig, besonders die Bayern hätten die notwendigen Kapazitäten für verlässliche Berechnungen. Dass die aus dieser Kompetenz erwachsende Autorität dem Land nicht schadet, versteht sich von selbst. Ich kann nur davor warnen, diesen politischen Standortvorteil Bayerns aufgrund irgendwelcher parteipolitischer Begehrlichkeiten aufzugeben. Die Einführung von politischen Beamten in Bayern wäre ein extremer Rückschritt.

Ob als Leiter der Staatskanzlei, Innenminister oder Ministerpräsident – der Austausch mit den Beamten war mir von Anfang an sehr wichtig. Der Politiker muss die fachlichen Aspekte kennen, um nicht aus dem Bauch heraus Falsches zu entscheiden. Die Beamten wiederum müssen wissen, welche Ziele der Politiker verfolgt, wenn sie die einzelnen Maßnahmen fachlich umsetzen sollen. Deshalb führte ich eine montägliche Abteilungsleiterkonferenz im Innenministerium ein, die es bis dahin in dieser Form nicht gegeben hatte. »Das macht der nicht lange!«, war zunächst eine verbreitete Meinung, die sich jedoch sehr schnell zu einer guten Zusammenarbeit entwickelte.

Als Bayerischer Innenminister habe ich die Stärkung der inneren Sicherheit als Kernelement der bürgerlichen Gesellschaft und als wesentlichen Bestandteil des CSU-Profils angesehen. Mein Argument war, verkürzt gesagt: Wer es sich leisten kann, fährt mit dem Taxi sicher nach Hause. Wer weniger hat, ist auf die Straßenbahn und auf die öffentliche Sicherheit angewiesen. Sicherheit ist ein soziales Grundrecht. Die Stärkung der inneren Sicherheit durch alle Innenminister hat die Attraktivität des Freistaats außerordentlich gefördert: Besucher und Investoren sagen, in Bayern ist die Welt noch in Ordnung. Ein großer Standortvorteil!

Mein neues Amt konfrontierte mich mit politischen Herausforderungen, die weit über Bayern hinaus heiß diskutiert wurden. Ein solches emotional besonders aufgeladenes Thema war der sogenannte finale Rettungsschuss durch die Polizei im Falle einer Geiselnahme. Die Frage lautete: Darf ein Polizeibeamter einen Geiselnehmer, der sein Opfer mit dem Tod bedroht, mit einem gezielten Schuss töten, um die Geisel zu retten? Ich war der Meinung, dass man hier im Interesse der Befreiung des Opfers und der Sicherheit des Polizeibeamten eine klare Rechtsgrundlage brauchte. Sofort war das Thema Todesstrafe virulent, und ich wurde als »kantenreicher Law-and-Order-Mann« bezeichnet, »der über Leichen geht«.

Wie schnell diese theoretischen Überlegungen jedoch Realität wurden, erlebte ich bald auf erschreckende Weise. Die Nachricht platzte mitten in einen Parteitag der CSU: Zwei Gewaltverbrecher waren aus ihrer Haft in Österreich ausgebrochen und in der Oberpfalz in einem Gasthaus aufgetaucht. Dort hatten sie mehrere Menschen brutal ermordet. Anschließend waren sie in ein Haus eingedrungen und hatten gedroht, eine Mutter mit ihren kleinen Kindern als Geiseln zu nehmen, um sich für die Flucht abzusichern. Zufällig war dort die Frau eines bayerischen Polizeibeamten zu Besuch; sie erkannte die Gefahr für Mutter und Kinder und bot sich selbst als Geisel an. Die Gangster willigten ein, die Kinder und ihre Mutter wurden durch die mutige Frau gerettet.

Mit dem Auto und der Frau des Polizeibeamten als Geisel traten die Täter sodann die Flucht an. Aus dem Lagezentrum des Innenministeriums traf nach Stunden die ersehnte Meldung ein: »Die Spezialeinsatzkräfte sind unmittelbar neben dem Fluchtfahrzeug. Neben einem der Täter, der am Steuer sitzt, befindet sich die Geisel auf dem Beifahrersitz. Der andere Täter mit einer Pistole sitzt hinten im Auto, er macht jedoch einen schläfrigen Eindruck.« Der Verkehr wurde daraufhin mit einem künstlichen Stau zum Erliegen gebracht. Die Polizei hatte die Möglichkeit, durch gezielte Schüsse die Verbrecher auszuschalten und die Geisel zu retten. Zwei Methoden standen zur Wahl: entweder aus dem Polizeifahrzeug durch die Scheiben auf die Geiselnehmer im Fluchtauto zu schießen oder in schneller, überraschender Aktion aus dem Polizeifahrzeug zu springen, die Täter auszuschalten und die Geisel aus dem Fluchtfahrzeug zu ziehen. Ich bestand darauf, dass der Polizeipräsident vor Ort persönlich die Leitung übernimmt, er hatte ausdrücklich freie Hand, um die Geisel zu retten. Für den Fall, dass es unvermeidlich sein sollte, gab ich meine präventive Zustimmung zu gezielten Schüssen auf die Täter. Mir war klar: Wenn das schiefgeht, bedeutet das meinen Rücktritt als Minister und das Ende meiner politischen Laufbahn.

Die Einsatzleitung wählte sodann die zweite Methode, nutzte den Überraschungseffekt, um gleichzeitig die Geisel zu befreien und die Täter gezielt auszuschalten. Der Geiselnehmer am Steuer wurde dabei getötet, sein hinten sitzender Komplize durch einen Schuss aktionsunfähig gemacht.

Für mich war der endgültig Beweis erbracht: Der finale Rettungsschuss muss ein letztes Mittel zum Schutz unschuldiger Opfer sein. Die tief gehenden psychischen Folgewirkungen einer solchen Extremsituation konnte ich im Gespräch mit der befreiten Geisel und ihrem Mann erleben, die ich zu mir ins Ministerium eingeladen hatte. Der Frau konnte ich angesichts ihrer Erlebnisse und ihrer selbstlosen Haltung nur allergrößten Respekt bezeugen.

438191 – das war die Zahl, die Deutschland im Jahr 1992 bewegte. So viele Menschen stellten in diesem Jahr einen Antrag auf Asyl in unserem Land. Als Innenminister war ich in Bayern für diese riesige Herausforderung organisatorisch und politisch zuständig. Die Größenordnung stellte das Land hinsichtlich Unterbringung und Bewältigung der Asylverfahren – sie machten über 50 Prozent der Verwaltungsgerichtsverfahren aus – vor kaum lösbare Aufgaben. Nur bei einem geringen Teil der Asylbewerber war es möglich, nach aufwendigen Überprüfungen und oft jahrelanger Verfahrensdauer die Berechtigung auf Asyl anzuerkennen. Nach damaliger Rechtslage konnte aber jeder Antragsteller davon ausgehen, dass das Gerichtsverfahren auf jeden Fall einen längeren Aufenthalt ermöglichen würde. Es war offensichtlich, dass die Flucht nach Deutschland vielfach eine Flucht vor heimischer Armut war. Aus humanitären Gesichtspunkten war das nachvollziehbar, aber wir waren aufgrund der Masseneinwanderung völlig überfordert. Die staatlichen Unterkünfte waren zur Gänze belegt, und in den Kommunen gab es einen Aufschrei angesichts bekannt gewordener Pläne von weiteren Unterkünften. All das ging zulasten der nach unserer Rechtslage legitimen Asylberechtigten.

Die Diskussion über die Asylproblematik wurde in einer recht vereinfachenden und polarisierenden Weise geführt: Gute Menschen waren für die Aufnahme und Anerkennung möglichst aller Asylsuchenden, also auch der Wirtschaftsflüchtlinge, die vermeintlich bösen Menschen erkannte man daran, dass sie auf Feststellung der wirklichen Asylberechtigung in möglichst überschaubaren Verfahren bestanden und die Zahl der nach Bayern beziehungsweise Deutschland strömenden Flüchtlinge verringern wollten. Allein das

Problem eines umfangreichen Asylmissbrauchs anzusprechen war in weiten Kreisen von Politik und öffentlicher Meinung ein Verstoß gegen Political Correctness und Humanität. Bei dieser Ausgangslage war es schwer, zu vernünftigen und vertretbaren Lösungen zu gelangen.

Als wir – um die Schwierigkeiten wenigstens einigermaßen in den Griff zu bekommen – in Bayern die Unterbringung von Asylbewerbern in Sammelunterkünften und die Verpflegung durch das Austeilen von Lebensmitteln statt Geldleistungen einführten, waren wir wütenden Angriffen ausgesetzt, von Menschenrechtsorganisationen, aber auch von der Evangelischen Kirche, die in dem Vorwurf der Unmenschlichkeit gipfelten. Einige unserer Kontrahenten schreckten sogar vor Telefonterror gegenüber meinen Mitarbeitern nicht zurück. Vom politischen Gegner wurde mir eine »rassistische Gesinnung« zugeschrieben, und in der Presse wurde ich als »Antichrist« beschimpft, der die Menschen reihenweise zurück »in die Verfolgung« schickt. Typisch für diese Situation waren zwei Briefe des damaligen Münchner SPD-Oberbürgermeisters Georg Kronawitter, auch »der rote Schorsch« genannt, die mich am selben Tag erreichten. Am Vormittag schloss er sich der Kritik an unseren Maßnahmen nachdrücklich an – er beklagte sich über mein hartes Vorgehen und meinte, ich würde nur den Volkswillen derjenigen bedienen, die sich gegen den Zustrom an Menschen wehrten –, und am Nachmittag erklärte er, dass die große Zahl der Asylbewerber in München nicht mehr unterzubringen sei und das Problem deshalb dringend einer Lösung bedürfe.

Wir von CDU und CSU drängten seit Ende der achtziger Jahre auf eine Änderung des Grundgesetzes, um den wirklich politisch Verfolgten weiterhin Zuflucht zu gewähren, aber eine unberechtigte Berufung auf das Asylrecht zu verhindern. Nötig war aus unserer Sicht eine Änderung des Grundgesetzes, in dem es in Artikel 16 Absatz 2 bis dahin lapidar hieß: »Politisch Verfolgte genießen Asylrecht.« SPD, FDP und Grüne lehnten eine Änderung vehement ab. In der Bevölkerung wuchs das Unverständnis. Anscheinend war die

Politik nicht mehr in der Lage, die offensichtlichen Probleme zu lösen. Die Bürger mussten annehmen, dass viele Politiker nicht einmal bereit waren, sie zur Kenntnis zu nehmen. Kurt Biedenkopf war einer der wenigen, der die Sorgen der Bevölkerung aufgriff und im Sinne von »Wie viel Fremdheit verträgt ein Land?« auf den Punkt brachte. In Bayern gab es Gemeinden mit 2000, 3000 Einwohnern, in deren Nähe Unterkünfte für Hunderte Asylbewerber bereitgestellt werden sollten; die Sorgen der Menschen waren nachvollziehbar.

Bei der Thematik Asyl zeigte sich auf eklatante Weise, dass die Verdrängung von Problemen neue schafft. Der Asylmissbrauch war der politische Resonanzboden, den Franz Schönhuber, seit 1985 Bundesvorsitzender der rechtsextremen Partei Die Republikaner, mit seinen Tiraden deutschlandweit zum Schwingen brachte. Wenn Menschen den Eindruck haben, dass ihre Sorgen von den demokratischen Parteien nicht aufgegriffen, geschweige denn ihnen Rechnung getragen wird, haben Radikale und Extremisten ihre Stunde und ihre Chance. Schönhuber, ehemaliger Chefredakteur der Münchner Zeitung *tz* und stellvertretender Chefredakteur des Bayerischen Fernsehens, der sich mit der Verharmlosung des Nationalsozialismus in seiner 1981 veröffentlichten Autobiografie *Ich war dabei* selbst ins radikale Abseits gestellt hatte, nutzte das Asylthema mit demagogischem Talent in Massenveranstaltungen aus und erreichte mit seiner Partei in der Europawahl 1989 bundesweit 7,1 Prozent der Stimmen, in Bayern 14,6 Prozent.

Dieses erschreckende Ergebnis bot allen Anlass, über die Ursachen nachzudenken, und in einer Rede im Bundestag brachte ich meine Befürchtung zum Ausdruck: Wenn wir nicht gemeinsam deutschlandweite maßvolle Regelungen einführen, »dann kommt genau das, was wir alle nicht wollen: Die Radikalen werden daraus ihre Suppe kochen. Wenn die demokratischen Parteien nicht in der Lage sind, dies bei allen Widerständen zu lösen, dann haben wir alle miteinander zu verantworten, dass diese Demokratie Schaden nimmt.«

Erst durch die sogenannte Petersberger Wende – sie wurde benannt nach dem Tagungsort, dem Bonner Petersberg –, initiiert von dem damaligen SPD-Parteichef Björn Engholm und Oskar Lafontaine, fand die Neupositionierung auch innerhalb der Sozialdemokraten Zustimmung. Zuletzt hatte der niedersächsische Ministerpräsident Gerhard Schröder seinen Widerstand aufgegeben, und so konnte der »Asylkompromiss« vom Dezember 1992 mit verfassungsändernder Mehrheit als Artikel 16a in das Grundgesetz eingefügt werden.

Es ist hier nicht der Ort, die juristischen Einzelheiten dieses Kompromisses darzustellen. Ein Grundgedanke aber war, dass sich niemand auf das Asylrecht berufen kann, der aus einem Land der Europäischen Gemeinschaft oder aus einem sicheren Drittland einreist, in dem die »Rechtsstellung der Flüchtlinge und der Konvention zum Schutz der Menschenrechte und Grundfreiheiten sichergestellt ist«. Zugleich wurde die Beendigung des Aufenthalts von Nichtberechtigten vereinfacht. Die neue Regelung führte sehr bald zu einem spürbaren Rückgang der Zahl der Asylbewerber. Dass sie heute für Asylbewerber in Griechenland ausgesetzt wird, spricht gegen Griechenland, nicht gegen die Regelung.

Für mich waren die Republikaner eine grundsätzliche Herausforderung unseres freiheitlichen demokratischen Rechtsstaats. Nach meiner festen Überzeugung stand diese Partei mit ihrem Chef Franz Schönhuber, mit ihren politischen Aussagen, nationalistischen Zielen, autoritären Strukturen und der extremistischen Biografie einiger ihrer Funktionäre außerhalb des durch unser Grundgesetz gezogenen Verfassungsbogens. Als Innenminister beschloss ich deshalb, die Partei unter Beobachtung des Verfassungsschutzes zu stellen. Damit wollte ich auch im öffentlichen Bewusstsein eine Stigmatisierung der Bestrebungen dieser Partei und ihrer Methoden erreichen, ganz im Sinne von Strauß' Diktum: »Rechts von der CSU darf es keine demokratisch legitimierte Partei geben.« Theo Waigel unterstützte mich eindeutig bei diesem Vorgehen, während Ministerpräsident Streibl zunächst zurückhaltend reagierte. Überraschend war für mich, dass vereinzelt in der CSU Kritik an der Überwachungsmaßnahme geübt wurde nach dem Motto: »Seid ihr verrückt? Am Ende brauchen wir die noch!«

Das habe ich niemals akzeptiert. Stattdessen war ich ein vehementer Verfechter des Prinzips, nicht einmal in der kleinsten Gemeinde in irgendeiner Form mit den Republikanern zusammenzuarbeiten. Diese glasklare Abgrenzung war die entscheidende Voraussetzung, dass die CSU die Herausforderung durch die Republikaner zurückweisen und ihre unbestrittene Führungsrolle in Bayern weiter behaupten konnte. Ich will die Republikaner nicht mit der PDS vergleichen, aber es war ein schwerer strategischer Fehler der SPD, die PDS durch Koalitionen in den Ländern hoffähig zu machen. Hätte die SPD dieser Verlockung widerstanden, wäre sie selbst heute in aussichtsreicherer Position. Anders damals die CSU: In Bierzeltreden – auch vor Hunderten Anhängern der Republikaner, denen alles, was ich gesagt habe, viel zu weich war – und in einer Regierungserklärung vor dem Landtag bezog ich deutlich Position gegen den Rechtsextremismus. Als Demokrat habe ich es als Auszeichnung empfunden, in welcher Weise mich Schönhuber daraufhin angriff und mich als seinen besonderen Feind bezeichnete.

Noch etwas anderes war mir als Innenminister sehr wichtig: Die bayerische Staatsregierung hat im demokratischen Spektrum sicherlich am deutlichsten und unmissverständlichsten zur Asylproblematik Stellung bezogen. Gleichzeitig habe ich alles dafür getan, dass die Asylbewerberunterkünfte in Bayern von der Polizei den besten Schutz bekommen, der überhaupt möglich ist. Gerade wegen unserer klaren politischen Position durfte es hier nicht den geringsten Zweifel geben. Ich bin heute noch froh darüber, dass dieser Schutz in der seinerzeit aufgeheizten Stimmung so gut gelungen ist.

Neben dem Extremismus von rechts hatte ich mich als Bayerischer Innenminister auch dem Extremismus von links zu stellen, dem Terror der RAF, die für die Attentate auf den damaligen Chef der Deutschen Bank Alfred Herrhausen im Jahr 1989 oder den Präsidenten der Treuhandanstalt Detlev Karsten Rohwedder im Jahr 1991 verantwortlich war. Bereits in der Hochphase der terroristischen Vereinigung Ende der siebziger Jahre ist mein Name neben dem von Strauß in den Kassibern, den geheimen RAF-Nachrichten aus den Gefängnissen, aufgetaucht, was für mich und meine Familie eine gravierende Einschränkung der persönlichen Freiheit bedeutete. Unsere Kinder mussten einige Male sogar im Polizeiauto zur Schule gebracht werden, und ich selbst erhielt ständige Begleitung von Polizeibeamten. Am Flughafen Bonn musste ich einmal wegen einer konkreten Anschlagsdrohung sogar in schusssicherer Weste aus dem Flugzeug gebracht werden. Im Nachhinein wundere ich mich, dass meine Frau und ich uns darüber keine großen Gedanken gemacht haben. Wir hatten einfach das Vertrauen, dass die Sicherheitskräfte die Lage schon im Griff haben würden. Zum Glück ist alles gut ausgegangen. Sehr belastet hat uns dagegen eine andere Situation: Veronica, unsere jüngste Tochter, war noch in der Grundschule, als sich ein Mann mit Perücke in den Pausenhof schlich und sie verfolgte. Sie bemerkte es und lief Gott sei Dank zu einer Schulfreundin nach Hause. Wenig später hieß es, der Mann stehe auf der Fahndungsliste. Ich muss nicht sagen, was das für Eltern bedeutet.

Bei meinem Standpunkt bin ich bis heute geblieben: Wir dürfen den Feinden unserer Demokratie, gleich ob von rechts oder links, keinen Raum lassen, indem wir die Sorgen und Ängste der Bürger ignorieren und uns scheuen, auch brisante Themen aufgreifen. Die Extremisten haben keine Scheu, diesen Sorgen und Ängsten eine Stimme zu verleihen und in verantwortungsloser Weise Kapital daraus zu schlagen.

Die friedliche Revolution in der DDR, das Gelingen der Deutschen Einheit ohne Blutvergießen, war *das* historische Ereignis in meiner Zeit als Bayerischer Innenminister. Welche demokratische Entwicklung sich in den Ländern des früheren Warschauer Pakts vollzogen hat, will ich mit einer kleinen Zeitreise in das Jahr 1981 verdeutlichen. Die CSU-Landtagsfraktion besuchte im Sommer dieses Jahres Ungarn. Natürlich war ein Besuch der Fraktionsspitze mit Ministerpräsident Strauß beim ungarischen Ministerpräsidenten vereinbart. Ungarns starker Mann war damals János Kádár, Generalsekretär der Ungarischen Sozialistischen Arbeiterpartei. Neben ihm in Reihe eins war ein gewisser Edmund Stoiber platziert, seines Zeichens Generalsekretär der CSU, dem nicht besonders wohl war und der etwas unruhig auf seinem Stuhl saß. Denn hinter ihm, etwas zurückgesetzt, befand sich Franz Josef Strauß, der Bayerische Ministerpräsident. In den kommunistischen Ländern war nicht das Staatsoberhaupt, sondern der Generalsekretär der sozialistischen Einheitspartei der mächtigste Mann. Und diese Einstellung haben unsere Gastgeber ganz selbstverständlich auf die bayerischen Gäste übertragen. Strauß war sich dieser Dinge natürlich bewusst – und hat darüber geschmunzelt.

Legendär ist unser Flug nach Moskau am 27. Dezember 1987 – nicht nur wegen der Umstände, sondern auch wegen der politischen Schlussfolgerungen, die Strauß daraus gezogen hat. An Heiligabend 1987, während der Bescherung meiner Kinder, läutete das Telefon. Es war Strauß, mit dem ich noch vor zwei Stunden bei ihm zu Hause zusammengesessen hatte: »Wer meinst du war gerade bei mir?«, fragte er mich. »Der Botschafter der Sowjetunion, Julij Kwizinski. Er hat mir eine Einladung von Gorbatschow überbracht, wir fliegen am 27. nach Moskau.« Ich dachte, er meinte den 27. Januar, und antwortete ihm: »Da haben wir ja noch Zeit, das gründlich vorzubereiten.« Er aber wandte ein: »Nein, wir fliegen schon am 27. Dezember – in drei Tagen.« Ich hatte nun die schöne Aufgabe, noch am Heiligabend wichtige Mitarbeiter der Staatskanzlei zusammenzutrommeln und über die Weihnachtsfeiertage die Reise nach Moskau vorzubereiten.

Schon der Flug mit Strauß im Cockpit der Cessna war ein Abenteuer: Die Moskauer Flughäfen waren eigentlich aufgrund der Witterung gesperrt, und der Flug sollte nach Minsk umgeleitet werden. Theo Waigel, Gerold Tandler, *Bayernkurier*-Chefredakteur Wilfried Scharnagl, Strauß-Sohn Franz Georg und ich unterbrachen abrupt unsere Unterhaltung, als wir aus dem Cockpit den Streit zwischen Pilot Srauß und Copilot Then vernahmen. Then rief: »Wir können nicht landen, wir müssen nach Minsk.« Strauß erwiderte heftig: »Wir müssen runter, der Treibstoff langt nicht mehr bis nach Minsk.« Zum ersten Mal war es mir mulmig zumute bei einem Flug, den Franz Josef Strauß steuerte. Aber wir hatten alle ein riesiges Gottvertrauen – wenn auch nur noch gebannt schweigend. Jedenfalls setzte sich Strauß durch, und wir landeten auf der vereisten und verschneiten Piste. Strauß verkündete nach der geglückten Landung: »Ein interessanter Flug, Sicht null.« Der sowjetische Außenminister Eduard Schewardnadse, der uns als Erster empfing, rühmte zu Beginn des Gesprächs gleich mehrfach und überschwänglich die Tollkühnheit seiner Gäste. Kein anderes Flugzeug sei an diesem Tag in Moskau gelandet.

Als Michail Gorbatschow, damals Generalsekretär der KPdSU, Strauß im Kreml mit der Frage begrüßte, ob er zum ersten Mal in Russland sei, antwortete der Bayerische Ministerpräsident: »Nein. Aber beim ersten Mal bin ich nur bis Stalingrad gekommen.« Wir anderen zuckten zusammen, und ich dachte: Das war's, jetzt können wir gleich wieder nach Hause fliegen. Aber Gorbatschow überspielte die Bemerkung mit eigenen Kriegserlebnissen und begann, uns seine Reformgedanken zu erläutern, seine Vorstellungen von Glasnost und Perestroika. Irgendwann unterbrach ihn Strauß mit den Worten: »Verzeihen Sie, Herr Generalsekretär, aber Glasnost, Perestroika und der Versuch, den Kommunismus zu reformieren, das ist wie das Rösten von Schneebällen.« Das weitere Gespräch wurde nur ein Mal eisig, als es um die Wiedervereinigung ging. Gorbatschow erinnerte uns an die Stalin-Note 1952. Deutschland habe damals seine Chance nicht genutzt. Jetzt sei dies eine langfristige historische Angelegenheit.

Der Visionär Strauß behielt mit dem, was er mit seiner unnachahmlichen Formulierung über die Unmöglichkeit der Modernisierung des Kommunismus zum Ausdruck bringen wollte, recht. Der Auftritt des Generalsekretärs der KPdSU bei den Feierlichkeiten zum 40. Jahrestag der DDR zwei Jahre später deutete bereits darauf hin, dass die Zeiten des »Panzer-Kommunismus« und der Breschnew-Doktrin vorbei waren. Grund dafür war auch die bedrückende ökonomische Lage der DDR, vor allem aber, dass die Menschen mit bewundernswertem Mut die Angst vor dem Machtapparat des SED-Regimes überwanden. In der Bürgerrechtsbewegung wurde der Ruf »Wir sind das Volk« zum Ruf für die Einheit Deutschlands: »Wir sind ein Volk«.

Am 9. November 1989 war ich auf Einladung der ungarischen Regierung zu politischen Gesprächen in Budapest. Erst am Tag darauf erfuhr ich Genaueres von dem nahezu unfassbaren Ereignis der Maueröffnung in Berlin. Die Kommunikation hinter dem Eisernen Vorhang, der löchrig geworden war, war gemessen an den heutigen Verhältnissen äußerst bescheiden. Lange debattierte ich mit meinen ungarischen Gesprächspartnern. Sie hatten vor allem die Sorge, der Fall der Mauer könnte das deutsche Interesse an Ungarn erlahmen lassen. Am 11. November kehrte ich nach München zurück und besuchte einen Tag später sofort die innerdeutsche Grenze in Neustadt bei Coburg. Voller Spannung beobachtete ich die Entwicklung besonders in den angrenzenden thüringischen und sächsischen Gebieten. Bald versuchten Bürgerrechtler von dort, Kontakte zu uns zu knüpfen. Es kam zu nie für möglich gehaltenen Begegnungen, etwa mit einem DDR-Polizeioffizier, der sich vorsorglich nach Verwendungsmöglichkeiten im bayerischen Polizeidienst erkundigte. Vor allem ging es uns darum, wie wir die Bürgerrechtsbewegung praktisch unterstützen konnten. Es gab großen Bedarf an Büroausstattung, an Schreibmaschinen und Vervielfältigungsmöglichkeiten, den wir mit ausgesondertem Material unserer Behörden zu beheben versuchten. Aber auch die Bitte »Kommen Sie zu uns, unterstützen Sie uns!« wurde immer dringender vorgetragen.

Bewegend war für mich die Teilnahme am Friedensgebet in der Nikolaikirche zu Leipzig. Auf dem Weg dorthin erschrak ich aufgrund des Zustands der Häuser. Vor vielen Fenstern waren Bretterverschläge, und bei manchen Fassaden schien die Farbe ausgegangen zu sein – über den ersten Stock hinaus zeigte sich nur schmutziges Grau. Es war kein Wunder, dass sich in den Menschen Wut aufgestaut hatte – und viele dieser Menschen hatten sich nun in der Nikolaikirche versammelt. An diesem Ort hatten sich aus den Montagsgebeten, die schon Anfang der achtziger Jahre stattfanden, die Montagsdemonstrationen entwickelt. Nach dem Friedensgebet sprach ich noch mit Kirchenvertretern unter Leitung von Superintendent Friedrich Magirius, und die anschließende Kundgebung vor Zehntausenden von Demonstranten auf dem Augustusplatz ist mir unvergesslich.

Bürgerrechtler luden mich ein, auf einer der Montagsdemonstrationen in Dresden zu sprechen. Die Stadt war im Oktober Sammelpunkt für Ausreisewillige der DDR gewesen. Nun zog ich mit dem großen Protestzug – Zehntausende Menschen nahmen daran teil – und dem Ruf nach Einheit und Freiheit vom Rathaus zur Kundgebung auf dem Fučíkplatz. Es war überwältigend, zu den hoffnungsvollen, aber gleichermaßen beunruhigten Menschen zu sprechen. Meine Botschaft lautete: »Wir gehören zusammen und wir wollen, dass ihr in Freiheit wieder in einem geeinten, friedlichen Deutschland leben könnt.« Die Kraft der Freiheitsbewegung war mitreißend, aber allen war klar, dass noch keine Entscheidung gefallen war. Wie verhält sich das SED-Regime, wie verhält sich Moskau? Dass mir zunächst die Rückflugmöglichkeit vom Flughafen Dresden verweigert wurde, warf ein kleines Schlaglicht auf die noch ungeklärte Situation. Aber nach einer kurzen Diskussion wurde der Start doch freigegeben.

Es waren nicht nur die beeindruckenden Demonstrationen, sondern insbesondere die eindringlichen Gespräche mit Bürgerrechtlern, die mich überzeugten, dass der Weg zur Wiedervereinigung mit immer stürmischeren Schritten eingeschlagen werden sollte. In Dresden traf ich Anfang Dezember mit der Gruppe der 20 zusammen, einer Vereinigung von rund zwanzig Bürgern, die einen Tag nach dem 40. Jahrestag der DDR, also am 8. Oktober 1989, aus der Demonstration heraus mit der Aufgabe betraut wurden, über die politischen Forderungen der Menschen mit der SED zu verhandeln. Durch die Wahl wurde eine Eskalation vermieden, und von dem erstmals in Gang gesetzten Dialog zwischen den Demonstranten und der Staatsführung ging ein wichtiges Signal für die weiteren Entwicklungen aus, insbesondere für einen friedlichen Verlauf der Leipziger Montagsdemonstration am 9. Oktober. Die Gruppe hatte ein Gebäude der SED besetzt, und unvergesslich ist mir der Anblick, wie bei unserer Ankunft in offensichtlicher Eile Büroeinrichtungen, aber auch Kampfanzüge aus dem Haus getragen wurden. Auf die scherzhaft gemeinte Frage, ob man für die Parteiarbeit Kampfanzüge brauche, lautete die lapidare Antwort: »Jetzt nicht mehr.«

Das Haus der SED war beinahe leer geräumt. Schließlich fand sich unter dem Dach noch ein spärlich eingerichtetes Zimmer, in dem die Besprechung stattfinden konnte. Ihr zentrales Thema: Wie kann aus der sozialistischen Planwirtschaft und der kommunistischen Staats- und Gesellschaftsordnung eine freiheitliche und demokratische Ordnung werden? Arnold Vaatz, einer aus der Gruppe der 20, späterer Minister in Sachsen und heute stellvertretender Vorsitzender der CDU/CSU-Bundestagsfraktion, sagte: »Über genügend Lehrbücher, die den Weg vom Kapitalismus zum Kommunismus beschreiben, verfügen wir in der DDR. Nun brauchen wir aber Anleitungen, wie wir vom Kommunismus zur freiheitlichen Wirtschafts- und Gesellschaftsordnung kommen.« Teilnehmer dieser Dachzimmerrunde, die mir besonders im Gedächtnis geblieben sind, waren Herbert Wagner, der spätere erste frei gewählte Oberbürgermeister von Dresden, und Steffen Heitmann, der spätere sächsische Justizminister, den Helmut Kohl gerne zum Kandidaten für die Wahl zum Bundespräsidenten gemacht hätte.

Als die Frage aufkam, was denn nach einem Erfolg der Revolution aus den führenden SED-Funktionären werden sollte, antwortete Steffen Heitmann impulsiv: »Die kommen alle auf den Friedhof.« Auf unsere Verblüffung hin stellte er klar: »Wir haben so viele kirchliche Friedhöfe, die lange nicht mehr gepflegt wurden, da können die sich nützlich machen.« Von derartigen Missverständnissen abgesehen, nahm ich aus den Gesprächen mit früheren Dissidenten und Freidenkern der DDR den Eindruck mit, dass in der Protestbewegung politische Köpfe am Werk waren, die mit großem Ernst um Konzepte für die Zukunft einer freiheitlichen Ordnung rangen.

Ein weiterer Höhepunkt war für mich die Einladung, in der Dresdner Katholischen Hofkirche, der Kathedrale des Bischofs von Dresden und Meißen, zu den Menschen zu sprechen. Mit Spannung und auch mit einer gewissen Beklemmung betrat ich die völlig überfüllte barocke Kathedrale. Die großen Erwartungen waren an den Gesichtern der dicht an dicht stehenden Menschen abzulesen. Meine Ansprache hatte ich unter ein Bibelwort aus den Galaterbriefen gestellt: »Ihr seid zur Freiheit berufen.« Dies war die entscheidende Botschaft, die ich selbst überbringen wollte und in der ich, auf dem Hintergrund der deutschen Geschichte, die Verantwortung im Osten und Westen unseres Landes füreinander und miteinander ansprach. Da es der 12. Februar 1990 war, der Vorabend des Jahrestages der Bombardierung und Zerstörung Dresdens, begleitete ich die Zuhörer zur nahe gelegenen Ruine der Frauenkirche, um der Opfer zu gedenken. Dort legte ich einen Kranz nieder, für dessen Schleifen ich die Aufschrift gewählt hatte: »Die Ruinen mahnen zum Frieden, die Opfer verpflichten zur Freiheit.«

Die Revolution verlief friedlich, die DDR erhielt zum ersten Mal ein frei gewähltes Parlament. Immer dringender wurde die Frage, auf welchem Weg wir zur Einheit Deutschlands gelangen sollten. Nachdrücklich plädierte ich für einen Beitritt der DDR zum Geltungsbereich des Grundgesetzes der Bundesrepublik Deutschland nach Artikel 23 unserer Verfassung. Uneingeschränkt war ich als Vertreter Bayerns und der CSU in der Verfassungskommission dafür, dass der Rechtsstaat und unser politisches System, so wie sie sich bei uns von 1949 bis 1989 entwickelt und bewährt hatten, in toto übertragen werden sollten. Andere, etwa Hans-Jochen Vogel, plädierten vehement für eine Anwendung des Artikels 146 des Grundgesetzes, nach dem durch eine vom deutschen Volk in freier Entscheidung beschlossene neue Verfassung das Grundgesetz außer Kraft treten würde. Die Mehrheit der zu dieser Frage eingesetzten Verfassungskommission war der Ansicht, dass es keiner neuen Verfassung bedürfe, weil das Grundgesetz sich außerordentlich als Staatsgrundlage der Freiheit und Demokratie, der rechtsstaatlichen Ordnung und des Zusammenlebens bewährt hatte. Hinzu kam, dass es sehr lange gedauert hätte, eine neue Verfassung zu beraten, und diese langwierige Prozedur hätte womöglich die Wiedervereinigung gefährdet. Am 3. Oktober 1990 beschloss die Volkskammer der DDR, deren bis 1952 formell bestehende fünf Länder 1990 wiedergegründet worden waren, dann den Beitritt zur Bundesrepublik Deutschland.

Bei aller Hektik dieser Tage, ob an der Grenze zu Thüringen und Sachsen, ob in Bundesrat und Bundestag, ob in der Nikolaikirche oder in Dresden: Immer wieder machte ich mir bewusst, dass ich etwas erlebte, was ich jahrzehntelang für eine viel fernere Zukunft erträumt hatte. Der Krieg und seine unmittelbaren Auswirkungen waren für mich als Kind der Nachkriegsgeneration prägend. Jetzt zu erleben, dass die durch den Krieg verlorene Einheit Deutschlands wieder erreicht wurde, das war ein faszinierendes und bewegendes Gefühl.

Dass die Wiedervereinigung alles andere als selbstverständlich war, erkannte ich im Frühjahr 1990 im Rahmen meines Besuchs beim stellvertretenden Innenminister der Sowjetunion und Polizeichef von Moskau, Bogdanow. Dabei kam es auch zu einer hitzigen

Begegnung mit Valentin Falin, dem einstigen sowjetischen Botschafter in Bonn, der nun für die Deutschlandpolitik im Zentralkomitee der KPdSU zuständig war. Mit düsterem Blick empfing er mich in seinem riesigen Büro im Gebäude des ZK. Unmissverständlich machte er klar: Wer jetzt in Richtung Wiedervereinigung zu rasch voranschreite oder gar ein wiedervereintes Deutschland in die NATO bringen wolle, rufe in der Sowjetunion Kräfte auf den Plan, die niemand unter Kontrolle bringen könne. An diesem Tag habe ich das Zentralkomitee der KPdSU am Moskauer Alten Platz nicht unbeeindruckt verlassen – und der Putsch gegen Gorbatschow im August 1991 zeigte, dass die von Falin beschriebene Gefahr nicht aus der Luft gegriffen war.

Helmut Kohl hat mit seiner Wiedervereinigungspolitik tatsächlich den Mantel der Geschichte ergriffen. Seine kluge Politik ebnete beim Fall des Eisernen Vorhangs auch den Weg für die Einheit Europas und half dabei, die Teilung der Welt in zwei große Machtblöcke zu überwinden. In dieser Zeit war er der Kanzler mit dem notwendigen historischen Weitblick, der die zeitlich begrenzte Chance für die Freiheit ganz Deutschlands und Europas begriff und ebenso zielstrebig wie geschickt die notwendigen Schritte unternahm. Viele haben damals seine Politik für überstürzt, ökonomisch falsch oder unrealistisch gehalten. Seine geschichtliche Leistung besteht aber darin, dass er gegen alle Widerstände die Staatsmänner Europas, Russlands und der USA gewann und sein großes Ziel durchsetzte. Sein besonderes Verdienst ist, dass die Ängste unserer Partner, vor allem von Großbritannien, Frankreich und auch Italien, vor einem wiedervereinigten Deutschland keine Oberhand behielten. Mit seiner Politik, insbesondere mit seiner Rede am 19. Dezember 1989 in Dresden, die meines Erachtens seine schwierigste und seine größte war, konnte er Vertrauen in Deutschland aufbauen. Ich bleibe dabei: Die historische Leistung Helmut Kohls, die Deutschland, Europa und der gesamten Welt den Weg zu neuen friedlichen Perspektiven im 21. Jahrhundert geöffnet hat, verdient die Anerkennung durch den

Friedensnobelpreis. Es ist zu hoffen, dass das Komitee in Stockholm diese überfällige Würdigung des großen Staatsmanns bald vornimmt.

Liberal, sozial, konservativ

Als ich neben meiner Arbeit als Innenminister auch die des Vorsitzenden der CSU-Grundsatzkommission übernahm, war das eine Berufung, die meinen Neigungen ganz besonders entsprach. Theo Waigel hatte mir 1988 als neuer Parteivorsitzender diese Funktion übertragen. Waigel selbst hatte das Grundsatzprogramm der CSU 1976 entworfen, und nun galt es, dieses fortzuschreiben und an die Veränderungen in Bayern, Deutschland und Europa anzupassen. Ein überarbeitetes Grundsatzprogramm sollte die Werte bewahren, aus denen sich die Bindungskraft der Partei entfaltet, und die Richtung für die Zukunft vorgeben, um unsere Antworten auf die kommenden Herausforderungen formulieren zu können. Ich hegte keineswegs die Illusion, das neue Programm werde zum meistgelesenen Buch in der Partei. Aber der Weg zu einem solchen Programm konnte Kräfte wecken, und durch die Programmdiskussion in die Partei hineinzuwirken, das war mein großes Ziel.

An vielen Veranstaltungen nahm ich selbst teil und diskutierte mit den Parteifreunden. Häufig waren zu Beginn noch alle Repräsentanten des Bezirks oder des Landkreises anwesend, Mitglieder des Landtags, Mitglieder des Bundestags, aber die meisten gingen wieder, wenn sie ihre Rede gehalten hatten. Dann blieb ich nicht selten mit zehn, fünfzehn Leuten des Kreisverbands übrig, die kein Mandat hatten und oft auch keines wollten, die aber am Grundsatzprogramm interessiert waren.

Die friedliche Revolution in der DDR, die deutsche Wiedervereinigung und die Transformationsprozesse in Ost- und Mitteleuropa brachten bald derart grundsätzliche Veränderungen mit sich, dass im Januar 1990 der CSU-Parteivorstand beschloss, die

Grundsatzkommission solle ein völlig neues Parteiprogramm erarbeiten, nicht nur eine Fortschreibung des alten. Das neue Grundsatzprogramm mit dem Titel »In Freiheit dem Gemeinwohl verpflichtet« wurde zwei Jahre später, auf dem CSU-Parteitag 1993, verabschiedet. Ein Punkt war mir dabei ganz besonders wichtig, hier setzte ich mich mit großer Leidenschaft erfolgreich für eine fundamentale inhaltliche Änderung ein. Im Gegensatz zum Programm von 1976 sprach sich die CSU nicht mehr dafür aus, einen europäischen Bundesstaat anzustreben. Auch im aktuellen Grundsatzprogramm aus dem Jahr 2007 wurde diese Position nicht korrigiert. Insbesondere mit Helmut Kohl und Wolfgang Schäuble habe ich über diese Frage immer wieder und sehr kontrovers diskutiert. Helmut Kohl sprach lange Zeit vom Ziel der »Vereinigten Staaten von Europa« nach dem Vorbild der USA. Ich war immer der Meinung, dass ein solches Konstrukt die weitere Integration Europas nicht befördern, sondern diese sogar zurückwerfen würde.

Meine politische Einordnung als moderner Konservativer wurzelt ganz entscheidend in dieser Zeit als Vorsitzender der CSU-Grundsatzkommission. Meine Werte, für die ich zeit meines politischen Lebens eintrete, sind Freiheit, Selbstverantwortung und Leistungsbereitschaft. Chancengerechtigkeit, aber keine staatliche Garantie für die Gleichheit der Ergebnisse. Nachhaltigkeit in der Umwelt und bei den Finanzen. Schutz des Lebens von seinem Anfang bis zu seinem Ende. Zusammenhalt in Heimat, Nation und Europa, Vertretung deutscher Interessen nach innen und außen, soziale Marktwirtschaft, Anstrengung und Wettbewerb als Voraussetzung für eine starke Solidarität mit den Schwächeren, nicht für Faulheit. Im Konfliktfall gebe ich der inneren Sicherheit zur Stabilisierung der Gesellschaft den Vorzug. Subsidiarität und nationale Souveränität müssen als Bausteine zu einem stärker werdenden Europa verbunden werden. Und schließlich bleibt die Grundlage meiner Politik das klare Bekenntnis zum christlichen Sittengesetz. Das ist der Kompass meines politischen Engagements. Meine Überzeugung in diesem Zusammenhang ist: Wenn man, nach sorgfältiger Abwägung, in der politischen Problemlösung ausnahmsweise gegen die grundsätzlichen Positionen »verstößt«, bedarf dies gerade gegenüber den eigenen Anhängern der intensiven Begründung – etwa bei der Aussetzung der Wehrpflicht oder bei der Energiewende. Sie müssen wissen und verstehen, warum wir in diesem speziellen Fall unserem bisherigen Grundsatz nicht gefolgt sind. Wenn diese Erklärungsaufgabe vernachlässigt wird, verliert eine Partei ihren politischen Kompass, wird zur spontanen Problemlöserin und Projektbehandlerin. Für die Stammwähler und Anhänger ist dies auf Dauer zu wenig.

Die Arbeit in der Grundsatzkommission bereitete mir große Freude. Und sie hatte für mich im Nachhinein noch einen wichtigen Nebeneffekt. Nach der Zeit als Generalsekretär, in der ich eine breite Verankerung in der CSU erreicht hatte, bekam ich erneut die Möglichkeit, in der gesamten Partei über alle bedeutenden Themen zu diskutieren und sie inhaltlich mitzugestalten. Beim Wettbewerb um die Nachfolge von Ministerpräsident Max Streibl sollte dies eine nicht unwesentliche Rolle spielen.

4.
GRUNDSÄTZLICH NACH VORN

Ministerpräsident

Max Streibl war ein »gestandenes Mannsbild«, das Sinnbild eines Landesvaters. Als Ministerpräsident sah er sich eher in der Nachfolge von Alfons Goppel als von Franz Josef Strauß. In den ersten Jahren hat Max Streibl Bayern erfolgreich und mit eigener Note repräsentiert. Es war ihm aber aus gesundheitlichen Gründen nicht vergönnt, das Land wie Goppel in einer langen Amtszeit zu prägen. Als sich dies im Lauf des Jahres 1992 abzuzeichnen begann, waren erste Überlegungen über eine mögliche Nachfolge unvermeidlich. Mich bewegte die Diskussion sehr, hatte er doch in meinem politischen Leben von Anfang an eine wichtige Rolle gespielt. Ohne Max Streibl wäre ich wohl nicht Politiker geworden.

Am deutlichsten zu spüren war die Unruhe unter den Mitgliedern der CSU-Landtagsfraktion. Es machte sich die Sorge breit, mit ihm an der Spitze nicht noch einmal ein überragendes Wahlergebnis erzielen zu können, und damit wuchs die Befürchtung, das eigene Landtagsmandat zu verlieren. Dies alles kulminierte schließlich in den unter dem Begriff »Amigo-Affäre« bekannt gewordenen Vorwürfen, in denen es um Urlaubseinladungen befreundeter Unternehmer ging. Die überzogene und persönlich diffamierende Kritik machte Max Streibl schwer zu schaffen. Denkwürdig ist seine Verteidigung beim Politischen Aschermittwoch in Passau, als er trotzig ausrief: »Saludos Amigos!«

In dieser Situation war es kaum verwunderlich, dass auch mich eine Presseanfrage erreichte, in der es um die Nutzung von Firmenwagen für frühere Urlaubsreisen ging. In den achtziger Jahren fuhr ich mehrmals mit meiner Familie nach Südfrankreich, in die Nähe des Ferienhauses von Franz Josef Strauß. Es war ihm wichtig, mich auch im Urlaub in seiner Nähe zu wissen, da seine Politik kaum eine Pause machte und sich auf diese Weise Gelegenheit bot, ohne Alltagshektik über entscheidende politische Fragen zu sprechen. Von Erholung konnte dabei nicht immer die Rede sein. Das wird jeder nachvollziehen können, der Strauß und seine Arbeitsweise kannte.

Anfangs hatte ich vor, die Presseanfrage vor dem Parlament zu beantworten und dort darzulegen, dass für meine Reisen Fahrzeuge bayerischer Automobilhersteller und gelegentlich Firmenflugzeuge eingesetzt worden waren, auf deren Bereitstellung Strauß als Aufsichtsrat von Messerschmitt-Bölkow-Blohm (MBB) einen gewissen Einfluss hatte. Ministerpräsident Streibl jedoch untersagte diesen Auftritt vor dem Parlament. Seine Begründung: »Du machst damit alles nur noch schlimmer!« Für mich persönlich bedeutete die Angelegenheit ein großes politisches Risiko, und das oberste Ziel musste sein, die Glaubwürdigkeit zu wahren, um nicht in eine Fortsetzungsgeschichte hineinzuschlittern. Viele politische Affären verlaufen nach dem Motto: »Nur so viel zugeben, wie ohnehin am nächsten Tag bekannt wird«, aber diese Verteidigungsstrategie scheitert in der Regel, weil der nächste Vorwurf umso wuchtiger trifft. Deshalb kam es mir darauf an, die Vorgänge vollständig und möglichst in einem Durchgang offenzulegen.

So lud ich zu einer Pressekonferenz ein, und mit Sicherheit war dies die bestbesuchte morgendliche Veranstaltung mit Journalisten im Innenministerium seit Langem. Die alles beherrschende Frage lautete: Steht Stoiber das durch?, und die Zweifel waren in den Gesichtern der anwesenden Medienvertreter abzulesen. In einer Nachtschicht hatte ich einen Text vorbereitet, in dem die Vorgänge umfassend dokumentiert wurden. Mir war wichtig, dass nicht nur die konkret nachgefragten Punkte offen zur Sprache kamen. Ich brachte zum Ausdruck, dass diese Reisen keine reinen Vergnügungsfahrten für mich waren, sondern auch unter dem

Stark in München und Berlin: Im Gespräch mit dem späteren Parteichef Theo Waigel.

Vorzeichen meiner Arbeit für Strauß standen. Zugleich machte ich deutlich, dass ich die Nutzung privater Fahrzeuge und Firmenflugzeuge im Nachhinein kritisch sah und dies so nicht mehr wiederholen würde.

Am Ende erwies sich der gewählte Weg als richtig. In einem Artikel der *Süddeutschen Zeitung* hieß es über die Pressekonferenz, die eine der unangenehmsten meiner Laufbahn war: »Da machte sich grummelnder Respekt breit.« Weithin wurde sie auch als »Kontrastprogramm« zu der Verteidigungsstrategie Max Streibls angesehen. Dieses Vorgehen hatte mich einige Überwindung gekostet, und nicht wenige Kollegen hatten mir deutlich davon abgeraten.

Wäre ich ihrem Rat gefolgt, meine Karriere wäre vielleicht ähnlich wie die von Streibl zu Ende gegangen. Im Zeitalter der Medien bleibt nichts mehr geheim, die Öffentlichkeit reagiert oftmals hart und unwirsch. Man muss als Politiker sogar bewusste Missverständnisse einkalkulieren und lieber einmal mehr um die Ecke denken. Es ist auch gar nicht mehr so entscheidend, ob ein Vorwurf seitens der Medien stimmt – entscheidend ist, ob man das Gegenteil des Behaupteten beweisen kann.

Wenige Monate nach den Amigo-Vorwürfen war klar, dass die politische Schlacht für Streibl nicht mehr zu gewinnen war. Am 27. Mai 1993 trat er von seinem Amt zurück, die Umfragewerte der Partei lagen zeitweilig unter 40 Prozent. Im Steinernen Saal des Münchner Maximilianeums sagte er zu den Abgeordneten: »Heute lege ich mein Amt in Ihre Hände zurück.« Seine Begründung: Das Amt des Bayerischen Ministerpräsidenten nehme Schaden »durch die beispiellose Kampagne, der ich schon seit der letzten Landtagswahl ausgeliefert bin«.

In der Nachfolgediskussion war alsbald von Theo Waigel als Parteivorsitzendem und Bundesfinanzminister sowie von mir als stellvertretendem Parteivorsitzenden und Innenminister die Rede. Hoffnungen machte sich wohl auch Alois Glück, der Fraktionsvorsitzende der CSU im Landtag, für den Fall, dass Waigel und ich uns in der Nachfolgefrage gegenseitig blockieren würden. Ich fühlte mich den Aufgaben eines Ministerpräsidenten durch die Erfahrung als Leiter der Staatskanzlei absolut gewachsen. Unter Strauß hatte ich umfassende Vollmachten und war phasenweise eine Art »geschäftsführender stellvertretender Ministerpräsident« gewesen. Hinzu kam die intensive, über vier Jahre dauernde Arbeit als Innenminister, durch die ich mit vielen Problemen des Landes vertraut wurde. Anlässlich meiner Wahl zum stellvertretenden Vorsitzenden der CSU 1989 hatte ich schon erlebt, dass große Teile der Partei hinter mir standen. Besonders wichtig war für mich die Unterstützung, die ich aus der CSU-Landtagsfraktion erfuhr. All das vermittelte mir die nötige Zuversicht, in der Nachfolgefrage der »Mann der Fraktion« zu sein, um Bayern weiter nach vorn zu bringen. In der bayerischen Politik bedurfte es meines Erachtens neuer Anstöße, hatten doch die letzten Jahre in entscheidenden Bereichen auch eine gewisse Stagnation gebracht. Um Bayern national und international noch wettbewerbsfähiger zu machen, waren nach meiner Auffassung zukunftsgerichtete Reformen und Impulse erforderlich, im Verwaltungsbereich, vor allem aber in Wissenschaft, Bildung und Technologie.

Eine Reihe von Gesprächen wurde nun geführt, und meinem Eindruck nach neigte Max Streibl, obwohl ich aus seinem »Stall« kam, stärker zu einer Nachfolgelösung zugunsten von Theo Waigel. Ein Konsens wurde gesucht. Waigel war so überzeugt, der bessere, von Münchner Strauß-Querelen unbelastete und in der Bevölkerung breiter verankerte Ministerpräsident zu sein, dass er mich fragte, ob ich nicht eher Bundesinnenminister werden sollte. Der noch weiter gehende Vorschlag, er würde als Ministerpräsident den Parteivorsitz der CSU aufgeben und ich solle dieses Amt dann als Bundesinnenminister übernehmen, stimmte mich nachdenklich; er schien mir nicht ohne Reiz, da ich mich immer auch als Mann der Partei verstanden hatte.

Die Nachfolgediskussionen fanden große öffentliche Aufmerksamkeit. Meine Fürsprecher gaben mir zu verstehen, ich solle nicht zögern, sondern ausdrücklich meinen Anspruch auf das Ministerpräsidentenamt anmelden. Aber es gab genauso Stimmen, die mir abrieten, damit der Parteivorsitzende nicht beschädigt würde durch eine Nachfolgekonkurrenz. Entscheidende Bedeutung kam dann einer Erklärung von Michael Glos zu, der als Landesgruppenvorsitzender der CSU im Deutschen Bundestag verlauten ließ: Seiner Auffassung nach hätte Theo Waigel als Parteivorsitzender der CSU ein »natürliches Geburtsrecht« auf das Amt des Ministerpräsidenten. Auf die unmittelbar folgenden Pressenachfragen reagierte ich mit der Bemerkung: »In der Demokratie gibt es keine Geburtsrechte, sondern nur den demokratischen Wettbewerb. Diesem Wettbewerb stelle ich mich.« Damit waren die Fronten geklärt. Die jeweiligen Anhänger formierten sich, und ich spürte wachsende Unterstützung aus allen Bereichen der Partei.

Auf dem Bezirksparteitag der CSU in Nürnberg am 15. Mai 1993 stellte der Bezirksvorsitzende von Nürnberg und Fürth, Günther Beckstein, in Anwesenheit des Parteivorsitzenden Theo Waigel die Delegierten in einer kämpferischen Rede vor die Wahl: »Waigel oder Stoiber?« Beckstein, der Staatssekretär bei mir war und mit dem mich seit JU-Tagen viel verband, lieferte mit seiner Frage – und seinem Plädoyer für mich – eine Vorentscheidung. Waigel verließ daraufhin die Veranstaltung, und die Delegierten entschieden sich mit großer Mehrheit für mich.

In diesen Tagen gab es in der Parteizentrale ein Treffen von Max Streibl, Theo Waigel, Erwin Huber und Alois Glück, bei dem die Nachfolgefrage unter den Beteiligten besprochen wurde. Auf Pressenachfrage konnte ich nur erklären, dass ich von diesem Treffen nichts wusste. Am nächsten Tag titelte die *Süddeutsche Zeitung* sinngemäß: »Geheimtreffen der CSU – Stoiber nicht dabei!« In der Landtagsfraktion löste dies große Empörung aus, sie sah die Entscheidung über den Ministerpräsidenten als ihr originäres Recht an. Danach kam es zu der eindeutigen Willensbekundung der Fraktion für mich als künftigen Ministerpräsidenten Bayerns. Sie erwartete von mir und traute es mir zu, die absolute Mehrheit für die CSU zu sichern. Mit Theo Waigel verständigte ich mich schließlich darauf, dass ich als Regierungschef den stellvertretenden Parteivorsitz der CSU aufgeben würde. Am 28. Mai 1993 wurde ich dann vom Bayerischen Landtag zum Ministerpräsidenten gewählt.

Sicherlich war das für mich ein großer Tag. Aber auch in der Freude war ich mir bewusst, welche Verantwortung und Herausforderung diese Wahl für mich bedeutete. Entsprechend bescheiden wurde gefeiert, traditionell mit den Gebirgsschützen bei mir zu Hause in Wolfratshausen. In der Nachfolge von Franz Josef Strauß und gemeinsam mit der CSU-Fraktion hatte ich konkrete Vorstellungen von dem, was ich in dieser Position für meine Heimat erreichen wollte. Hinter meinem Schreibtisch stand eine Büste von Strauß. Bei der späteren Arbeit schaute mir mein Mentor gleichsam über die Schulter, und bei schwierigen Fragen habe ich oft gedacht: Was würdest du jetzt machen? Wenige Tage nach der Wahl war ich zu seinem Grab in Rott am Inn gefahren und hatte einen Kranz niedergelegt, ein Zeichen der Verehrung und Dankbarkeit, zugleich ein Signal, nicht nur Landesvater zu sein, sondern wie er auch bun-

In der Tradition verwurzelt: Mit bayerischen Trachtlern und Gebirgsschützen im Münchner Hofgarten.

despolitisch gestalten zu wollen. Jede Zeit hat ihre besonderen Herausforderungen. Und natürlich hat jeder Ministerpräsident seinen eigenen Politikstil. Aber Erfolg haben kann eine Volkspartei über so viele Jahre nur, wenn sie im Bewusstsein der Leistungen der Vergangenheit die Zukunft gestaltet.

Die Auseinandersetzung zwischen Waigel und mir setzte die CSU einer erheblichen Belastungsprobe aus. Sie fand auf einer übergeordneten Ebene zugleich zwischen der CSU-Landesgruppe im Bundestag, die sich ihrem langjährigen Mitglied und ehemaligen Vorsitzenden besonders verbunden fühlte, und der CSU-Fraktion im Bayerischen Landtag statt, in der ich meine politische Heimat hatte. Ganz ohne Erfahrung in derartigen Konfrontationen war ich nicht, hatte ich doch, wie gesagt, schon 1989 um den stellvertretenden Parteivorsitz der CSU gegen Alois Glück kandidiert, den damals mächtigen Fraktionsvorsitzenden der CSU in Bayern. Waigel und Streibl hatten mir damals deutlich von einer Kandidatur abgeraten und mir eine Niederlage prophezeit. Auf dem CSU-Parteitag war ich dennoch zum stellvertretenden Parteivorsitzenden gewählt worden. Ist man von der eigenen Sache überzeugt, sollte man sich auch dem personellen Wettbewerb stellen. Dass ich Ministerpräsident wurde, hat Theo Waigel sicherlich persönlich geschmerzt. Das war verständlich, verfügte er doch als Bundesminister der Finanzen national und international über große Reputation – sein Eintritt in die Bundesregierung 1989 hatte den mit Schwierigkeiten kämpfenden Bundeskanzler Helmut Kohl deutlich stabilisiert.

Meine starke Verankerung in Bayern war letztlich einer der ausschlaggebenden Faktoren für meinen Erfolg. Viele sagten damals: Wir haben einen erfolgreichen Parteivorsitzenden und Bundesfinanzminister in Bonn. Und wir hätten mit Stoiber einen starken Ministerpräsidenten in Bayern. Wieso sollten die beiden ihre Plätze tauschen? Von Theo Waigel und mir wurde nach dem Ergebnis Professionalität im Umgang miteinander abverlangt. In den Medien wurde dies später nicht zu Unrecht als »Doppelspitze« apostrophiert. Und im Ergebnis war sie erfolgreich.

Neuanfang

Die Situation des Jahres 1993 unterschied sich grundlegend von der im Jahr 1988, als es auch einen Wechsel im Amt des Ministerpräsidenten gegeben hatte. Zwar war der überraschende Tod von Strauß ein tiefer Einschnitt gewesen, aber die Verankerung der CSU im Volk war ungebrochen. Die Menschen übertrugen ihr Vertrauen auf Max Streibl als Regierungschef und die CSU auf Theo Waigel als Parteivorsitzenden. Auf dieser soliden Basis konnte der Übergang 1988 schnell und einvernehmlich vollzogen werden. Ganz anders 1993. Die Probleme rund um den Rückzug von Max Streibl hatten eine tiefe Verunsicherung in der gesamten Partei hinterlassen. Meine Aufgabe war es jetzt, das Blatt wieder zu wenden, das Vertrauen der Menschen im früheren Maßstab zurückzugewinnen und die CSU wieder auf Erfolgskurs zu führen. Viel Zeit blieb nicht, im kommenden Jahr sollten gleich drei wichtige Wahlen stattfinden, nämlich Europa-, Landtags- und Bundestagswahlen.

Bei der Regierungsbildung ging es mir darum, kein Übergangskabinett zu berufen. Die aufgestellte Mannschaft, so signalisierte ich, würde über die Landtagswahlen hinaus mit mir regieren. Menschlich war das nicht immer einfach, vor allem das Ausscheiden der langjährigen stellvertretenden Ministerpräsidentin und eisernen Lady der CSU, Mathilde Berghofer-Weichner, nach fast zwanzig Jahren Zugehörigkeit zur Regierung. Mit Otto Wiesheu wollte ich ein deutliches Zeichen für die dynamische Weiterentwicklung der Wirtschaft setzen. Ähnlich wichtig war im Bereich der inneren Sicherheit die Ernennung meines langjährigen Staatssekretärs Günther Beckstein zum Innenminister. Der kompetente Kultusminister Hans Zehetmair wurde mein Stellvertreter. Georg Freiherr von Waldenfels für den Bereich der Finanzen, Gebhard Glück für Arbeit, Soziales, Gesundheit, Frauen und Familie, Hermann Leeb als Justizminister, Landwirtschaftsminister Reinhold Bocklet, Umweltminister Peter Gauweiler sowie Thomas Goppel für Bundes- und Europafragen komplettierten meine erste Ministerriege.

Insgesamt vier Mal durfte ich eine neue Staatsregierung berufen, einige Kabinettsumbildungen kommen hinzu. Es würde zu weit führen, auch alle weiteren Kabinette hier detailliert zu benennen. Ich kann mich bei allen Mitgliedern meiner Staatsregierungen nur bedanken für eine erstklassige Gemeinschaftsleistung, ohne die Bayern und die CSU nicht so erfolgreich gewesen wären. Mir war es wichtig, und die Kabinettsmitglieder haben es aufgrund ihrer hohen Kompetenz auch geschafft, dass die Vertreter Bayerns im Kreise ihrer Kollegen aus Bund und Ländern als Autoritäten anerkannt wurden, als Erste unter Gleichen. Dies hat Bayern in vielen Abstimmungen und Verhandlungen messbare Vorteile gebracht. In vierzehn Jahren als Ministerpräsident waren auch menschlich schwierige Personalentscheidungen zu treffen, manche davon Betroffene tragen sie mir bis heute schwer nach. Ich sah es als meine Verantwortung an, das Bestmögliche für das Land und auch für meine Partei zu veranlassen. Aber klar ist auch: Welcher Mensch kann schon von sich behaupten, dass jede Entscheidung in Inhalt und Stil richtig gewesen wäre? Deshalb habe ich bei meinem Abschied alle, die von harten Entscheidungen auch persönlich betroffen waren, um Verständnis und Nachsicht gebeten.

Mein Ziel war von Anfang an, mit hochkarätigen Persönlichkeiten aus allen Gesellschaftsbereichen die Attraktivität und gesellschaftliche Akzeptanz des Kabinetts noch weiter zu erhöhen. In diesem Sinne sprach ich einige potenzielle Kandidatinnen und Kandidaten an, etwa die bayerische Verfassungsgerichtspräsidentin Hildegund Holzheid, Manager und Brauerei-Chef Dieter Soltmann, Bauernverbandspräsident Gerd Sonnleitner und Unternehmensberater Roland Berger. Ein Ministeramt erwies sich jedoch für Leute, die bereits Rang und Namen in Wirtschaft und Gesellschaft haben, aus verschiedenen Gründen als nicht attraktiv. Aus meinem Blickwinkel konnte ich es überhaupt nicht verstehen, dass sich solche Persönlichkeiten dem politischen Gestaltungsauftrag entzogen. Auch heute noch bin ich der Meinung, dass sich dieses Thema nicht erledigt hat und wir Wege finden müssen, Frauen und Männer mit breiter Kompetenz aus anderen Bereichen zumindest zeitweise für die Politik zu gewinnen. Die Politik sollte den engeren Ring der Berufungen aus den Parlamenten öfter sprengen, auch um daraus wieder mehr Reputation zu gewinnen.

Ein fulminanter Neuanfang musste aber über Personalentscheidungen hinausgehen. Es ging mir auch darum, das Bild des Politikers in der Öffentlichkeit wieder zu verbessern. Die teilweise überzeichneten Darstellungen der »Amigo-Affäre« hatten diejenigen bestärkt, die ohnehin der Meinung waren, Politiker seien vor allem auf persönliche Vorteile aus und mehr oder weniger von Raffgier getrieben. Und diejenigen, die nicht so weit gingen, waren sich auch nicht mehr ganz sicher, was sie von den Politikern, von der Politik halten sollten. Diesen Irritationen wollte ich entgegenwirken.

Bis dahin war es üblich gewesen, dass Regierungsmitglieder, die in Aufsichtsgremien von Unternehmen mit staatlicher Beteiligung saßen, einen Teil ihrer Vergütungen behalten durften. Da solche Aufgaben vor allem aufgrund des Amts wahrgenommen und die Vorbereitungen dazu in der Regel von Mitarbeitern der betreffenden Ministerien gemacht werden, stehen meiner Meinung nach die Entgelte den Regierungsmitgliedern nicht persönlich zu. Also schlug ich dem Kabinett eine Änderung des Ministergesetzes vor, wonach solche Einnahmen ausnahmslos an die Bayerische Forschungs- oder an die Bayerische Landesstiftung abgeführt werden müssen. Auf manchen Gesichtern innerhalb der Kabinettsrunde glaubte ich Nachdenklichkeit ablesen zu können, vielleicht sogar Ablehnung, als die Entscheidung beraten und beschlossen wurde. Aber letztlich widersprach niemand. Die Regierungsmitglieder akzeptierten die Notwendigkeit einer solchen Lösung – schließlich galt es zu zeigen, dass die Regierung es ernst mit einem Neubeginn meint. Manche Kommunalpolitiker, für die eine ähnliche Regelung geschaffen wurde, haben mir das lange verübelt. Es war klar: Ehe man etwas von anderen verlangen kann, muss man sich selbst in die Pflicht nehmen. In den folgenden Jahren habe ich immer wieder darauf gedrängt, dass Regierung und Volksvertreter mit einem guten Beispiel vorangehen müssen, wenn sie von der Bevölkerung Bereitschaft zum Maßhalten erwarten. Dass wir dies sehr wörtlich genommen haben, bekam ich nach meinem Ausscheiden aus dem Bayerischen Landtag eindrucksvoll mitgeteilt. Nach vierunddreißig Jahren als Abgeordneter lautete die Zahl auf dem Bescheid über meine Abgeordnetenpension: null Euro. Nur zum Verständnis, Hintergrund ist die vollständige Verrechnung der Bezüge, die Abgeordneten nach dem Ausscheiden aus dem Parlament zustehen, mit der Pension als Ministerpräsident.

Stilbildende Entscheidungen dieser Art sind seitdem noch wichtiger für die Wahrnehmung von Politik und Politikern geworden. Es muss verhindert werden, dass Politik als eine Art »Selbstbedienungsladen« diffamiert werden kann. Die Personen, die ich von außen in die Politik holen wollte, hatten mir andererseits oftmals zu verstehen gegeben, dass eine Regierungstätigkeit für sie mit einem eklatanten finanziellen Verzicht einhergehen würde. Um solche Persönlichkeiten überhaupt ernsthaft für die Politik gewinnen zu können, sollte die Bezahlung von Regierungen und Parlamenten nicht zu sehr von Neiddiskussionen gekennzeichnet sein. Es geht in dieser Frage bestimmt nicht um Reichtum, aber um ein angemessenes Maß an Attraktivität und Unabhängigkeit. In der Demokratie muss sich letztlich die Bevölkerung selbst eine Meinung bilden, was ihr eine vernünftige Qualität in der Volksvertretung wert ist. Doch unabhängig davon gilt: Die Attraktivität politischer Ämter über die Entgeltung von Nebenämtern zu erreichen, etwa in Aufsichtsgremien, die originär mit dem Staatsamt zusammenhängen, halte ich nach wie vor für falsch. Deshalb habe ich hier zu Beginn meiner Tätigkeit als Regierungschef eine klare Entscheidung getroffen.

Viel geschrieben und geredet wurde in meiner Amtszeit über das sogenannte »Küchenkabinett«, eine Runde herausragender Beamter, mit denen ich Bayern mit straffer Hand regiert hätte. Da wurde vieles übertrieben. Aber richtig ist, dass ich von Anfang an auch auf erstklassige Berater und Mitarbeiter in der Staatskanzlei gesetzt habe. Mit hoher Loyalität und Professionalität und zugleich ohne eigene politische Ambitionen waren diese Beamten ganz entscheidend an den Erfolgen der Staatsregierung beteiligt. Stellvertretend nenne ich für die erste Phase meiner Zeit als Ministerpräsident Amtschef Rudolf Hanisch. Sein Nachfolger Walter Schön hat viel für die Modernisierung Bayerns geleistet und sich in der Föderalismuskommission bleibende Verdienste erworben. Grandseigneur Friedrich Wilhelm Rothenpieler diente schon Franz Josef Strauß als Pressesprecher und war ein entscheidender Begleiter seit meiner Zeit als Generalsekretär. Mit seinem großen Wissen und Feingefühl hat er unzählige politische Klippen umschifft. Der heutige BR-Intendant Ulrich Wilhelm ist ein glänzender Kommunikator, was er nicht nur als mein, sondern auch als Angela Merkels Regierungssprecher unter Beweis stellte. Nach dem Angebot der Bundeskanzlerin kam er zu mir, fragte mich um Rat und machte deutlich, dass er nur mit meiner Zustimmung in die Bundesregierung nach Berlin gehen würde – natürlich habe ich die »Freigabe« nicht verweigert. Regierungssprecher und Amtschef Martin Neumeyer ist ein herausragender politischer Kopf, der Bayern aufgrund seines strategischen Denkens hervorragend positionieren kann. Er hat großen Anteil daran, dass ich in Berlin fachlich und politisch stets auf Augenhöhe agieren konnte. Der Jüngste in dieser Riege ist der frühere Sprecher der Staatskanzlei, Rainer Haselbeck, der schon beim großen Erfolg 2003 an meiner Seite war und der mir mit seinem analytischen Verstand und seiner Formulierungskunst bis heute ein wichtiger Ratgeber ist. Zur Vorbereitung dieses Buches habe ich das »Küchenkabinett« wieder einmal getroffen. Die Begeisterung und die Kreativität meiner langjährigen Mitstreiter schienen mir so stark wie eh und je.

Der Antritt und die ersten Schritte der neuen Regierung stießen in der Bevölkerung auf positive Resonanz. Aber schon nach kurzer Zeit gab es in Medien wie dem *Spiegel* oder der *Süddeutschen Zeitung* heftige Angriffe, die sich auf Vorwürfe aus der Regierungszeit von Strauß bezogen. Demnach sollte der Unternehmer und »Bäderkönig« Eduard Zwick in Steuerfragen begünstigt worden sein; mir wurde vorgeworfen, als Leiter der Staatskanzlei alles gewusst zu haben. Um den Verdächtigungen den Boden zu entziehen, bat ich den damaligen Bayerischen Finanzminister Georg von Waldenfels, die Angelegenheit von der Steuerverwaltung prüfen zu lassen.

Strauß wurde keinerlei rechtswidrige Einflussnahme nachgewiesen. Dennoch war die Zwick-Steueraffäre politisch brisant. Permanent erfolgten Angriffe seitens der Presse. Es tauchte die Frage auf, ob ich Zwick persönlich kennen würde, was ich verneinte. Fieberhaft suchte man nach einem Foto, das mich gemeinsam mit dem Bäder-Unternehmer zeigte und mich so »überführen« konnte.

Eine solche Aufnahme gab es aber nicht. Dafür wurde bekannt, dass sowohl Zwick wie auch ich zur Taufe eines der Kinder von Gerold Tandler eingeladen gewesen waren, eine Gesellschaft von etwa dreihundert Leuten. So ein kleiner Kreis, und der Stoiber kennt den nicht? Heute mag man darüber schmunzeln. Aber wenn man weiß, dass in unserer veröffentlichten Meinung oft schon irgendein Anschein zur »Verurteilung« ausreicht, kann man die Spannung dieser Tage nachvollziehen.

Irgendwann wurde es mir zu viel, und ich griff zu einem ungewöhnlichen Mittel: Am 15. April 1994 gab ich vor dem Bayerischen Landtag eine Regierungserklärung ab, in der ich mich dezidiert mit den Inhalten und Methoden dieser Pressekampagne auseinandersetzte. Es ging mir darum, nicht vor der veröffentlichten Meinung zurückzuweichen, sondern ihr mit offenem Visier zu begegnen. »Diese Regierung lässt sich nicht durch haltlose Vorverurteilung aus dem Amt schreiben«, war ein Kernsatz meiner Rede, die ihre Wirkung in Parlament und Öffentlichkeit nicht verfehlte; die Fraktion hörte gar nicht mehr auf zu applaudieren.

In einer freiheitlichen Staats- und Gesellschaftsordnung ist die Freiheit der Presse zweifelsfrei ein hohes und konstitutives Gut. Aber Pressefreiheit rechtfertigt nicht alles. Mir ging es damals darum, den politischen Angriffen, die sich öffentlich gegen mich und die Regierung richteten, genauso öffentlich und politisch zu begegnen. Eine weitere Konsequenz dieser Auseinandersetzung war, dass ich mich bei meinen Reisen durch Bayern ausführlich der Regionalpresse gestellt habe, Gespräche in Redaktionen führte und in Telefonstunden unzählige Leserfragen beantwortete. Es zeigte sich, dass diese Kontakte ein anderes Bild von mir und meiner Regierung vermittelten und den unberechtigten Angriffen letztlich ihre Wucht nahmen.

Nach den bedrückenden Umfragewerten bei meinem Amtsantritt – die CSU lag wie bereits erwähnt zeitweilig deutlich unter 40 Prozent – starrten alle in Bayern auf die erste Wahl mit dem neuen Ministerpräsidenten, die Europawahl im Juni 1994. Die SPD mit Renate Schmidt an der Spitze rechnete ernsthaft mit einem Sprung vor die CSU und der Perspektive auf einen Machtwechsel im Herbst. Als die erste Hochrechnung die CSU bei knapp 50 Prozent sah, war die Stimmung in der CSU-Zentrale unglaublich. Alois Glück, der ein Jahr zuvor durchaus skeptisch gegenüber meiner Kandidatur für das Amt des Ministerpräsidenten gewesen war, atmete tief durch und sagte: »Jetzt hast du es geschafft!« Und tatsächlich: Mit einer großartigen Gemeinschaftsleistung der gesamten Partei holten wir bei der Landtagswahl im September mit 52,8 Prozent wieder die absolute Mehrheit. Im Rückblick sehe ich diesen Wahlsieg, der die Voraussetzung für alle weiteren Erfolge war, als den bedeutendsten meiner gesamten politischen Laufbahn an. Dass die CSU bei der Bundestagswahl einen Monat später 51,2 Prozent der Wählerstimmen holte, krönte ein überaus erfolgreiches Jahr.

Alois Glück gehörte dem Bayerischen Landtag noch länger an als ich selbst. Nicht immer war unsere Zusammenarbeit harmonisch, waren wir doch grundverschiedene Charaktere mit unterschiedlichen Schwerpunkten. Beeindruckend waren seine Grundsatzorientierung und sein Denken über den Tag hinaus. In seiner Zeit als Vorsitzender der Regierungsfraktion bis zum Jahr 2003 haben wir intensiv und insgesamt auch sehr erfolgreich für die CSU zusammengearbeitet. Danach wurde es schwieriger.

Ich habe nie vergessen, welches Tal durchschritten werden musste und wie steil und mühsam der Aufstieg zum Erfolg war. Als Lehre bleibt, und oft genug habe ich dies meinen Freunden gegen jedwede falsche Sicherheit ins Stammbuch geschrieben: Das Vertrauen der Wähler ist wie ein scheues Reh, immer wieder von Neuem muss darum gerungen werden. Dazu gehört, sich an festen Grundsätzen, Prinzipien und Werten auszurichten, sich nicht zu sehr von Gegenwind beeindrucken zu lassen und auf keinen Fall den Stimmungsbildern der Demoskopie hinterherzulaufen.

Die Krise als Chance nutzen – davon hatte ich in meiner ersten Regierungserklärung am 30. Juni 1993 gesprochen, ohne zu wissen, dass mir eine vierzehnjährige Amtszeit als Bayerischer Ministerpräsident bevorstehen würde. Ich wollte die Zukunft anpacken, mit neuen Ideen, neuen Plänen und Visionen. Mir war es dabei wichtig, mich bewusst in die Tradition meiner Vorgänger zu stellen. Bis heute gilt: Bayern ist ein traditionsreiches Land, stolz auf seine Geschichte. Und die CSU ist eine bayerische Erfolgsgeschichte. Deshalb ist die Betonung der Kontinuität der CSU – bei allen Höhen und Tiefen – stets die erste Voraussetzung für den Erfolg in der Zukunft.

Die Überwindung der Kriegsfolgen und der Wiederaufbau nach der Katastrophe des Zweiten Weltkriegs verbanden die Menschen in Bayern mit der Politik der CSU-geführten Staatsregierung. Die Phase von 1954 bis 1957, in der eine Viererkoalition Bayern unter dem sozialdemokratischen Ministerpräsidenten Wilhelm Hoegner gegen die CSU regierte, blieb nur eine Episode. Untrennbar ist ab 1957 mit dem CSU-Ministerpräsidenten Hanns Seidel und Wirtschaftsminister Otto Schedl der zielstrebig vorangetriebene Wandel des Agrarlandes Bayern zu einem modernen Industriestaat verbunden – ich erinnere mich noch sehr gut, wie ich als kleiner Bub in Oberaudorf für ein Zehnerl die Koffer der ersten Urlauber schleppte, die damals aus dem Ruhrgebiet und dem Norden Deutschlands zu uns kamen. Diese Touristen haben uns schon manchmal etwas mitleidig angeblickt, so nach dem Motto: Schön ist es hier schon, aber auch ein wenig zurückgeblieben. Mein persönlicher Ansporn, Bayern gemeinsam mit den Bürgern Stück für Stück nach vorn und an die Spitze zu bringen, hat sicherlich auch mit diesen Kindheitserfahrungen zu tun.

Die Ära von Alfons Goppel, Nachfolger von Seidel als Bayerischer Ministerpräsident, zeichnete sich besonders durch die Kombination einer Reform der landwirtschaftlich geprägten Gesellschaft mit der Bewahrung bayerischer Traditionen aus. Franz Josef Strauß wiederum war davon überzeugt, dass Nutzung und Entwicklung des »Rohstoffs Geist«, dass Bildung, Wissenschaft, Forschung und Technik entscheidend für die Stellung des Landes im internationalen Wettbewerb sind. Die Luft- und Raumfahrtindustrie bildete für ihn einen Schlüssel, deshalb förderte er sie besonders stark. Ihm war die Ansiedelung modernster Industrien ein besonderes Anliegen – und es war ein gigantischer Durchbruch, dass sich Unternehmen in Bayern niederließen, die früher ins Ruhrgebiet oder in andere Ballungszentren der Bundesrepublik gegangen wären. Gerade in diesem Punkt war er mein großes Vorbild. Nicht wenige erstaunt es bis heute, dass ausgerechnet der Historiker Strauß den Juristen Stoiber für moderne Wirtschaftspolitik begeisterte. Doch genau so war es. Unter der Ägide von Strauß erreichte Bayern in der zweiten Hälfte der achtziger Jahre fast den Durchschnitt des deutschen Bruttosozialprodukts. In der Fortsetzung dieser Politik wurde der Freistaat in den neunziger Jahren schließlich zum Geberland im deutschen Finanzausgleich. Inzwischen hat Bayern zugunsten anderer Bundesländer längst ein Vielfaches dessen in den Finanzausgleich eingezahlt, was es vorher bekommen hat.

Der Aufstieg Bayerns war jedoch kein Selbstläufer, er ist auch einer vorausschauenden Politik zu verdanken. Eine große Rolle spielte die Bereitstellung preiswerter Energie. So wurde eine Pipeline nach Ingolstadt gebaut, Raffinerien wurden errichtet. Das Ziel war es, von der Kohle aus dem Westen und Norden, die durch hohe Transportkosten verteuert wurde, unabhängiger zu werden, was mit dem Ausbau der friedlichen Kernenergienutzung gelang. Damit schafften wir es, nach langen Jahren einen Strompreis unter dem Bundessdurchschnitt zu erreichen. Deshalb stellt die Energiewende Bayern auch vor größere Herausforderungen als andere Teile Deutschlands. Sie darf die erfolgreiche Politik der CSU für Bayern in den letzten fünfzig Jahren nicht umkehren.

Zu den großen Erfolgen der CSU-Politik gehört auch eine dichte Hochschullandschaft. Von kaum einem Ort des Landes ist es weiter als fünfzig Kilometer zum nächsten Hochschulstandort – das Ausbildungs- und Forschungspotenzial ist nicht unwesentlich für die ökonomische und kulturelle Strahl- und Anziehungskraft Bayerns.

Unsere politischen Erfolge basieren des Weiteren auf der Verkehrsinfrastruktur mit dem Großflughafen München sowie auf den zahlreichen Technologiezentren überall im Land. Meine innerste Motivation war, Bayern weiterhin auf Erfolgskurs zu halten, mich nicht mit dem Erreichten zufriedenzugeben, sondern alles zu tun, um Bayern deutschland- und europaweit an die Spitze zu bringen und dort auch zu halten. Das war das große Ziel.

Politische Gestaltung über den Tag hinaus – das ist es, was mich in meiner Arbeit stets am meisten fasziniert. Natürlich gehört das Tagesgeschäft dazu, aber letztlich entscheidet der Blick in die Zukunft über die Entwicklung eines Landes. Dass mich die linksliberale *ZEIT* einmal sogar als »Prophet der Moderne« bezeichnete, war übertrieben, wurzelte aber in meinem Engagement für langfristige Weichenstellungen.

Dabei war es mir stets wichtig, nicht oberflächlich plakativ an die Gestaltung wichtiger Zukunftsfragen heranzugehen, sondern mit fundierten und längerfristigen Lösungsansätzen. Einen idealen Mitstreiter hierfür fand ich in meinem sächsischen Amtskollegen Kurt Biedenkopf, der wie wenige andere Politiker Debatten seinen intellektuellen Stempel aufdrücken kann – bis heute. Seit meinem Amtsantritt arbeiteten wir in übergreifenden Themen eng zusammen, und im Jahr 1995 gründeten wir mit der bayerisch-sächsischen »Kommission für Zukunftsfragen« eine neue Form der politischen Denkfabrik. Ziel war es, die »innovativen Batterien in Deutschland aufzuladen«, wie es Biedenkopf damals ausdrückte. Unter der Leitung des renommierten Professors Meinhard Miegel wurden von Sozial-, Wirtschafts- und Politikwissenschaftlern, Unternehmensberatern und -vorständen, Publizisten und Praktikern Analysen und Vorschläge entwickelt. Kurt Biedenkopf und ich nahmen uns tagelang Zeit, um selbst bei den Beratungen und Diskussionen dabei zu sein. Im Mittelpunkt standen die Überwindung der Massenarbeitslosigkeit, der Umbau des Sozialstaats und – damals ein Novum – die Bevölkerungsentwicklung. Gedanken zur Modernisierung und Erneuerung stoßen niemals auf ungeteilte Begeisterung und rufen immer auch Ängste und Abwehrreflexe hervor. So lösten auch die Berichte der Zukunftskommission heftige politische Debatten aus. In meiner Politik habe ich viel von dem aufgegriffen, was damals gemeinsam erarbeitet wurde: den Veränderungswillen stärken, den Vorrang der Politik vor Gruppeninteressen wiederherstellen, zu Selbstständigkeit und Unternehmertum ermutigen, Innovationen fördern, Investitionen erleichtern, Kunst und Kultur pflegen – um nur einige Schlagworte zu nennen.

Über manche Vorschläge von damals ist die Zeit hinweggegangen, doch insgesamt sind die Berichte nach wie vor erstaunlich aktuell und eine wahre Fundgrube für politisches Handeln. Dass Bayern und Sachsen in so vielen deutschen Rankings Spitzenplätze belegen, hat auch mit langfristiger Zukunftspolitik zu tun, die in den neunziger Jahren ebendort sehr stark im Mittelpunkt stand. Die absoluten Mehrheiten, die auch Kurt Biedenkopf in Sachsen für seine Politik erreichte, unterstreichen, wie hoch die Bevölkerung eine Politik mit großen Zielen und Visionen schätzt. Mehr davon könnte heute auf allen politischen Ebenen nicht schaden! Und noch etwas möchte ich anmerken: Wir haben in Deutschland eine gute und starke Diskussionskultur in der Politik, in der Wirtschaft und in der Wissenschaft. Der interdisziplinäre Austausch zwischen diesen manchmal zu sehr auf sich selbst bezogenen Bereichen ist etwas, was wir in Deutschland viel stärker pflegen sollten.

Wer sich in den neunziger Jahren in der Welt umblickte, musste die sich extrem beschleunigende Globalisierung spüren. Es war klar, dass unsere Unternehmen und Arbeitnehmer zunehmend Konkurrenz aus allen Winkeln der Erde bekommen würden, wenn die bis dahin bestehenden Grenzen von Verkehrstechnik und Kommunikation überwunden werden. Wichtige Industrien wie die Unterhaltungsindustrie, die Textil-, Möbel- oder Keramikindustrie brachen im Zuge der Globalisierung weg. Ich nenne nur das Beispiel Grundig. Meine Überlegung war deshalb: Wir haben einen hohen Lebensstandard und wir produzieren teurer als unsere weltweiten Wettbewerber. Nur wenn wir in vielen Sektoren einen Vorsprung auf dem Weltmarkt erringen, können wir weiter Arbeitsplätze schaffen und unsere hohen sozialen, ökonomischen und ökologischen Standards erhalten. Deshalb brauchen wir in zahlreichen Bereichen neue Impulse für mehr Kreativität und Innovation. Kurz gesagt: Wir müssen um so viel besser sein, wie wir teurer sind. Wir brauchen einen Innovationsschub. Wir müssen unseren Wettbewerbern immer einen Schritt voraus sein – gerade als ein Land, das mehr als die Hälfte seines Wohlstands durch Export erwirtschaftet. Das war der gedankliche Überbau meiner Politik, die ich als Ministerpräsident vorantreiben wollte.

Allerdings war dies – wie so oft – leichter gedacht als getan. Noch in den sechziger Jahren waren über zwei Drittel unserer Bevölkerung fest davon überzeugt, dass uns nur die technische Innovation ein wirtschaftlich besseres Leben ermöglicht. Diese Akzeptanz und Begeisterung für den deutschen Erfindergeist war dreißig Jahre später nicht mehr gegeben, inzwischen waren zwei Drittel der Deutschen grundsätzlich skeptisch gegenüber dem technischen Fortschritt. Meine Überzeugung war, dass diese Technikfeindlichkeit, die viele Ursachen in der deutschen Geschichte hat, nicht zuletzt auch in der wachsenden Kritik gegenüber der friedlichen Nutzung der Kernenergie, überwunden werden musste. Hinzu kam eine weitere Herausforderung: Nach der Wiedervereinigung mussten die finanziellen Ressourcen vom Bund mit Priorität in die neuen Bundesländer geleitet werden, um dem Nachhol- und Aufbaubedarf dort Rechnung zu tragen. Mir wurde klar: Sollten wir die mangelnde Begeisterung für Innovationen und die eingeschränkten Spielräume für Investitionen nicht überwinden, würde der weitere wirtschaftliche und soziale Aufstieg Bayerns deutlich gebremst.

Dem Land Bayern gehörten bis in die neunziger Jahre Anteile an einem Luft- und Raumfahrtkonzern, einem Energieunternehmen mit dem Schwerpunkt Kernenergie und einem Versicherungsunternehmen. Mein Motto war und ist: Die Aufgabe des Staates ist nicht Besitz, sondern Gestaltung. So konnten Anteile des Freistaats zu guten Preisen verkauft, in die moderne Infrastruktur des Landes investiert und auf diese Weise vergoldet werden. Heute ist Bayern im Vergleich zu anderen erfolgreichen Regionen der Welt deutlich werthaltiger als vor dieser politischen Leitentscheidung.

Die Privatisierungspolitik mündete in die »Offensive Zukunft Bayern I und II« und schließlich auch in die »High-Tech-Offensive Bayern«. Für diese Zukunftsoffensiven wurden insgesamt rund vier Milliarden Euro mobilisiert. Die einzelnen Projekte aufzuzählen und zu beleuchten würde ein eigenes, umfangreicheres Buch erfordern. Fachhochschulen im ganzen Land, Universitäten, attraktive Messen in München und Nürnberg, Medizintechnik, Umweltschutz und neue Energien, Biotechnologie, Materialwissenschaft, Forschungseinrichtungen, Infrastruktur, Museen, unzählige Kultureinrichtungen – harte und weiche Standortfaktoren wurden verbessert. Zu den zentralen Punkten gehörten ebenso die Stärkung des Technologietransfers, die Förderung von Unternehmensgründungen und die Mobilisierung von Wagniskapital, um hoffnungsvolle, zukunftsträchtige Initiativen und junge Unternehmen voranzubringen.

Das alles ist nicht vom Himmel gefallen, sondern wurde strategisch geplant. Die nötige Expertise brachten unter anderem Unternehmensberater wie der Deutschland-Chef von McKinsey, Herbert Henzler, oder der Urvater der Unternehmensberatung in Deutschland, Roland Berger, ein. Politisch gewichtet und entschieden wurde dann in enger Aktionseinheit von Staatsregierung und CSU-Fraktion. Dabei haben wir – bewusst auch gegen Expertenrat – sehr darauf geachtet, dass mit der Privatisierungspolitik das ganze Land erfasst und auch die regionalen Aspekte angemessen berücksichtigt wurden. Sogar die Opposition bekundete, wenn auch mürrisch, weitgehend Zustimmung.

Wer heute durch das Land fährt, stößt überall auf die kleineren und größeren Ergebnisse dieser Politik. Die geleistete Modernisierung bringt Bayern jedes Jahr einen entscheidenden zusätzlichen Wachstumsvorsprung von einem Prozent. Niemand stellt dies infrage. Wer es dennoch tut, tut dies ganz offensichtlich wider besseres Wissen. Er stellt damit den gegenwärtigen Wohlstand zur Disposition und zeigt, dass er von der Entwicklung eines Landes nichts versteht. Die Fortsetzung der Politik von Alfons Goppel und Franz Josef Strauß, die konsequente Modernisierung Bayerns durch einen optimalen Einsatz von Privatisierungserlösen, bildet die Grundlage dafür, dass Horst Seehofer Bayern heute als »Premium-Land« bezeichnen kann. Und niemand widerspricht ihm dabei. Über das Tagesgeschäft hinaus bleibt die Politik aufgefordert, Perspektiven und Leitbilder für Zukunftsentwicklungen zu erarbeiten und mit langem Atem und Konsequenz auf ihre Realisierung hinzuwirken. Eine solche perspektivische Arbeit, die Ziele setzt, kann auch faszinierend und motivierend auf die Menschen wirken und sie für die Politik gewinnen. Für Bayern muss die Leitlinie weiterhin heißen: Wir wollen unser Land an die Spitze des Fortschritts bringen und zugleich unser Leben aus unserer lebendigen Tradition gestalten.

Allerdings: Man muss auch Hürden überwinden, wenn man von einer Sache überzeugt ist. Das zeigt die Auseinandersetzung um den Bau des Forschungsreaktors München II (FRM II) in Garching mit einer hochmodernen Neutronenquelle. Dieses Projekt musste insbesondere gegen Widerstände aus den USA durchgesetzt werden. So erinnere ich mich an heftige Auseinandersetzungen mit dem viel zu früh verstorbenen amerikanischen Politiker und Diplomaten Richard Holbrooke, der dazu eigens nach München kam. Mit diplomatischer Finesse erläuterte mir Holbrooke, wie besorgt man in den Vereinigten Staaten sei, dass bei diesem Forschungsreaktor hoch angereichertes Uran zum Einsatz kommen solle. Ich hörte höflich zu, doch irgendwann konnte ich mich nicht mehr beherrschen. Gänzlich undiplomatisch konfrontierte ich Holbrooke mit meiner Position: »Es geht Ihnen doch hier überhaupt nicht um angebliche Sicherheitsfragen. Es geht Ihnen einzig und allein darum,

Konkurrenz zu den eigenen US-Forschungseinrichtungen wie Oak Ridge National Laboratorium zu verhindern. Wir werden Ihre Argumente widerlegen und wir werden den neuen Forschungsreaktor bauen.«

Assistiert wurde Holbrooke übrigens vom Münchner Oberbürgermeister Christian Ude, der nicht zum ersten Mal eine wichtige Infrastrukturmaßnahme zunächst einmal publikumswirksam ablehnte. Einen Durchbruch gegen das Schüren irrationaler Ängste brachte dann mein Treffen mit dem hoch angesehenen Generaldirektor der Internationalen Atomenergie-Organisation (IAEO), Mohamed El Baradei. Der international renommierte UN-Experte bestätigte öffentlich, dass die Neutronenquelle in Garching alle Voraussetzungen für einen sicheren Betrieb und eine friedliche Nutzung für die Forschung erfüllte.

Doch damit war es noch nicht getan. Wie sollten wir den geeigneten Brennstoff, das notwendige Uran, beschaffen? Die Vereinigten Staaten weigerten sich gemäß der Argumentation Holbrookes, hoch angereichertes Uran zu liefern. Ein Regierungsabkommen zwischen Deutschland und Russland machte schließlich den Weg für einen entsprechenden Liefervertrag unter Mitwirkung der Europäischen Atomgemeinschaft EURATOM frei, ergänzt um europäische Altbestände. Der Regierungswechsel in Berlin 1998 stellte das Projekt bei der Gegnerschaft der Grünen und auch der SPD vor größte Schwierigkeiten. Ich konnte jedoch den gegenüber technischen Entwicklungen offeneren Bundeskanzler Schröder davon überzeugen, dass es hier um eine Forschungseinrichtung von größter nationaler Bedeutung und nicht nur um Fragen der Reaktorsicherheit ging. Auch der neue grüne Umweltminister Jürgen Trittin konnte das Rad trotz intensiver Bemühungen nicht mehr zurückdrehen. Schließlich reiste ich noch zum französischen Staatspräsidenten Jacques Chirac, um ihn von unserem Innovationsprojekt zu überzeugen. Die Lagerung und Verarbeitung des Kernbrennstoffs konnte dann in Frankreich erfolgen. Es war geschafft: Am 2. März 2004 wurde der Forschungsreaktor erstmals angefahren, acht Jahre nach der ersten sogenannten Teilerrichtungsgenehmigung. Politik ist oft tatsächlich das Bohren dicker Bretter.

Der FRM II zieht heute Wissenschaftler aus aller Welt auf den Campus nach Garching, die die hier erzeugten Neutronen für Grundlagenforschungen in Medizin, Physik, Chemie, Biologie und Materialwissenschaft nutzen. Sie entwickeln damit moderne Hochleistungswerkstoffe, spüren den Verschleiß von Schienen und Motoren auf – spätestens seit dem ICE-Unglück von Eschede ist dies nicht hoch genug zu schätzen –, schaffen die Grundlagen für neue Medikamente, und Mediziner behandeln Krebspatienten durch direkte Bestrahlung mit Neutronen. Die Neutronenquelle wirkt wie ein Magnet auf Unternehmen in zukunftsorientierten Technologiefeldern.

Emotional und irrational waren manche Widerstände gegen den neuen Forschungsreaktor. Emotional und irrational war auch, was mir bei einer weiteren wichtigen Zukunftsfrage entgegenschallte. Mein Credo war und ist: Kein Land kann heute auf eine Leistungselite verzichten. Die Förderung Hochbegabter liegt im Interesse der gesamten Bevölkerung. Diejenigen, die vom lieben Gott mehr mitbekommen haben, müssen ihre Fähigkeiten zum Wohle der Gemeinschaft mehr einsetzen und Verantwortung übernehmen. Die Errichtung einer Akademie der Bayerischen Wirtschaft und der Universitäten zur Eliteförderung, kurz: einer Bayerischen Elite-Akademie, bedeutete schließlich in Deutschland eine kleine Revolution. Später haben wir noch ein Elitenetzwerk der bayerischen Universitäten geknüpft. Abermals hielt man mir entgegen, aus der Geschichte nichts gelernt zu haben. Deutschland habe mit Eliten schlimmste Erfahrungen gemacht und dieses Kapitel zu Recht abgeschlossen. Keine dieser Anklagen hat sich bestätigt: Mit der Bayerischen Elite-Akademie hat Bayern eine bundesweite Vorreiterrolle bei der Vermittlung hochschulbegleitender Zusatzqualifikationen für angehende Führungskräfte in der Wirtschaft übernommen. Heute können wir feststellen: Die Akademie hat sich seit ihrer Gründung zu einer festen Größe entwickelt. Die studienbegleitende Qualifizierung von studentischen Spitzenkräften durch Vermittlung von fachübergreifendem Denken, Management- und Teamfähigkeit sowie Führungskompetenz hat international größtes Renommee gewonnen.

Alte Zöpfe abschneiden, Neues gestalten. Das war auch der Antrieb für eine große Hochschulreform. Die Hochschulen sollten mehr Autonomie, Internationalisierung, Effizienzsteigerung und Wettbewerb erfahren. Auslöser war ein Treffen mit großen Wirtschaftsführern wie dem Allianz-Vorstandschef Henning Schulte-Noelle, Münchner-Rück-Chef Hans-Jürgen Schinzler und BMW-Chef Bernd Pischetsrieder in der Münchner Residenz. Sie beklagten sich vehement darüber, dass selbst gute Absolventen in ihren Unternehmen nicht sofort einsetzbar seien und erst einmal mindestens ein Jahr an die Praxis herangeführt werden müssten. Es könne doch wohl nicht sein, dass der Staat die Studierenden so praxisfern ausbilde. Meine Antwort lautete: »Wenn Sie das so sehen, wie Sie das hier darstellen, dann reicht es nicht aus, sich zu beklagen. Dann müssen Sie und Ihre Unternehmen sich an den Hochschulen viel stärker einbringen.«

Inzwischen ist der Hochschulrat ein echtes Erfolgsmodell, bei dem die Hochschulen durch die Mitentscheidung von Vertretern aus Wirtschaft, beruflicher Praxis und Gesellschaft von externem Sachverstand profitieren. Andere Länder haben sich an der bayerischen Hochschulreform orientiert und viele Ideen übernommen. Aber auch hier war der Weg nicht gerade bequem: Die heutigen Studierenden können sich gar nicht mehr vorstellen, wie heftig die Proteste gegen diese Reform waren. Die Unabhängigkeit und Freiheit von Lehre und Wissenschaft schienen in Gefahr, mit dem martialischen, Che Guevara zugeschriebenen Revolutionsruf »Venceremos« führten Professoren Demonstrationszüge in vielen Universitätsstädten an, darunter den spektakulärsten der gesamten neunziger Jahre in München. Natürlich habe ich mich beim Blick auf Zehntausende Demonstranten gefragt: Haben die alle wirklich unrecht? Es wäre so einfach gewesen, dieser Stimmung nachzugeben.

Neue Wege beschritten wir auch bei der Zusammenarbeit mit Arbeitgebern und Gewerkschaften. Der Beschäftigungspakt war 1996 ein echtes Pilotprojekt, das erste Bündnis für Arbeit in ganz Deutschland. Politik, Wirtschaft und Gewerkschaften haben an einem Strang gezogen und in einer völlig neuen Form der Partnerschaft umfassende Vereinbarungen geschlossen. Arbeitgeber und Gewerkschaften verpflichteten sich, Ausbildungsplätze für jeden Schulabgänger und mehr Teilzeitarbeitsplätze zu schaffen sowie die Arbeitszeiten zu flexibilisieren. Auch der Staat steuerte seinen Teil bei und investierte rund 1,2 Milliarden DM aus Privatisierungserlösen in Maßnahmen für Beschäftigung und Innovation. Es kam nicht von ungefähr, dass der bayerische DGB-Chef Fritz Schösser (SPD) um die Jahrtausendwende darauf hinwies, mehr als die Hälfte seiner Mitglieder wähle inzwischen die CSU. Leider fiel der Beschäftigungspakt 2002 meiner Kanzlerkandidatur zum Opfer, weil offenbar der Druck aus der SPD-Parteizentrale für den DGB in Bayern zu groß wurde.

»Die besondere Kraft des Südens kommt aus der eigenen kulturellen Identität« – so hat es der ehemalige Verleger und Gründer des politischen Magazins *Cicero,* Wolfram Weimer, einmal beschrieben. Und wie oft habe ich erlebt, dass selbst bei weitreichenden wirtschaftlichen Investitionen am Ende die kulturelle Ausstrahlung den entscheidenden Pluspunkt für Bayern gesetzt hat. Für einen besonderen Kunstkenner habe ich mich – ehrlich gesagt – nie gehalten. Aber mir war wohl bewusst, welche Bedeutung die Kunst für Bayern hat. So unterstützte ich in München den Bau der Pinakothek der Moderne unter dem Architekten Stephan Braunfels, deren Sammlungen weltweit Aufsehen erregen. Ein weiterer attraktiver Museumsbau in dem Kunstareal der Pinakotheken wurde für die bedeutende Sammlung Brandhorst errichtet. In einem zweistündigen Gespräch konnte ich die Eheleute Udo und Anette Brandhorst dazu bewegen, ihre Liebe zu München dadurch zu unterstreichen, ihre Privatsammlung zeitgenössischer Kunst einem öffentlichen Museum und damit dem Staat zu überlassen. In der

Industriestadt Schweinfurt wurde für die herausragende Sammlung der Kunst des 19. Jahrhunderts, die von der dortigen Industriellenfamilie Schäfer zusammengetragen worden war, von Volker Staab ein bemerkenswertes Museum gebaut, in Nürnberg gab das Neue Museum für Kunst und Design einem ganzen Stadtviertel ein neues Gesicht – als erstes staatliches Museum außerhalb Münchens. Das internationale Künstlerhaus Villa Concordia in Bamberg sollte nach dem Vorbild der Villa Massimo in Rom die Kunst fördern, das kulturelle Leben bereichern sowie die Beziehungen des Freistaates zu anderen Ländern vertiefen. Meilensteine dieser Kulturpolitik waren zudem die Umwandlung des Theaters in Nürnberg in ein Staatstheater und die Rangerhöhung der Bamberger Symphoniker zur Bayerischen Staatsphilharmonie. All dies ist für mich insbesondere mit den Namen Hans Zehetmair und Kurt Faltlhauser verbunden, die als Kultur- beziehungsweise Finanzminister konstruktiv und kreativ zusammenarbeiteten.

Ein spezielles Erlebnis war es, als der Maler und Autor Lothar-Günther Buchheim bald nach meinem Amtsantritt zu mir kam, um mir mitzuteilen, dass er sich mit seinen Kunstschätzen aus Bayern nun verabschieden werde, »weil man ihn hier nicht wolle«. In seiner Geburtsstadt Weimar habe er jetzt eine dauerhafte Bleibe für seine Sammlung gefunden. Der thüringische Ministerpräsident Bernhard Vogel würde ihn mit offenen Armen empfangen, zwischen ihnen beiden bestünde bereits weitgehendes Einvernehmen. Für mich stand sofort fest: Buchheims Sammlungen müssen in Bayern bleiben.

Es waren keine einfachen Gespräche mit dem eigenwilligen, temperamentvollen, großartigen Künstler und Sammler. Mit meiner Frau besuchte ich die Buchheims mehrfach in ihrem von Kunstwerken überquellenden Feldafinger Domizil – ein Picasso (ein Original!) hing auf der Toilette –, und beim Kaffee suchten wir gemeinsam nach Lösungen. Mein Argument war, dass die Expressionisten-Sammlung Buchheims Lücken in den bayerischen Kunstsammlungen schließen würde, die das Naziregime zu verantworten hatte. Schließlich gelang es mir tatsächlich, Lothar-Günther Buchheim umzustimmen. Ich umarmte ihn und sagte: »Danke!«

Doch mit der grundsätzlichen Bereitschaft Buchheims für ein Museum in Bayern, genauer gesagt in Feldafing, waren die Schwierigkeiten längst nicht beseitigt. Ganz besonders denke ich an eine legendäre Bürgerversammlung in Feldafing – die einzige lokale Bürgerversammlung, die ich als Ministerpräsident jemals besucht habe. Ich fand mich dabei in einer ganz erstaunlichen Rolle wieder: Zeit meiner politischen Laufbahn war ich nicht in erster Linie für smartes und zurückhaltendes Auftreten bekannt. Doch jetzt half alles nichts. Ausgerechnet ich musste Lothar-Günther Buchheim beruhigen und ihn davon abhalten, zu emotional auf die aus seiner Sicht kleinkarierten und unkundigen Einwendungen zu reagieren. Vielleicht kam mir in dieser Situation zugute, dass ich zehn Jahre lang Mitstreiter von Strauß war, der als hoch emotionaler Mensch Buchheim ähnelte. Meine Beruhigungsstrategie ging eine ganze Weile gut, aber am Ende kam es, wie es kommen musste. Buchheim machte aus seinem Herzen keine Mördergrube und bezeichnete seine Kritiker in der Bürgerversammlung als »Schilf- und Gulliratten«. Es gab einen riesigen Eklat und dann auch nicht mehr das gewünschte Museum in Feldafing. Nach vielen Diskussionen, auch über internationale Standorte, fand es schließlich eine dauerhafte Heimstatt in einem von Günter Behnisch konzipierten Bau in Bernried, der heute aufs Wunderbarste mit der Landschaft und dem Starnberger See harmoniert.

Bayern zur Nummer eins zu machen erforderte aber nicht nur Schritte im Inneren des Landes. Mein Credo angesichts der immer offensichtlicher werdenden Auswirkungen der Globalisierung lautete: Die Überwindung der Grenzen in der Verkehrstechnik und der Kommunikationstechnologie – von Internet im heutigen Sinne war noch gar nicht die Rede – führt die Welt zusammen. Mit Blick auf die Exportstärke der bayerischen Wirtschaft war es eine wesentliche Maßgabe meiner Politik: Wir müssen die Globalisierung aktiv annehmen und gestalten. Dieses Land braucht Vertrauen und Sympathie in der Welt. Dieses Land muss seine ökonomische und kulturelle Stärke weiter in die Welt hinaustragen. Zugleich muss es von anderen erfolgreichen Regionen lernen und diese Erfahrungen in die eigene Politik hineintragen. Die Eindrücke meiner Auslandsreisen in dieser Zeit haben mir sehr geholfen, mir ein Urteil zu bilden, wie unser Land sich für die Zukunft aufstellen muss. Ein Ministerpräsident kann nicht nur zu Hause agieren. Er muss ein Botschafter für die heimische Wirtschaft sein und die Wirtschaft ein Botschafter für das Land.

In diesem Geist habe ich große Reisen mit hochkarätigen Delegationen aus Wirtschaft und Wissenschaft unternommen. Dax-Vorstände waren genauso an Bord wie Universitätspräsidenten, engagierte Familienunternehmer ebenso wie die Vertreter der Medien. Oft war ich dabei überrascht, wie bereitwillig und selbstverständlich sich die Türen von Staats- und Regierungschefs, von Kaisern und Königen für uns öffneten.

Buchstäblich wurde dies übrigens Jahre später, als ich anlässlich der Trauerfeier für Papst Johannes Paul II. mit einer kleinen Delegation in den Vatikan fuhr. Die Schweizer Garde kreuzte am Tor die Hellebarden und verlangte nach einer Legitimation. Der verzweifelte Zuruf des deutschen Botschafters »Il presidente bavarese« wirkte da Wunder – die Gardisten grüßten freundlichst, öffneten das Tor und wir gelangten problemlos in den Vatikan.

Offenbar eilte uns schon in den neunziger Jahren der Ruf voraus, dass es sinnvoll und notwendig sei, mit uns zu sprechen. Meine Amtskolleginnen und -kollegen in den Ländern, aber auch die jeweiligen Bundesaußenminister beäugten diese Aktivitäten mehr oder weniger kritisch und waren nicht immer begeistert. Aber darauf konnten wir nur bedingt Rücksicht nehmen. Im Sinne einer Doppelstrategie haben wir neben den großen Terminen auch enge Partnerschaften über vier Kontinente, mit starken Partnern wie São Paulo, Kalifornien, Shandong, Kapstadt oder Quebec, geknüpft – die meisten davon bestehen heute noch und werden hervorragend gepflegt.

Auf Reisen: Im Juli 2002 als Kanzlerkandidat mit Journalisten unterwegs nach Moskau.

Immer wieder bekommt man es bei den Auslandsreisen mit folgendem Konflikt zu tun: Wie geht man mit Gesprächspartnern um, mit denen jeglicher Austausch nach unseren europäischen Menschenrechts- und Demokratievorstellungen eigentlich inakzeptabel ist? Wobei es auf der Welt Despoten gibt, bei denen sich diese Frage von selbst beantwortet. In der Regel kann man aber einen Gedanken von Willy Brandt aufgreifen: Wenn wir nur mit Demokratien umgehen wollen, können wir zwei Drittel unserer Botschaften auf der Welt schließen. Auch der unbequeme kritische Dialog mit nicht demokratischen Regierungen gehört zur politischen Führungsaufgabe – in unserem eigenen Interesse, aber vor allem auch im Sinne der Menschen, die nicht nach unseren Maßstäben leben können.

Die erste große Auslandsreise führte mich nach China, Thailand und Singapur. In der Volksrepublik China waren immer noch die positiven Wirkungen des bahnbrechenden Besuchs von Franz Josef Strauß bei Mao Tsetung zu spüren, die Bayern auch heute

Das erste chinesische Staatsoberhaupt in der Bundesrepublik: Mit Staatspräsident Jiang Zemin 1995 in Gmund am Tegernsee.

noch ein gutes Entree in China verschaffen. Auch wenn die Wirtschaftsbeziehungen Schwerpunkt meiner Gespräche waren, so wurden politische Themen und vor allem die Menschenrechte nicht ausgeklammert. Ich konnte feststellen, dass man auch bei Themen, die für die Chinesen schwierig waren, durchaus auf Gesprächsbereitschaft stieß, wenn man sie in einer gesichtswahrenden Weise ansprach. Nachdem ich das Thema Menschenrechte vor allen Vertretern der obersten Staatsführung angesprochen hatte, meinten Delegationsteilnehmer und Mitarbeiter, beim Gespräch mit dem Handelsminister müsse die Menschenrechtsfrage nicht erneut thematisiert werden. Ich habe sie auch in diesem Gespräch noch einmal angesprochen und stieß auf eine bemerkenswerte Reaktion: »China steht in der Tat vor großen Menschenrechtsproblemen: Wir haben das Problem, wie man über eine Milliarde Menschen ernährt und kleidet. Wir haben das Problem, wie all diese Menschen Arbeit finden. Wir haben das Problem, wie man Völkerwanderungen größten Ausmaßes zwischen den armen Gebieten des Landesinneren und den sich wirtschaftlich stürmisch entwickelnden Küstengebieten verhindert, und wir haben das Problem, wie man Reformen vorantreibt, ohne unser Land mit großen sozialen und ökonomischen Gegensätzen ins Chaos zu stürzen.« Natürlich nimmt eine solche Aussage der Frage nach Freiheit, Menschenwürde, Gerechtigkeit und demokratischer Selbstbestimmung nichts von ihrer Bedeutung. Der Delegation und mir war aber klar, dass auch wir den Chinesen keine einfachen Rezepte bieten können.

Ein ähnliches Erlebnis hatte ich mit dem chinesischen Premierminister Li Peng. Es war ein wunderbarer Sommerabend, und Li Peng hatte die gesamte siebzigköpfige Delegation in das Diaoyutai-Gästehaus der Pekinger Regierung eingeladen, das von schönsten Gartenanlagen umgeben war. Die Wirtschaftsvertreter waren zufrieden, da er eine weitere Öffnung des Landes für Investitionen ankündigte. Als ich aber darauf hinwies, dass es ein Problem sei, wenn sich China seinen wirtschaftlichen Aufstieg mit einem immensen CO_2-Ausstoß erkaufe, wurde unser Gespräch mit einem Schlag eisig. Li Peng erwiderte scharf, dass wir in Deutschland lediglich achtzig Millionen Einwohner und einen gewissen Wohlstand hätten – aufgebaut zulasten der Natur –, während in China dieselbe Anzahl Menschen nicht einmal mehr als eine Hose besitzen würde, geschweige denn regelmäßig etwas zu essen habe. Es war das erste Mal, dass ich diese Argumentation mit aller Schärfe persönlich kennenlernte. Die Haltung Chinas hat sich im Grunde bis heute kaum verändert. Sie ist der Hintergrund, warum wir uns so unendlich schwertun, unsere Vorstellungen von Klimaschutz und regenerativen Energien im Weltmaßstab durchzusetzen.

Bei diesem China-Besuch traf ich auch auf Shanghais Oberbürgermeister Xu Kuangdi – einen meiner schwierigsten Gesprächspartner überhaupt. Er antwortete auf alles, was ich ansprach, nur mit Ja oder Nein. Es war zum Verzweifeln. Als ich ihn in meiner Not fragte, was ihm denn zu München einfallen würde, und er das Stichwort »FC Bayern München« lieferte, taute er auf einmal auf, outete sich als Fußballfan und wurde gesprächig. Danach konnte ich ihm das Angebot der Firma Siemens zum Ausbau der Metro Shanghai nahebringen. Siemens hat den Auftrag schließlich bekommen, aber ich musste versprechen, dass der FC Bayern München binnen Jahresfrist ein Spiel in Shanghai absolvieren werde. Das kostete mich zwar große Mühe, gelang aber.

Dies war für mich ein absolutes Schlüsselerlebnis: Fußball überwindet Grenzen und Mentalitäten. Von da an habe ich die völkerverbindende Kraft des Fußballs immer wieder ganz bewusst bei meinen Auslandsreisen eingesetzt und Fußballstars gebeten, mich zu begleiten – mit zum Teil erstaunlichen Ergebnissen. So erinnere ich mich noch gut an einen Besuch mit dem Bayern-Star und 74er-Weltmeister Paul Breitner in Portugal im Jahr 2006. Entgegen den nachdrücklichen Mahnungen meiner – erstklassigen – Protokollbeamten bestand ich darauf, dass Breitner auch beim Gespräch mit dem portugiesischen Ministerpräsidenten José Sócrates dabei sein sollte. Als ich dann Breitner dem portugiesischen Regierungschef vorstellen wollte, ließ mich jener einfach stehen, lief freudestrahlend auf den Sportler zu, umarmte ihn begeistert und begann sofort ein angeregtes Gespräch über Fußball. So kann es gehen.

Doch zurück in die neunziger Jahre. Besonders eindrucksvoll war die Begegnung mit dem südafrikanischen Präsidenten Nelson Mandela. Ihn traf ich im September 1995 in Johannesburg, anlässlich eines Besuchs unserer Partnerregion Westkap mit einer zwanzigköpfigen Wirtschaftsdelegation. Mandela verkörperte eindrucksvoll Freiheitsstreben und Menschlichkeit auf dem Weg Südafrikas in eine bessere Zukunft. Für diese Ziele hatte er Jahrzehnte im Gefängnis gelitten.

Beziehungen gab es auch zur britischen Regierung. Premier John Major wollte im Mai 1996 mit mir über Europa sprechen, und wir vergaßen dabei den Terminplan. Als wir den Gesprächsraum in der Londoner Downing Street No. 10 verließen, stellte ich fest, dass der Premierminister sein gesamtes Kabinett hatte warten lassen. Vizepremier Michael Heseltine raunzte mich beim Rausgehen geradezu an. Major bat seine Kabinettsmitglieder mit der Bemerkung um Nachsicht, ein Gespräch mit dem Bayerischen Ministerpräsidenten brauche eben seine Zeit. War das eine Anspielung, ich hätte meine Positionen zu ausführlich erläutert?

Herzlich empfangen wurden wir auch Ende 1997 in Japan. Das war ungewöhnlich, empfing doch Tenno Akihito in der Regel nur die Oberhäupter souveräner Staaten, nicht den Ministerpräsidenten eines deutschen Bundeslands. Die Teezeremonie fand im Privathaus des Tennos innerhalb des wunderschönen Parks des Tokioter Kaiserpalasts statt. Normalerweise dauert eine solche Audienz zwanzig Minuten. Wenn die Zeit um ist, kommt ein Mitarbeiter des Kaisers und klopft mit einem langen Stock auf den Boden. Der Kaiser, ein wissenschaftlich anerkannter Meereskundler, vertiefte sich mit uns intensiv in Fragen der Meeresbotanik, und meine Frau Karin trug ein erstaunliches Wissen über das Leben von Quallen bei. Der Protokollmitarbeiter war völlig verzweifelt. Der Zeitrahmen wurde gesprengt, und die Medien konnten ein außergewöhnlich langes Gespräch des Ministerpräsidenten mit dem japanischen Kaiser in die Heimat melden. Der Besuch beim Kaiser löste anschließend bei meinen japanischen Gesprächspartnern – vom Präsidenten der Universität Tokio über den Präsidenten des japanischen Unter- und Oberhauses bis zu den Vorständen der Elektronikkonzerne Hitachi und Toshiba – ehrfürchtiges Staunen aus; die Vorstandsmitglieder von Hitachi erhoben sich bei meinem Hinweis auf das Gespräch mit dem Tenno sogar zu kleinen Verbeugungen. Meine Mitreisenden habe ich im Scherz darauf aufmerksam gemacht – aber sie wollten sich partout kein Beispiel nehmen.

Überall in der Welt konnte ich feststellen, dass der Name Bayern einen guten Klang hat. Das trug dazu bei, dass ich als Repräsentant des Landes bei meiner zweiwöchigen Südamerika-Reise im März 1997 von den Staatsoberhäuptern Brasiliens, Argentiniens und Chiles empfangen wurde. Bei allen drei Präsidenten – Fernando Henrique Cardoso, Carlos Menem und Eduardo Frei Ruiz-Tagle – stieß ich auf lebhaftes Interesse an der Lage in Bayern und in Deutschland. Dabei zeigte sich gelegentlich, dass aus Sicht dieser Länder manches nicht so selbstverständlich war, wie es uns in Deutschland erschien. So fragte mich der brasilianische Präsident Cardoso gleich zu Beginn unseres Gesprächs in São Paulo, wie es denn nach der deutschen Wiedervereinigung möglich gewesen sei, zwei feindliche Armeen zu vereinen. Darüber hatten wir in Deutschland eigentlich gar nicht so gestaunt. Aber er hatte mit seiner Frage natürlich recht. So können ganz einfache Fragen von außen den Blick auf das eigene Land schärfen.

In unterschiedlicher Ausprägung ist vielen besuchten Ländern gemein, dass sie im Wettrennen um den technischen Fortschritt ungeheuer schnell aufholen und zugleich sehr viel billiger produzieren, als das bei uns möglich ist. Die Zahl gut ausgebildeter junger Menschen wächst dort enorm. Die Bevölkerungsentwicklung dieser Länder verstärkt dieses Potenzial, während unsere demografische Entwicklung sich bereits durch den Fachkräftemangel bemerkbar macht. In all diesen Ländern ist eine ungeheure Motivation zu spüren, in der weltweiten technologischen und ökonomischen Aufholjagd erfolgreich zu sein. Mich hat das an die Zeit erinnert, in der sich in Deutschland das Wirtschaftswunder zu entfalten begann. Unser Erfolg darf uns nicht selbstzufrieden machen. Immer wieder müssen wir uns klarmachen, dass Wohlstand und soziale Sicherheit keine Selbstverständlichkeit sind, sondern mit großem Einsatz hart erarbeitet werden müssen.

Reisen bildet. Und: Wenn einer eine Reise tut, dann kann er was erzählen. Diese Volksweisheiten kann ich nur bestätigen. Allerdings: Vergnügungsreisen waren es nicht, auf die wir uns von München aus auf den Weg machten. Das Programm und die Termine waren eng getaktet. Und oft genug erreichte mich zwischen zwei Gesprächen ein Anruf aus der Heimat: Dieses oder jenes Problem in Berlin, in München oder im Bayerischen Wald muss unbedingt sofort gelöst werden. Mitreisende Journalisten machten sich schon mal zum Damenprogramm davon, das nicht selten bunter und unterhaltsamer war als der offizielle Teil. Von der Schönheit vieler Orte bekam ich oft nur am Rande etwas mit.

Eine Konstante meiner politischen Arbeit war das Eintreten für die Interessen der Heimatvertriebenen und ganz besonders der Sudetendeutschen. Mehr als eine Million sudetendeutsche Vertriebene hatte Bayern nach dem Ende des Krieges aufgenommen. Bereits 1954 hatte Ministerpräsident Hans Ehard die Schirmherrschaft Bayerns über die Sudetendeutschen übernommen und sie darüber hinaus zu einem »vierten Volksstamm Bayerns neben Altbayern, Schwaben und Franken« erklärt. In diese Tradition und Verpflichtung habe ich mich ganz bewusst gestellt. Und ich bleibe auch heute dabei: Die Heimatvertriebenen haben durch ihre Leistung, ihre geistige und kulturelle Kraft entscheidend zum Aufstieg Bayerns und Deutschlands beigetragen. Es war eine großartige Gemeinschaftsleistung zusammen mit den Einheimischen, dass die Vertriebenen in nur ein bis zwei Jahrzehnten nach Kriegsende so perfekt integriert wurden und eine neue Heimat fanden.

Anwalt der Sudetendeutschen zu sein wurde in manchen Medien und vor allem in Tschechien mit großer Gegnerschaft erwidert. Es wäre ein Leichtes gewesen, auf politische Positionen zu verzichten und als vermeintlicher Versöhner schnell nach Tschechien zu reisen. Aber nach dem Prinzip der Leichtigkeit habe ich meine Aufgabe nicht interpretiert. So habe ich immer wieder, je nachdem, ob sich politische Partner auf tschechischer Seite fanden, einen Anlauf zu einer solchen Reise gemacht. Mehrmals habe ich mich auch informell mit dem tschechischen Staatspräsidenten Václav Havel oder den Regierungschefs Václav Klaus, Milos Zeman und Mirek Topolanek getroffen – in Bayern, Tschechien oder Brüssel. Doch es blieb für mich unumstößlich, das Unrecht der Vertreibung als Verbrechen gegen die Menschlichkeit klar zu benennen und eine offizielle Reise nur gemeinsam mit den Vertretern der Sudetendeutschen anzutreten. Zur Amtszeit von Ministerpräsident Jiří Paroubek war ich nahe dran, dieses Ziel zu verwirklichen. Aber dann wurde er abgewählt. So habe ich in vierzehn Jahren Amtszeit die halbe Welt bereist, aber kein einziges Mal offiziell das Nachbarland Tschechien. Die Geschichte bleibt nicht stehen, mein Nachfolger Horst Seehofer gestaltet nun seinerseits in intensiven Gesprächen mit der tschechischen Staatsspitze das Verhältnis zueinander. Die völkerrechtliche Verurteilung der Vertreibung als Verbrechen gegen die Menschlichkeit bleibt.

Zukunft gestalten

> »Wir dürfen unseren Kindern keine Schuldenberge und erdrückenden Alterslasten aufhalsen. Wir wollen deshalb mittelfristig Haushalte ohne Neuverschuldung verabschieden. Dieses Ziel wollen wir im Verlauf der übernächsten Legislaturperiode erreichen.«

Mit dieser zentralen Aussage im CSU-Wahlprogramm zog ich 1998 über die Marktplätze. Fünf Jahre später sollte dieses Ziel die Kernbotschaft des Wahlkampfs zur Zweidrittelmehrheit sein.

Auslöser meiner Leidenschaft für dieses Thema war die Welt-Konferenz von Rio im Jahr 1992. Erstmals bekannten sich die Staats- und Regierungschefs zur Bewahrung der Schöpfung als überragendem gemeinsamen Ziel. Unter dem Schlagwort *sustainable development* (»nachhaltige Entwicklung«) wurde der Menschheit deutlich gemacht, dass sie Verantwortung für die kommenden Generationen trägt. Dass es vom Verhalten in der Gegenwart abhängt, ob die nachfolgenden Generationen ein Leben in einer intakten Welt, versöhnt mit der Umwelt, haben. Diese Verantwortung, für die Zukunft Entscheidungen zu treffen, die jetzt in der Gegenwart auch Einschränkungen erfordern – das war die ideelle Schubkraft hinter der gesamten Umweltbewegung und ist im Umweltschutz heute Allgemeingut. Aber: bislang nicht in anderen Bereichen, nicht in der Haushaltspolitik.

Für mich war der breitere Ansatz immer klar: Keine Generation hat das Recht, den nachfolgenden Generationen schlechtere Lebensbedingungen zu hinterlassen. Das gilt auch für die Haushaltsentwicklung und die Ordnung des Staates. Deshalb war für mich die Schuldenpolitik der letzten Jahrzehnte nicht allein ein fiskalisches, sondern ein moralisches Problem ersten Ranges. Seit Anfang der siebziger Jahre haben wir dieses Bewusstsein in Deutschland verloren. Franz Josef Strauß war 1969 der letzte Bundesfinanzminister, der – noch dazu in einem Wahljahr – keine neuen Schulden aufgenommen und sogar alte getilgt hat. Gewonnen hat er die Wahlen damit nicht.

Die moralische Dimension von Schulden mit dem Begriff der Nachhaltigkeit sichtbar zu machen, das war der Impetus vieler Jahre als Ministerpräsident und eine der wesentlichen neuen Positionen meiner Regierungszeit. Ende der neunziger Jahre und weit in das neue Jahrtausend hinein – trotz Maastricht-Kriterien und Stabilitätspakt – war das nicht im Bewusstsein der Menschen verankert. Es gab viele Demonstrationen in Deutschland, gegen dieses und jenes, aber niemals gegen die Schuldenpolitik einer Regierung. Es ist uns in Bayern gelungen, den Menschen klarzumachen, warum wir sparen. Man kann den Menschen nicht Wohltaten »wegnehmen«, ohne ihnen zu erklären, dass damit ein übergeordnetes Ziel verfolgt wird. Das übergeordnete Ziel war und ist für mich die Generationengerechtigkeit, prägend dafür die Geschichte, die ich als Kind erlebt habe. Mein bester Freund war der Bauernbub »Bubi«. Sein Vater ist oft mit uns in den Wald gegangen und hat uns erklärt: Wir müssen jetzt diesen und jenen Baum setzen, damit du dann in vielen Jahren den optimalen Wald hast, wenn ich nicht mehr bin. Das habe ich nie vergessen. Dieses über die eigene Existenz hinausreichende Denken müssen wir auf den Staat übertragen.

So bin ich überaus zufrieden, dass wir die Zusage eines ausgeglichenen Haushalts ohne neue Schulden aus dem Jahr 1998 acht Jahre später einhalten konnten. Meine Rechnung war einfach: Wir machen 1,7 oder 1,8 Milliarden DM Schulden im Jahr und möchten in acht Jahren einen ausgeglichenen Haushalt haben. Diesen bekommen wir nicht auf einen Schlag, aber wenn jedes Jahr etwa 10 bis 15 Prozent weniger Schulden gemacht werden, sind wir im

Jahr 2006 am Ziel. Für diese grundsätzliche Position habe ich mit aller Kraft geworben und in der Bevölkerung breite Zustimmung bekommen. Sie wurde zum entscheidenden Kennzeichen meiner Politik in den folgenden Jahren.

Obwohl wir uns in Bayern eine gute Ausgangsposition geschaffen hatten, wurden die Wahlen 1998 zu einer großen Bewährungsprobe. Der Bundestrend, der nach sechzehn Jahren zur Abwahl der Regierung Kohl führte, ging auch an uns nicht spurlos vorüber. Zwar hatte ich durchaus noch einmal auf einen erneuten Erfolg des Kanzlers der Einheit gehofft und dafür gekämpft, aber gegen die Wechselstimmung zu Gerhard Schröder war nicht anzukommen. Nicht sehr amüsiert war Helmut Kohl, als ich auf einen eigenen Wahltermin für Bayern bestand, um die Bedeutung der Landtagswahl zu unterstreichen und auch nicht von einem Negativtrend für die Union mit erfasst zu werden. Kohl wollte meine Absicht durchkreuzen und legte den Wahltermin für die Bundestagswahl auf den 27. September. Doch ich schöpfte den zeitlich möglichen Korridor aus und ging das Risiko ein, erstmals in Bayern das Parlament noch in den Sommerferien zu wählen, und zwar am 13. September 1998.

Die Opposition war in Bayern nicht auf Augenhöhe. Der große Gegner der Union hieß Gerhard Schröder. So habe ich 1998 eine neue Art des Wahlkampfs geprägt: Um eine positive Emotionalisierung und Stimmung im Freistaat zu erzeugen, begann ich in dieser Landtagswahl einen imaginären Wahlkampf gegen Gerhard Schröder: Wo steht Niedersachsen, wo steht Bayern? Wie hoch ist die Schuldenlast in Niedersachsen, wie hoch ist sie in Bayern? Wie beschwerlich ist es für ein Kind, wenn die Eltern umziehen und es vom niedersächsischen in das bayerische Schulsystem wechselt und damit höheren Leistungsanforderungen ausgesetzt ist? Wie ist die Wirtschaftskraft in den beiden Bundesländern beschaffen? Ganz bewusst habe ich eine Art Bundesligatabelle in die deutsche Politik eingeführt, in der nicht nur aus meiner Sicht Bayern vorn stand. Dieser imaginäre Wahlkampf ging so weit, dass ich in einer Diskussion mit Schröder sagen konnte: »Herr Ministerpräsident, da muss ich Sie leider korrigieren, das steht im niedersächsischen Haushalt doch etwas anders, als Sie es hier darstellen.« Und Schröder erwiderte dann in seiner unnachahmlichen Art: »Lieber Herr Stoiber, wenn mir nichts mehr einfällt, dann lese ich einfach Ihre Reden.«

Am Abend der Bayernwahl verfolgten wir gebannt die Hochrechnungen und die wechselnden Schlagzeilen. Zunächst lagen wir deutlich über 50 Prozent, aber knapp unter dem Ergebnis von 1994. Da hieß es schneidig »Absturz der CSU«. Dann kam der Gleichstand mit der Überschrift »CSU stagniert«. Am Ende standen wir sogar ein Zehntel besser da als vier Jahre zuvor. Wir hatten es wieder geschafft und einen Riesenerfolg erzielt.

Wenn ich heute an diese Zeit zurückdenke: Wir haben damals eine Menge angepackt, Initiative ergriffen, Veränderungen eingeleitet. Nicht alles ist gelungen. Aber Bayern war in Bewegung, und zwar nach vorn. Die Opposition ist uns letztlich nie gefährlich geworden, sie war der herrschenden Aufbruchsstimmung nicht gewachsen. Ihre oppositionelle Grundmelodie, auf das Klischee der Amigo-Vergangenheit zu setzen, erlangte keine Resonanz mehr.

Die Frustration über die unbestreitbar positive Entwicklung des Landes und die große Zustimmung bei Wahlen führte bei der politischen Konkurrenz irgendwann zu der Polemik von »Stoibers Größenwahn«. Ich habe dazu einmal gesagt: Ich weiß ehrlich gesagt nicht, was das sein soll. Vielleicht können einige ja nicht zugestehen, was die *Frankfurter Allgemeine Zeitung* einmal zutreffend als »Entwicklung Bayerns vom Agrarstaat zum Wirtschaftswunderland« beschrieben hat. Ich kann nur davor warnen, den Schalmeienklängen der Bequemlichkeit nachzugeben. Dann wäre es mit dem Premiumland Bayern schneller vorbei, als sich manche vorstellen können.

Vierzehn Tage nach Bayern wählte ganz Deutschland. Gerhard Schröder zog tatsächlich ins Kanzleramt ein, die CSU erreichte 47,7 Prozent. Am Tag danach übernahm Theo Waigel im CSU-Vorstand in honoriger und respektabler Weise die Verantwortung für die so nicht erwartete Wahlniederlage im Bund und trat zurück. So hatten die Wahlen in Bayern und im Bund zur Folge, dass der Vorsitz der CSU auf mich zukam. Am 16. Januar 1999 wählte mich ein Sonderparteitag der CSU mit 93,4 Prozent der Stimmen zum neuen Parteivorsitzenden. Theo Waigel nahm bei seinem Abschied noch einmal unsere Doppelspitze aufs Korn und sagte sinngemäß in meine Richtung: »Du wirst es leichter haben als ich, du hast einen guten Draht zum Bayerischen Ministerpräsidenten und musst dich nur mit dir selbst abstimmen.« Tatsächlich hatten wir auch spannungsreiche Jahre gemeinsamer Verantwortung hinter uns. Und jeder hielt wohl den Anteil des anderen an diesen Spannungen für den größeren.

Neuer Generalsekretär der CSU wurde auf meinen Vorschlag hin der bisherige Umweltminister Thomas Goppel, der von diesem Wechsel in die Parteizentrale zunächst nicht gerade begeistert war. Wegen seines Fleißes, seiner Liebe zu den Menschen und seiner kommunikativen Fähigkeiten wurde er vor allem an der Basis überaus geachtet und ein sehr erfolgreicher Generalsekretär. In meiner Antrittsrede als Parteivorsitzender versuchte ich, der Partei nach der verlorenen Regierungsbeteiligung in Berlin wieder Mut und Selbstbewusstsein zu vermitteln: »Bayern stark halten und Berlin stürmen, das ist unser Ziel!«

5.
ZWISCHEN BAYERN UND BERLIN

Über die Grenzen

Ich habe die CSU gelebt. Den Vorsitz meiner Partei zu übernehmen hat mich sehr bewegt. Zugleich spürte ich die enorme zusätzliche Herausforderung: Die CSU ist eine regional begrenzte Partei mit deutscher und europäischer Verantwortung. Der Vorsitzende muss ein Faktor der Bundespolitik sein.

Mit der neuen Rolle konnte ich mich schnell zurechtfinden, weil ich alle meine bisherigen Aufgaben immer auch bundespolitisch interpretiert hatte. Als Generalsekretär des Bundespolitikers Franz Josef Strauß war dies selbstverständlich. Als Leiter der Staatskanzlei wurde es meine Aufgabe, die Positionen des Bayerischen Ministerpräsidenten in die Regierung Kohl einzubringen und zu vertreten. Dies reichte von den Bedingungen des Honecker-Besuchs bis zu den Auseinandersetzungen mit Bundesfinanzminister Stoltenberg über eine Steuerreform. Kohl war bald der Ansicht, dass es keinen Sinn mache, wichtige Koalitionsfragen nur mit Strauß und Genscher zu besprechen. Denn, so ließ Kohl übertreibend vernehmen, Strauß fahre zurück nach München, rede mit Stoiber und alles gehe wieder von vorne los. So kam es, dass vor den »großen Elefanten« Kohl, Strauß und Genscher auf Veranlassung des Bundeskanzlers die sogenannte »kleine Elefantenrunde« tagte: Wolfgang Schäuble als Kanzleramtsminister, Staatssekretär Klaus Kinkel als Vertrauter Genschers und ich selbst als Leiter der Staatskanzlei. Nicht selten wollte mich auch Helmut Kohl selbst sprechen, er forderte mich auf, Strauß Wichtiges auszurichten oder Unbequemes nahezubringen. Meinen Einwand »Herr Bundes-

In der ersten Reihe: Mit Gerhard Stoltenberg, Helmut Kohl, Marianne und Franz Josef Strauß auf dem Wahlparteitag der CSU 1980 in der Münchner Olympiahalle.

kanzler, es wäre doch sinnvoller, wenn Sie Strauß selbst anrufen« wies er zurück gemäß dem Motto: »Das bringen Sie ihm besser bei.« So kann ich mich an viele Gespräche und Telefonate mit Franz Josef Strauß erinnern, in denen sich der Unmut über Helmut Kohl zunächst einmal über mich als den Überbringer der ungeliebten Nachricht ergoss. Aber auch Strauß war klar, dass ich als Verantwortlicher für die Arbeitsebene nicht nur Weihrauch schwenken konnte.

Später als Innenminister konnte und wollte ich die Positionen Bayerns markant in die Bundespolitik einbringen. Dies gilt für die schon erwähnten großen Debatten in der Verfassungskommission zur Wiedervereinigung und über ein neues Asylrecht bis zur Grundgesetzänderung über die Mitwirkung der Bundesländer in Europa. Der dazu in das Grundgesetz eingefügte Artikel 23 trägt deutlich die bayerische Handschrift. Gegen den Einfluss der

Länder auf die europäische Entwicklung hatten Kanzleramtsminister Rudolf Seiters und Außenminister Kinkel eine starke Front aufgebaut, die aber – auch mit Unterstützung von Hans-Jochen Vogel und Günter Verheugen von der SPD – aufgebrochen werden konnte. Als Ministerpräsident habe ich mich dann nicht nur zur Freude der Bundesregierung immer wieder in die Bundespolitik eingebracht und versucht, die Ministerpräsidentenkonferenz als bundespolitisch relevantes Entscheidungsgremium zu nutzen.

Als Präsident des Bundesrats – dieses Amt hatte ich ab November 1995 für ein Jahr inne – beschäftigte mich vor allem die Frage, ob dieser den Umzug von Bundesregierung und Bundestag in die alte und neue Hauptstadt Berlin mitmachen sollte. Nur mit besonderer Rücksicht auf die Kollegen aus Nordrhein-Westfalen hatte der Bundesrat beschlossen, seinen Sitz in Bonn zu belassen. Je länger ich über diesen Beschluss nachdachte und die Entwicklung beobachtete, desto größer erschien mir die Gefahr, dass der Bundesrat zunehmend an politischem Gewicht verlieren würde. Die Entscheidung, in Bonn zu bleiben, war nach meiner Ansicht unhistorisch und würde den Bundesrat im wahrsten Sinne des Wortes in das politische Abseits führen. So habe ich nachdrücklich dafür geworben, den Beschluss wieder zu revidieren, was heftige Kontroversen auslöste. Als ich während einer Bundesratssitzung nochmals nachdrücklich für den Umzug nach Berlin plädierte, meldete sich mein nordrhein-westfälischer Kollege Johannes Rau zu Wort und zitierte genüsslich einen aktuellen Artikel in der *Frankfurter Allgemeinen Zeitung*. Dort wurde berichtet, dass ausgerechnet der Freistaat Bayern energisch gegen eine Verlegung der beiden Wehrdienstsenate des Bundesverwaltungsgerichts von München an dessen Sitz in Leipzig kämpfte. Rau hatte die Lacher damit natürlich zunächst auf seiner Seite. Aber schließlich behielt das Argument, der Bundesrat dürfe sich nicht selbst dem künftigen Zentrum deutscher Politik entziehen, doch die Oberhand. So konnte ich die Entscheidung für einen Umzug nach Berlin im

Bundesrat mit herbeiführen, und ich bin mir sicher, dass dies richtig gewesen ist.

So erfolgreich ich eben noch im Plenum des Bundesrats war, so entschieden schlug mir anschließend die Ablehnung der Damen in meinem Vorzimmer entgegen. Ich konnte nachvollziehen, dass der Gedanke an einen Umzug nach Berlin für die Mitarbeiterinnen aus Bonn und Umgebung nicht erfreulich war. Meine Erklärungsversuche und Hinweise, wir würden für sie Lösungen finden, wurden äußerst ungnädig beantwortet. Ich bekam nicht einmal mehr eine Tasse Kaffee. Dafür prangte auf meinem Schreibtisch eine überdimensionale Vergrößerung des genannten FAZ-Artikels.

Neuland war die Bundespolitik für mich als Ministerpräsident also nicht. Ich konnte, neudeutsch gesagt, sofort durchstarten. Der Regierungswechsel nach sechzehn Jahren mit Bundeskanzler Helmut Kohl bedeutete eine fundamentale Veränderung der politischen Landschaft. Kohl gab nach über fünfundzwanzig Jahren sein Amt als CDU-Vorsitzender ab. Wolfgang Schäuble wurde sein Nachfolger und ich sein Kollege im Parteivorsitz. Noch gut erinnere ich mich an das Gespräch, in dem mir Wolfgang Schäuble seine Absicht mitteilte, Angela Merkel zur CDU-Generalsekretärin vorzuschlagen – nachdem er zunächst auch an Annette Schavan gedacht hatte. Er wollte dazu meine Meinung hören. Ich fragte Wolfgang Schäuble, ob Angela Merkel wirklich bereit sei, sich als profilierte Umweltpolitikerin künftig der gesamten politischen Bandbreite zu stellen – dann riet ich ihm zu.

Im Hochgefühl nach der Bundestagswahl sprachen Gerhard Schröder und Joschka Fischer vom »Projekt Rot-Grün« und kündigten an, die politische Kultur in Deutschland zu verändern. Ein erster wichtiger Schritt in diese Richtung sollte die Reform des deutschen Staatsbürgerschaftsrechts sein. Innenminister Otto Schily sprach von einem »anderen Staatsverständnis« und plante dafür kürzere Einbürgerungsfristen und vor allem die generelle Möglichkeit der doppelten Staatsbürgerschaft. Der Nachweis von Deutschkenntnissen sollte dabei keine Rolle spielen.

Dies hätte Einbürgerungen im großen Stil ermöglicht, was für mich eine substanzielle Veränderung der gesellschaftlichen Ordnung zur Folge gehabt hätte. Beim Deutschlandtag der Jungen Union in Weiden erklärte ich im November 1998 unter Beifallsstürmen: »Wir sollen die Bevölkerung vertreten. Die doppelte Staatsangehörigkeit ist gegen den überwältigenden Mehrheitswillen der deutschen Bevölkerung. Die Menschen erwarten von uns nicht nur die Ausrede: Da können wir nichts machen. Ich werde deshalb die deutsche Bevölkerung um Unterstützung bitten. Ich bin auch bereit, über Volksentscheide zu reden.« Am nächsten Tag sprach Wolfgang Schäuble bei derselben Veranstaltung – und lehnte meine Position zur Bürgerbeteiligung rundweg ab. In der Union wurde leidenschaftlich und hitzig diskutiert, distinguierte Granden wie Rita Süssmuth wetterten gegen meine Initiative. Auch Generalsekretärin Angela Merkel zeigte sich nicht gerade begeistert. Dagegen forderten die – damals – »jungen Wilden« wie Christian Wulff oder Günther Oettinger eine harte Konfrontation mit Rot-Grün. Vor allem Roland Koch unterstützte als junger Herausforderer des Hessischen Ministerpräsidenten Hans Eichel meine Position vehement. Schließlich einigten Wolfgang Schäuble und ich uns auf die Durchführung einer Unterschriftenaktion gegen die Reform des deutschen Staatsbürgerschaftsrechts: »Ja zur Integration, Nein zur doppelten Staatsangehörigkeit«. Wolfgang Schäuble hielt sich an unsere Vereinbarung, was in den Führungsgremien der CDU des Einsatzes seiner gesamten Autorität als neuer Parteivorsitzender bedurfte.

Die Unterschriftenaktion gegen die doppelte Staatsbürgerschaft wurde dann ein doppelter Erfolg. Roland Koch gelang der Wahlsieg in Hessen, und Gerhard Schröder, mit sicherem Gespür für die Stimmungslage der Bevölkerung, rückte vom ursprünglichen Reformvorhaben ab; die Forderung nach genereller doppelter Staatsbürgerschaft hatte sich erledigt. Noch gut erinnere ich mich an den Donnerstagabend vor der Hessen-Wahl im Januar 1999. Hans Eichel sah sich aufgrund von Umfragen schon als sicherer Sieger. Roland Koch bat mich mehrmals zur großen Veranstaltung auf dem Frankfurter Römer. Zwar war das Wetter an diesem Tag unsäglich, aber er beharrte darauf: »Du musst auch kommen und sprechen.« Ich sagte zu Roland: »Du im Schneetreiben und ein siegessicherer Hans Eichel in der warmen Stube, das Bild gefällt mir.« Das Bild wurde Wirklichkeit.

Noch heute gehört es zur Political Correctness, über die Unterschriftenaktion von Roland Koch und der CDU die Nase zu rümpfen. Besonders tun sich dabei immer wieder diejenigen hervor, die sonst gar nicht genug von Bürgerbeteiligung schwärmen können. Faktum bleibt: Zwei Drittel der deutschen Bevölkerung waren damals gegen die generelle doppelte Staatsbürgerschaft. Heute wollen nur knapp zwei Prozent der Kinder ausländischer Eltern, die in Deutschland geboren wurden, mit achtzehn Jahren die Staatsangehörigkeit ihrer Eltern behalten. Das Thema ist entemotionalisiert. Ohne die erfolgreiche Unterschriftenaktion und die nachfolgenden Diskussionen wäre dies so nicht möglich gewesen.

Nach der deprimierenden Bundestagswahl 1998 stärkte Roland Kochs Wahlsieg in Hessen auch mein Renommee ganz enorm. Es hieß nun auch außerhalb Bayerns immer öfter, mit Stoiber könne man Wahlen gewinnen. Das grandiose Ergebnis der CSU wenige Monate später bei der Europawahl mit dem Sprung zur 60-Prozent-Partei – von 48,9 auf 64 Prozent – tat ein Übriges. Rot-Grün verlor die zur politischen Gestaltung so wichtige Bunderatsmehrheit, stolperte zunehmend und fuhr 1999 weitere schwere Verluste ein – von Brandenburg über das Saarland, Thüringen und Sachsen bis nach Berlin. Die Hoffnungen der Union mit Blick auf die kommenden Wahlen in Schleswig-Holstein und Nordrhein-Westfalen waren riesengroß.

Dann, am 4. November 1999, wurde die CDU-Spendenaffäre bekannt. Auf einen Schlag war es mit dem Aufwind der CDU unter dem Parteivorsitzenden Wolfgang Schäuble vorbei. Schäuble selbst, eigentlich gar nicht in die Tiefen der Spendenaffäre involviert, wurde in einen Streit über die Art und Weise einer Spendenweitergabe mit CDU-Schatzmeisterin Brigitte Baumeister verwickelt. Obwohl ich bis zuletzt der Meinung war, dass er diese Auseinandersetzung bestehen und in seinen Führungsaufgaben weitermachen könne, gab Wolfgang Schäuble schließlich im Februar 2000 seine Ämter als Partei- und Fraktionsvorsitzender der CDU ab. Helmut Kohl verzichtete nach aufreibenden Wochen auf den Ehrenvorsitz. Friedrich Merz wurde Fraktionsvorsitzender, Angela Merkel neue Parteivorsitzende. Die CDU war schwer angeschlagen und öffentlich diskreditiert. Statt der schon sicher geglaubten Siege bei den folgenden Landtagswahlen in Schleswig-Holstein und Nordrhein-Westfalen gab es krachende Niederlagen. In dieser Phase kam es offenbar zum schweren Zerwürfnis zwischen Wolfgang Schäuble und Helmut Kohl. Beide haben, lange Zeit als kongeniale Partner, in der Bundesregierung große Verdienste um das Land und ihre Partei erworben. Ich bedauere es sehr, dass ihr Verhältnis bis heute nicht reparabel zu sein scheint.

Das Erstaunlichste an dieser Spendenaffäre war allerdings für viele in der deutschen Öffentlichkeit, dass ausgerechnet die CSU, der man gerne irgendwelche Machenschaften unterstellte und »zutraute«, gänzlich unbeteiligt und absolut sauber war. Vielen schien dies überhaupt nicht in ihr Weltbild zu passen. Und so machten sich ganze Trupps von investigativen Journalisten auf den Weg, um doch noch irgendetwas Belastendes aufzuspüren. Ich selbst hatte das zweifelhafte Vergnügen, mich in der Folgezeit stundenlang verschiedenen Untersuchungsausschüssen zu stellen. Doch es blieb dabei: Es gab keine Spendenaffäre der CSU.

In dieser existenziell bedrohlichen Phase für die CDU gab es für mich nur eine Richtung. Die CSU war absolut solidarisch mit der Schwesterpartei. Es gab kein böses Wort, auch wenn die CSU mittelbar unter den Schwierigkeiten der CDU litt. Und gerade weil die CSU mit der ganzen Sache nichts zu tun hatte, konnten wir ein hohes Maß an Stabilisierung und politischer Mitverantwortung für die gesamte Union übernehmen. Dadurch konnte die CDU ihre Probleme so bewältigen, wie sie es letztlich getan hat. Diese Solidarität hat der CSU eine hohe Reputation in der Schwesterpartei und ein besseres Verständnis in der Öffentlichkeit für ihre Grundhaltung gebracht: Bayern im Herzen, Deutschland im Blick.

Dass auf mich innerhalb der Union eine größere Verantwortung zukommen könnte, wurde mir erstmals kurz vor dem Ausbruch der CDU-Spendenaffäre bewusst. Als Vorsitzender der Schwesterpartei war ich im September 1999 zu Gast beim CDU-Parteitag in Erfurt. Und die Begeisterung, die mir vor, während und nach meinem Grußwort von den Delegierten entgegenschlug, übertraf alles, was ich im Verhältnis beider Schwesterparteien bis dahin erlebt hatte. In den Medien wurde mein Auftritt als angriffslustig, selbstbewusst und kompromisslos beschrieben, als »Manna für die CDU«. Der ehemalige Generalsekretär Volker Rühe drückte das etwas anders aus und sagte, ich hätte den CDU-Parteitag »usurpiert«.

Beim Politischen Aschermittwoch wenige Monate später und nach ihrer personellen Neuaufstellung rief ich der CDU öffentlich zu, nicht mehr das Büßerhemd, sondern den Kampfanzug anzuziehen. Die ruhigen Zeiten für Gerhard Schröder müssten zu Ende gehen. Meine Zusammenarbeit mit Angela Merkel zur Ablösung von Rot-Grün begann.

Beim Parteitag in Essen habe ich ihr zum Amtsantritt als Parteivorsitzende ein paar Boxhandschuhe geschenkt – für den politischen Notfall. Dass diese heute nicht zerschlissen sind, gehört zum Geheimnis ihres Erfolges. Angela Merkel setzt sich nicht vorrangig in politischen Raufereien durch, sondern mit einem eigenen, geschickten Durchsetzungsvermögen. Es sollte ein spannender, kurvenreicher Weg mit Höhen und Tiefen werden, bis wir fünf Jahre später gemeinsam den Regierungswechsel erreichten.

Die Phantasie der Medien, wer von uns beiden bei der nächsten Bundestagswahl 2002 für das Kanzleramt kandidieren könnte, begleitete uns von Anfang an. Ganz besonders bewusst wurde mir dies bei meiner Nahost-Reise im Frühjahr 2001. Der Andrang von Journalisten, die mit mir reisen wollten, war riesengroß. Sicherlich interessierten sie sich auch für die Probleme im Nahen Osten. Doch

Politik kostet Kraft: Nach der Rede auf dem Bundesparteitag der CDU im Juni 2002 mit Laurenz Meyer und Angela Merkel.

eigentlich richtete sich die gesamte Aufmerksamkeit auf ganz andere Fragen: Wird der potenzielle Kandidat der Unionsparteien von den Repräsentanten der ersten Reihe empfangen? Und, noch wichtiger: Wie verhält er sich auf dem diplomatisch höchst schwierigen Feld der Nahost-Politik – bei Gesprächen mit Mosche Katzav, Ariel Scharon, Jassir Arafat und Husni Mubarak? Ich stand sozusagen unter verschärfter Beobachtung. So versuchte ich, möglichst elegant über das diplomatische Parkett zu gleiten und dabei keinesfalls auszurutschen. Und meine Gesprächspartner schienen nicht weniger gespannt auf mich als ich auf sie. Meine Erlebnisse waren selbst für einen schon weitgereisten Politiker beeindruckend, zum Teil aber auch befremdlich und besorgniserregend.

In Ägypten war nur ein Treffen mit Ministerpräsident Atef Muhammad Ebeid geplant, aus dem schließlich drei ausführliche Begegnungen wurden. Völlig überraschend wurde mir dann vor Ort die Einladung von Staatspräsident Husni Mubarak überbracht. Es hieß, er wolle mich unbedingt kennenlernen und lade mich zu einem Treffen am Roten Meer ein, in Sharm el-Sheikh, an der Südspitze der Halbinsel Sinai. Als er erfuhr, dass ich nicht mit einem eigenen Flugzeug unterwegs war, konnte er das gar nicht fassen. Dann stellte er für den Flug von Kairo aus eine Militärmaschine zur Verfügung. Zusammen mit Michael Glos, dem Vorsitzenden der CSU-Landesgruppe, wurde ich zur dortigen Residenz des Präsidenten gebracht.

Mubaraks Sorge galt den möglicherweise weltweiten Operationen des islamischen Terrorismus. Zu einer Zeit, als noch niemand etwas vom 11. September 2001 und den Attentaten von London und Madrid ahnte, malte Mubarak ein Zukunftsbild in den düstersten Farben: »Der Terror kommt zu euch nach Europa und Amerika.« Er beschrieb ausführlich, welches gewaltige terroristische Potenzial in der Nahostregion einschließlich seines eigenen Landes heranwachse. Seine Ausführungen kamen fast einer Beschwörung gleich, dass wir uns doch für eine Lösung des Nahost-Konflikts engagieren müssten, um diesem Potenzial den Boden zu entziehen. Uns war gerade bei einem vorausgegangenen Besuch in einem der Armenviertel von Kairo, in dem die Menschen im und vom Müll lebten, auf erschütternde Weise bewusst geworden, wie leicht hier radikale, extremistische und gewaltorientierte Ausbrüche entstehen konnten.

Uns war völlig klar, dass Mubarak weit davon entfernt war, ein Demokrat in unserem Sinne zu sein. Seine Wirkung in der Region und auch auf internationaler Ebene bildete jedoch einen stabilisierenden Faktor. Dass dies innenpolitisch mit einer Diktatur inklusive umfassender Unterdrückungs- und Überwachungsstrukturen erkauft wurde, war schon damals kein Geheimnis. Allein die Allgegenwart der Polizei im Stadtbild von Kairo war dafür aussagekräftig. Aber man musste das Gespräch mit ihm führen, wenn es darum ging, einen positiven Beitrag zur Milderung und Lösung der Konflikte im Nahen Osten zu leisten.

Ähnlich, aber nicht in gar so bedrückenden Farben malte der jordanische König Abdallah II. die Situation. Er wies vor allem darauf hin, dass in der arabischen Mentalität verletzter Stolz eine bedeutende Rolle spiele. Ohne dass er es explizit erwähnte, habe ich dies als kritische Bemerkung gegenüber Israel und den Vereinigten

Staaten verstanden. König Abdallah war im Auftreten, wohl bedingt durch seine militärische Ausbildung in Großbritannien und sein Politikstudium in Washington, eher westlich. Wie sehr er trotzdem als Angehöriger des Herrscherhauses der Haschemiten und damit als Nachkomme des Propheten Mohammed arabische und islamische Tradition verkörperte, war an dem ehrfürchtigen Verhalten seiner bei unserem Besuch anwesenden Minister zu spüren.

Ein Erlebnis war es, trotz israelischer Vorbehalte den Friedensnobelpreisträger Jassir Arafat in seiner Kommandozentrale in Ramallah zu besuchen. Sichtbar von Alter und Krankheit gezeichnet, wirkte er im Gespräch teilweise müde und apathisch, um dann plötzlich mit äußerster Lebhaftigkeit und großem Temperament seine Sicht der Dinge vorzutragen. Mich interessierte vor allem, warum er die sehr weitgehenden und den Palästinensern erstaunlich entgegenkommenden Angebote des früheren israelischen Ministerpräsidenten Ehud Barak nicht wenigstens als eine Dialoggrundlage akzeptiert hatte. Mein Eindruck war, dass er sich aufgrund seiner Mentalität – er schien mehr ein Revolutionär und Soldat denn ein Staatsgründer zu sein – letztlich keine Verhandlungslösung vorstellen konnte und wollte. Eine erkämpfte Konfliktlösung kam seinem Selbstverständnis näher. Dafür sprach, dass er auf eine Bemerkung meinerseits plötzlich aufsprang und mit erhobenem Zeigefinger ausrief: »Don't forget, you are speaking to a general, the only general in this region, who was never defeated!« Es war schon eine eigentümliche Begründung für die Ablehnung von Friedensvorschlägen, sich selbst als einzigen unbesiegten General der Region zu sehen. Ich spürte, ohne es richtig einordnen zu können, dass die Mitstreiter rund um Arafat während unseres Gesprächs immer nervöser wurden. Hatten sie eine Vorahnung? Weniger als eine Stunde nach unserer Abfahrt detonierte eine gewaltige Bombe in unmittelbarer Nähe seines Amtssitzes. Bei der Rückfahrt von Ramallah nach Jerusalem registrierten wir erstaunt, dass wir eine andere Route fuhren. An der ursprünglich geplanten Straße war eine weitere Bombe explodiert.

Ministerpräsident Ariel Scharon verkörperte auch als Politiker perfekt den General, der er von Beruf gewesen war. Im Mittelpunkt seiner Ausführungen standen Sicherheitsfragen und der Kampf gegen den Terror. Er formulierte sehr eindringlich die Erwartung, dass Deutschland und die Europäische Union einen stärkeren Beitrag zur Konfliktlösung in der Region leisten müssten. Die USA waren als Schutzmacht Israels zwar unverzichtbar, aber man setzte zusätzlich auf die Europäer, von denen man sich mehr Engagement erhoffte. Leider haben alle Überlegungen und Pläne der Europäer bis heute keinen nennenswerten Fortschritt zur Lösung des Nahost-Konflikts gebracht. Die in der Region wirksamen Gegensätze sind weiterhin verantwortlich für einen der gefährlichsten Krisenherde der Welt und bilden eine Bedrohung des Friedens weit über den Nahen Osten hinaus. Trotz aller aktuellen eigenen Krisen wäre es ein schwerer Fehler, würden die Europäer den Nahen Osten vernachlässigen oder gar vergessen.

Die Glätte des diplomatischen Parketts in Israel sollte ich dann doch noch zu spüren bekommen. Seit Jahren standen die Hinterbliebenen der elf Opfer, die bei dem grausamen Attentat palästinensischer Terroristen auf die israelischen Olympiateilnehmer von München 1972 ums Leben gekommen waren, im juristischen Streit um eine Entschädigung. Der Bund, das Land Bayern und die Landeshauptstadt München wollten den Familien der Attentatsopfer eine solche zukommen lassen, allerdings ohne Anerkennung einer Rechtspflicht. So war es mit Bundeskanzler Schröder und Oberbürgermeister Ude verabredet, und ich sollte diese Nachricht Staatspräsident Mosche Katzav überbringen. Bei unserem Treffen nannte ich dann die Summe von 6 Millionen DM. Zu meinem Erstaunen reagierte Katzav auf mein Angebot aggressiv und ablehnend. Er setzte die Summe sogar in Beziehung zu den sechs Millionen Opfern des Holocaust. Ich versuchte, ruhig zu bleiben, und erwiderte ihm, dass mir das Ausmaß der Naziverbrechen völlig bewusst sei, es jedoch zwischen diesem schrecklichen historischen Ereignis und der humanitären Geste gegenüber den Angehörigen der Attentatsopfer keinen Zusammenhang gebe. Über diesen Akt des Verständnisses und des guten Willens gegenüber dem Leid der Opfer könne man auch nicht verhandeln, einen solchen könne man nur annehmen oder ablehnen. Ich bäte ihn allerdings dringend und ebenso herzlich, die von ihm angedeutete Ablehnung unseres Angebots im Interesse der betroffenen Menschen und der guten israelisch-deutschen Beziehungen noch einmal zu überdenken. Dem anschließenden gemeinsamen Auftritt vor der israelischen und deutschen Presse sah ich etwas bang entgegen. Es war ein erstes Anzeichen des Umdenkens, dass Präsident Katzav diesen Punkt dort nicht weiter thematisierte; später wurde das Angebot dann auch angenommen.

In allen Gesprächen, die ich führte, betonte ich die historische Verantwortung Deutschlands gegenüber Israel und die Verpflichtung zu guten Beziehungen beider Länder. Dies bildete für mich eine Grundkonstante meiner Politik. Wenn ich in meinem Leben eine Rede von grundlegender Bedeutung gehalten habe, dann war es sicher diejenige zum 50. Jahrestag der Befreiung des Konzentrationslagers Dachau am 29. April 1995. Zu diesem Gedenktag wurden die überlebenden Opfer aus fast allen Ländern Europas eingeladen. Zur Vorbereitung habe ich unvergessliche Gespräche mit Menschen geführt, die im Konzentrationslager gelitten hatten. Besonders beeindruckt hat mich dabei die Persönlichkeit von Max Mannheimer, Überlebender der KZ Lager Theresienstadt, Auschwitz und Dachau, Maler und Buchautor, der sich voll und ganz in den Dienst der Erinnerungsarbeit gestellt hat und trotz aller als Jude erlittenen Schrecknissen die Mahnung stets mit dem Gedanken der Versöhnung verbindet. Der Franzose André Delpech, als Widerstandskämpfer der Résistance und ehemaliger Generalleutnant in Dachau inhaftiert, war für mich ebenfalls ein wichtiger Sprecher und Zeitzeuge seiner Leidensgefährten. Und auch die Gespräche mit Herzog Albrecht von Bayern, der mit einem großen Teil der Wittelsbacher Familie in mehreren KZ inhaftiert war, hatten eine besonders tiefe Wirkung auf mich. Die Vergegenwärtigung all dieses unermesslichen Leids war für mich eine wichtige Sensibilisierung für den Gedenktag in Dachau.

Die Veranstaltung selbst bot ein bewegendes Bild, wie trotz strömenden Regens viele Tausend Menschen gemeinsam mit den überlebenden Opfern trauerten und zugleich die Hoffnung auf eine bessere Zukunft zum Ausdruck brachten. Die Erwartungen an diesem Tag waren groß und lasteten schwer, denn ich war der erste Bayerische Ministerpräsident, der die KZ-Gedenkstätte Dachau offiziell besuchte, um dort mit einer Ansprache der Opfer zu gedenken und die Erinnerung als Mahnung für Gegenwart und Zukunft wachzuhalten.

In meiner Rede bekannte ich mich ohne Wenn und Aber zur deutschen Verantwortung für diese entsetzliche und furchtbare Vergangenheit und zur Verpflichtung gegenüber den Opfern der NS-Verbrechen. Als erstes Konzentrationslager des nationalsozialistischen Regimes war Dachau Ausgangsort dieser blutigen Spur von Leid und Tod durch Deutschland und Europa. Es durfte keinen Zweifel geben: Wir stehen an der Seite der überlebenden Opfer und wir bleiben in der Verpflichtung zur Erinnerung an die Verfolgten, Gequälten und Ermordeten. Es gilt das Wort des Philosophen Karl Jaspers, der in seinem Buch *Vom Ursprung und Ziel der Geschichte* geschrieben hat: »Was geschah, ist eine Warnung. Sie zu vergessen, ist Schuld. Man soll ständig an sie erinnern. Es war möglich, dass dies geschah, und es bleibt jederzeit möglich.«

Der Bau der Synagoge und des jüdischen Gemeindezentrums auf dem Münchner Jakobsplatz war für mich im Umgang mit der NS-Vergangenheit ein Herzensanliegen. Ich sah diesen als ein besonderes Zeichen dafür, dass die Bürger jüdischer Herkunft und Religion wieder in der Mitte des gesellschaftlichen Lebens angekommen sind. Charlotte Knobloch, der Präsidentin der Israelitischen Kultusgemeinde, sicherte ich die notwendige finanzielle Unterstützung zu. Dabei wurden mir im Kabinett seitens des Finanzministers auch Bedenken entgegengehalten, dass der weltanschaulich neutrale Staat sich doch nicht an der Finanzierung neuer Gotteshäuser betei-

Erinnern für die Zukunft: Mit Karin vor der Ewigen Flamme der Gedenkstätte Yad Vashem.

ligen könne. Auf die Frage, welche Rechtsgrundlage es denn für eine solche Beteiligung gebe, habe ich geantwortet: Die Rechtsgrundlage ist die deutsche Geschichte.

Ein Erinnerungsort ganz anderer Art ist der Obersalzberg bei Berchtesgaden. Der »Ort der Täter« ist zu einem Ausgangspunkt der Schrecken geworden, die Hitler und die NS-Diktatur über Deutschland und Europa gebracht haben. Als das amerikanische Militär die Verantwortung für das frühere »Führersperrgebiet« wieder in deutsche Hände legte, stand meine Regierung vor der schwierigen Frage, wie mit diesem in historisch einmaliger Weise belasteten Gelände umgegangen werden sollte. Es war klar: Dieser Ort darf auf keinen Fall zu einem Sammelplatz Ewiggestriger und ihrer Rituale werden. Deshalb entwickelten wir mit den Finanzministern von Waldenfels, Huber und Faltlhauser ein Konzept, in dessen Mittelpunkt auch an diesem »Täterort« die geschichtlich verantwortliche Erinnerungsarbeit steht. Das Münchner Institut für Zeitgeschichte gestaltete unter Leitung seines renommierten Direktors Horst Möller ein Dokumentationszentrum, das die Geschichte des Obersalzbergs von den ersten Aufenthalten Hitlers bis zur Entwicklung zum »zweiten Regierungssitz« nachzeichnet und deutlich macht, wie maßgeblich von hier aus die Schreckensherrschaft des »Dritten Reichs« ihren Ausgang nahm.

Wie für jeden Deutschen stellte mein erster Besuch in Israel eine emotionale Herausforderung ersten Ranges dar, bedrückend und ergreifend zugleich. Am Ende der Nahost-Reise billigten mir die deutschen Pressevertreter zu: Prüfung bestanden. Zurück in Deutschland ging es unter anderem in die nächste große Auseinandersetzung mit Rot-Grün. Der Streit um das Zuwanderungsgesetz wurde ähnlich heftig geführt wie der um die doppelte Staatsbürgerschaft. Er sollte einen Höhepunkt erreichen, als Berlins Regierender Bürgermeister Klaus Wowereit eine Bundesratsmehrheit feststellte, die es gar nicht gab, und das Bundesverfassungsgericht das nicht ordnungsgemäße Gesetz wieder aufhob.

Die Themen Zuwanderung und Integration waren eine wichtige Konstante meiner politischen Arbeit. Toleranzpreise mancher Medien konnte man dabei nicht gewinnen, aber die Verleugnung der Probleme schafft keine Verbesserung, hilft weder den Einheimischen noch den Zuwanderern und stärkt am Ende nur die politischen Ränder.

Bis heute wird versucht, mir das Bild eines rechten Scharfmachers anzuhängen. Dazu wird gerne auf meine angebliche Warnung vor einer »durchrassten Gesellschaft« hingewiesen. Tatsächlich hatte ich 1988 in einem Gespräch mit Journalisten gesagt: »Lafontaine will eine multinationale Gesellschaft, die von den Republikanern als durchmischt und durchrasst bezeichnet und von den Bürgern abgelehnt wird.« Die beiden Journalisten Friedrich Kurz und Egon Scotland bestätigten später, ich hätte eindeutig klargemacht, dass ich nur den Sprachgebrauch der Republikaner wiedergegeben und mir diese Begriffe ausdrücklich nicht zu eigen gemacht hätte. Trotzdem wurden sie mir weiter zugeschrieben. »Ein Zitat, das keines ist«, nannte dies SZ-Autor Michael Stiller. Im Nachhinein betrachtet hätte ich die verbreitete Bereitschaft zum Missverständnis vielleicht stärker berücksichtigen sollen.

Meine Position war stets, dass der soziale Zusammenhalt einer Gesellschaft nur Bestand hat, wenn sie sich auf gemeinsame Leitlinien verständigt. Das ist die Leitkultur oder Alltagskultur eines Landes, zu der in Deutschland Demokratie und Rechtsstaat, die Trennung von Staat und Religion, die Gleichberechtigung von Mann und Frau, Kenntnisse der deutschen Geschichte und der deutschen Sprache gehören. Wenn ich diese Grundsätze unserer Kultur formulierte, wurde mir bis vor wenigen Jahren aus dem linken politischen Spektrum »Zwangsgermanisierung« vorgehalten. Heute hört man diesen Vorwurf nicht mehr. Auch die größten Multikulti-Träumer haben akzeptiert, dass Zuwanderer Grundkenntnisse in Deutsch für ihre beruflichen Chancen und ein gutes Leben in Deutschland brauchen. Wenn man als Deutscher in irgendein Land der Erde geht, wird man sich der dortigen Kultur zu stellen haben. Nichts anderes kann für Zuwanderung in unser Land gelten.

Alle innenpolitischen Diskussionen verstummten an dem Tag, der die Welt aus den Angeln heben sollte: dem 11. September 2001. Im kollektiven Bewusstsein gibt es bestimmte Ereignisse, die eine ganze Zeit prägen – Ereignisse, an die sich praktisch jeder erinnert, Ereignisse, von denen viele noch nach Jahrzehnten ganz genau wissen, was sie getan und gefühlt haben. Der 11. September ist so ein Tag. Ich war auf dem Weg zu einer Pressekonferenz in Berlin, das Flugzeug landete um 14 Uhr 50. Wie immer erkundigte ich mich nach den neuesten Nachrichten, und mir wurde berichtet, in New York sei ein Privatflugzeug abgestürzt, weitere Tote hätte es wohl nicht gegeben. Tatsächlich war um 14 Uhr 46 unserer Zeit das erste entführte Flugzeug in das World Trade Center geflogen, der getroffene Nordturm stand noch. Erst während der Pressekonferenz – es war die Vorstellung meines Buchs *Das Maß der Dinge* mit dem

Journalisten und Autor Friedrich Kabermann – wurde mir klar, dass es sich um einen bis dahin unvorstellbaren Terroranschlag handelte. Reihenweise verließen die Journalisten den Saal. Und auch mich selbst interessierte das eigene Buch von da an nicht mehr.

Niemand wusste, ob dies nicht der Beginn eines Krieges sein würde. Es schlug die Stunde des Zusammenstehens mit den schwer getroffenen Vereinigten Staaten, international und national. Bundeskanzler Schröder erklärte Deutschlands »uneingeschränkte Solidarität«. Und Bundesinnenminister Otto Schily begann sich in diesen Tagen meinem Eindruck nach vom Gesellschaftsveränderer zum Mann für Recht und Ordnung zu wandeln.

Bayern brachte als erstes Bundesland ein umfassendes, 200 Millionen Euro schweres Sicherheitspaket auf den Weg und forderte Korrekturen an der Sicherheitsarchitektur des Bundes. Gewaltbereite Extremisten sollten Deutschland nicht als Ruheraum und Operationsbasis nutzen können. Gewaltbereitschaft oder die Mitgliedschaft in extremistischen Organisationen sollte für die obligatorische Ausweisung von Ausländern künftig ausreichen. Das gesamte Zuwanderungsrecht sollte einem Sicherheitscheck unterzogen werden. Mein Argument: Die Sicherheit der Bürger steht an erster Stelle, hat doch Freiheit ohne Sicherheit keinen Bestand. Doch bei allem Engagement dafür: Es war mir sehr wichtig, ein Zeichen zu setzen, dass man auch nach dem Anschlag auf das World Trade Center nichts pauschalisieren und keine einseitigen Sichtweisen zwischen Christen und Moslems schüren darf. Schon in der nächsten Woche war ich in der Eyüp-Sultan-Moschee in Nürnberg, der größten Moschee in Bayern – erstmals in meinem Leben.

Der 11. September 2001 bleibt meines Erachtens auch künftig weltweit eine Zäsur für Demokratie und Freiheit. Freiheitliche Demokratien müssen gemeinsam beweisen, dass sie dem fanatischen Terrorismus Einhalt gebieten wollen und können. Deswegen ist es auch eine strategische Aufgabe der nationalen und der europäischen Politik, die Entwicklung richtig einzuordnen, die gegenwärtig in unserer unmittelbaren Nachbarschaft in Nordafrika geschieht: Wir geben Milliarden Euro, Milliarden Dollar aus zur Bekämpfung des islamistischen Terrorismus. Das ist immer noch notwendig, selbst elf Jahre nach 9/11. Aber wir könnten Milliarden sparen, wenn nach den Revolutionen in Nordafrika die Faszination des radikalen Islamismus zurückgedrängt werden könnte. Es ist deshalb eine historische Verantwortung, positive Entwicklungen in Nordafrika trotz der Islamisierung der Revolution zu unterstützen, durch Know-how und Bildung, durch Infrastruktur und Investitionen, durch Freundschaft. Wir dürfen uns – bei allen Problemen in Europa – nicht nur mit uns selbst beschäftigen. Europa muss sich hier stärker engagieren.

Kandidat

Trotz des Terrors, trotz des nationalen und internationalen Schulterschlusses in diesen Wochen 2001 – die Uhr tickte, die Bundestagswahl rückte immer näher. Als kanzlerfähig zu gelten war das eine, tatsächlich nominiert zu werden und zu kandidieren noch einmal etwas ganz anderes. Und es war klar, dass CDU und CSU Anfang 2002 eine Entscheidung treffen mussten – so oder so.

Angela Merkel und ich hatten uns beide bisher öffentlich zurückhaltend geäußert, was mir teilweise als Zögern und Zaudern ausgelegt wurde. Allerdings wäre es mehr als unüblich gewesen, sich als CSU-Vorsitzender ein gutes Jahr vor der Bundestagswahl selbst zum Kanzlerkandidaten der Union auszurufen.

Was waren meine Überlegungen? Im Grunde gab es in der CSU in der Frage der Kanzlerkandidatur zwei Denkschulen, die sich gegenseitig widersprachen. Die eine, skeptische Auffassung war: Die Kandidatur gegen Amtsinhaber Gerhard Schröder, der nicht zu Unrecht als geschickter Medienkanzler charakterisiert wurde, würde ein schwieriger Gang werden. Aufgrund der Nachwirkungen der CDU-Spendenaffäre schien eine Niederlage wahrscheinlicher als ein Sieg, auch ein krachender Absturz der Union auf 30 Prozent oder weniger wurde nicht völlig ausgeschlossen. Dies würde – im Falle meiner Kandidatur – vor allem der CSU angelastet, unser bundespolitisches Gewicht marginalisieren und die Aussichten für die Landtagswahl im kommenden Jahr verdüstern. Das Risiko sei einfach zu groß. Die andere, offensivere Denkschule ging davon aus: Wenn tatsächlich in einer so schwierigen Situation der Union die führenden Kräfte der CDU den CSU-Vorsitzenden in die Verantwortung rufen, kann man sich nicht verweigern. Eine Absage würde als Furcht vor der Herausforderung verstanden und die Balance unter den Schwesterparteien zulasten der CSU verschieben. Man bräuchte sich dann auch in Zukunft nicht mehr groß zu Wort zu melden, was mit dem Selbstverständnis der CSU aber nicht vereinbar sei. Und auch wenn die Aussichten auf einen Wahlsieg nicht gerade glänzend erschienen, gäbe es angesichts der Bilanz von vier Jahren Rot-Grün genügend Stoff für einen erfolgreichen Wahlkampf. Natürlich spürte ich die Last, nicht nur für mich selbst, sondern vor allem für die CSU und auch die CDU die richtige Entscheidung zu treffen.

Zwischen Angela Merkel und mir war klar verabredet, dass wir beide einen einvernehmlichen Vorschlag anstreben würden. Ein Votum der CDU/CSU-Bundestagsfraktion in der Frage der Kanzlerkandidatur – wie 1979 – konnte ich mir nur für den absoluten »Notfall« vorstellen. Bewusst war mir auch, dass die Kanzlerkandidatur zumindest in normalen Zeiten das natürliche Vorrecht des oder der CDU-Vorsitzenden ist. Nachdem aus der CDU immer deutlicher kolportiert wurde, dass die Chancen mit einem Kandidaten Stoiber höher eingeschätzt wurden – unter anderem von Erwin Teufel und Peter Müller –, ging Angela Merkel in die Offensive. In einem Interview mit der *Welt am Sonntag* erklärte sie am 6. Januar 2002 erstmals öffentlich: »Ich bin bereit zu einer Kanzlerkandidatur.« Mir war klar: Die Stunde der Entscheidung war gekommen. Und so lautete meine Antwort, ebenfalls erstmals öffentlich: »Wenn es von beiden Parteien gewünscht wird, bin ich bereit, mich in den Dienst der gemeinsamen Sache stellen zu lassen.«

Das Medienecho war riesig. Die Reaktionen in der CDU während der nächsten beiden Tage waren gemischt. Nur ein Teil der CDU-Granden stellte sich hinter den Anspruch ihrer Vorsitzenden. Dann überschlugen sich die Ereignisse. Am Dienstag bat die CSU-Landesgruppe auf ihrer Klausurtagung in Wildbad Kreuth die CDU, mich zum Kanzlerkandidaten der Union auszurufen. Am Mittwoch kam es offenbar zu einem heftigen Telefonat zwischen Roland Koch und Angela Merkel. Koch ließ öffentlich erklären, er werde entgegen seiner ursprünglichen Absicht doch am nächsten Wochenende an der Klausurtagung der Unionsspitze in Magdeburg teilnehmen und dafür seinen Skiurlaub in Tirol abbrechen. Koch halte es nach den Diskussionen der vergangenen Tage nicht mehr für vertretbar, Ski zu fahren, während die CDU-Führung die schwierige Lage der Partei berate. Am Donnerstag klingelte in der Münchner Staatskanzlei das Telefon: Angela Merkel wollte mich sprechen.

In diesem Telefonat haben wir wohl etwas aneinander vorbeigeredet, jedenfalls war ich mir über ihre Botschaft nicht ganz im Klaren. Wollte sie wirklich verzichten? Oder doch selbst kandidieren? Um nicht im Ungewissen zu bleiben, rief ich sie nochmals an. Bei unserem zweiten Telefonat wurde dann deutlich, dass sie sich bereits entschieden hatte, nicht anzutreten und meine Kandidatur zu unterstützen. Angela Merkel schlug ein persönliches Treffen vor, um noch vor Beginn der Klausurtagung der CDU-Spitze alles Notwendige zu besprechen. Das Treffen sollte entweder in Berlin oder in München stattfinden. Da nur der Freitag in Betracht kam, ich aber terminlich beim besten Willen nicht wegkonnte, schlug Angela Merkel selbst vor, zu mir in die Staatskanzlei oder in die CSU-Landesleitung zu kommen. Mir war es wichtig, dass wir uns in Ruhe besprechen und außerhalb der Öffentlichkeit treffen konnten. Deshalb habe ich ein gemeinsames Frühstück bei mir zu Hause in Wolfratshausen vorgeschlagen. Und wie vereinbart saß Angela Merkel am nächsten Morgen um 8 Uhr früh mit mir zusammen am Wolfratshauser Frühstückstisch.

Zur Vorbereitung dieses Buches fragte ich verschiedene Leute, was sie denn besonders interessieren würde. Die häufigste Antwort lautete, etwas zu meiner Verblüffung: Was gab es beim »Wolfratshauser Frühstück«? Ich muss zugeben, das war mir an diesem Morgen nicht besonders wichtig. Aber gemeinsam mit meiner Frau habe ich »rekonstruiert«, dass es wohl frische Semmeln, Butter, Marmelade, Honig sowie etwas Käse und Wurst gab. Vor einem Jahr, anlässlich meines 70. Geburtstags, sagte Angela Merkel in ihrer schlagfertigen Art: »Lieber Edmund, ich glaube, wir haben dem deutschen Frühstück mit unserem Frühstück in Wolfratshausen wieder zu mehr Achtung und Anerkennung verholfen – nicht, dass das irgendwie in Vergessenheit gerät. Es war übrigens super, liebe Karin.«

Angela Merkel bekundete damals ganz offen, dass sie die Kanzlerkandidatur gerne übernommen hätte, auch weil sie glaube, dass ihr Politikstil und ihre Biografie der Politik neue Facetten geben könnten. Sie sehe aber, dass dem erfolgreichen Bayerischen Ministerpräsidenten auch in ihrer Partei viel zugetraut werde und er auf viel Zustimmung treffe. Angela Merkel bewies in diesem Januar 2002 Souveränität, Realitätssinn und Solidarität. Ich bat sie in unserem Gespräch um ihre Unterstützung und kann nur betonen, dass sie sich im folgenden Wahlkampf stark engagiert hat und einen großen Beitrag für die Geschlossenheit von CDU und CSU leistete. Treffend brachte sie es selbst auf den Nenner: »So viel Union wie heute hat es in der Geschichte von CDU und CSU noch nie gegeben.« Sie erklärte auch, aus nachvollziehbaren Gründen, sie wolle meinem Kompetenzteam nicht angehören und auch kein Ministeramt anstreben. Als Parteivorsitzende wolle sie die gesamte Bandbreite der Politik vertreten – genauso hielt ich es drei Jahre später in umgekehrter Konstellation. Die bis dahin unbeantwortete Frage der Kanzlerkandidatur, die CDU und CSU in den letzten Wochen zunehmend belastet hatte, war entschieden. Schon am nächsten Tag hatte ich bei der Klausur der CDU-Spitze in Magdeburg meinen ersten Auftritt als Kanzlerkandidat der Unionsparteien.

Der Kandidat: Das Cover des »Spiegel« im Januar 2002.

Bei aller Unterstützung in der Union: Im Januar 2002 war die Ausgangslage für die Bundestagswahl nach wie vor äußerst bescheiden. Der CDU wurde aufgrund der Spendenaffäre von SPD, Grünen und weiten Teilen der veröffentlichten Meinung schlichtweg die moralische Legitimation abgesprochen, das Land zu regieren oder an der amtierenden Bundesregierung auch nur irgendwelche Kritik zu üben. In den vorausgegangenen Landtagswahlen in Rheinland-Pfalz, Berlin und Hamburg hatte die CDU teils schwere Verluste hinnehmen müssen, nur in Baden-Württemberg konnte sie zulegen. So erwies es sich als großer Vorteil, dass ich völlig unbelastet in die Auseinandersetzung mit Gerhard Schröder gehen konnte. Die Union machte nach Klärung der Kandidatenfrage in allen Umfragen einen Sprung nach vorn und lag zum Teil deutlich vor der SPD. Die CDU-Spendenaffäre war damit Vergangenheit. Ermutigend war auch die folgende Landtagswahl in Sachsen-Anhalt, wo die CDU ihren Stimmenanteil nahezu verdoppelte.

Das Konzept, einen Kompetenzwahlkampf zu führen, ging auf. Angesichts der schwierigen wirtschaftlichen Situation Deutschlands und der hohen Arbeitslosigkeit lautete meine Kernaussage: Deutschland ist ein Sanierungsfall und braucht einen Insolvenzverwalter, einen Sanierer. Wir müssen raus aus der Schuldenfalle und zu lange verschleppte Reformen endlich anpacken. Dazu konnte ich ein Kompetenzteam für die wichtigsten Politikbereiche gewinnen, das im Rückblick noch immer einen sehr guten Klang hat. Erstmals in der Geschichte von CDU und CSU formulierten wir unsere politischen Ziele in einem gemeinsamen Wahlprogramm. Natürlich galt es dabei auch für mich, in der damaligen Führungsaufgabe für beide Parteien kompromissfähig zu sein und nicht ausschließlich auf die reine CSU-Lehre zu drängen. Aber in einigen Punkten, die auch für die Glaubwürdigkeit des Kandidaten besondere Bedeutung hatten, drückte ich der Union schon einen inhaltlichen Stempel auf. Dazu gehört etwa die Ablehnung eines Beitritts der Türkei zur Europäischen Union, die seither auch Position der CDU geblieben ist. Mein Argument war und ist: Die Türkei ist unser Freund und Partner, aber die Europäische Union ist eine Wertegemeinschaft mit einer gemeinsamen Geschichte und einer gemeinsamen Prägung. Wenn diese Wertegemeinschaft Europa eine Zukunft haben soll, muss sie auch Grenzen haben und darf nicht überdehnt werden. Schon beim Euro wurde der Hinweis in den Wind geschlagen, dass nicht unter ein gemeinsames Dach gebracht werden sollte, was nicht zusammenpasst. Dies gilt in ähnlicher Weise bei der Erweiterung der Europäischen Union. Die Fehler beim Euro dürfen sich hier nicht in anderer Form wiederholen.

Kompetenz für Deutschland: Lothar Späth, Katherina Reiche, Günther Beckstein, Wolfgang Schäuble, Angela Merkel, Peter Harry Carstensen, Friedrich Merz, Annette Schavan und Horst Seehofer.

Eine spannende Frage, der bis heute immer wieder nachgegangen wird, war: Wie soll sich der Kandidat aus Bayern präsentieren? Soll er sich ganz auf seine bisherigen Stärken besinnen und mit ungebremster Offensive und klarer Kante durch Deutschland ziehen? Oder soll er sich weich spülen, die Kanten abschleifen und als netter Herr aus dem Süden manchen Vorbehalten in anderen Landesteilen begegnen? Mit meinem »Stoiber-Team« unter Leitung des früheren Chefredakteurs der *Bild am Sonntag*, Michael Spreng, wurden solche Fragen intensiv diskutiert. Es war mir wichtig, mit Spreng jemanden mit breiter Medienerfahrung an der Seite zu haben, der unabhängig dachte und kein Parteimitglied war. Die Zusammenarbeit wurde wegen früherer Kommentierungen Sprengs gegenüber CDU und CSU hinter vorgehaltener Hand auch kritisiert. Ich habe mir keine Maske gekauft und keine Schauspielschule besucht. Aber klar war für mich – übrigens in allen politischen

Aufgaben –, dass man sich einerseits treu bleiben, andererseits aber die jeweilige Besonderheit eines Amtes und einer Situation beachten muss. Und es ist ebenso klar, dass die Mentalität von Nordseefischern eine andere ist als von bayerischen Bauern im Bierzelt. Insgesamt ist mir dieser innere Zugang zur Kanzlerkandidatur wohl ganz passabel gelungen. Überrascht hat mich eher etwas anderes. Nachdem nicht einmal der politische Gegner ernsthaft bestreiten konnte, dass Bayern in meiner Amtszeit exzellent weiterentwickelt worden war, gingen wir davon aus, dass es in ganz Deutschland heißen könnte: Den Bayern geht es gut. Das wollen wir für uns auch. Stoiber hat gezeigt, dass er es kann, jetzt soll er das auch für ganz Deutschland tun. Diese Gedanken gab es auch, doch es zeigte sich, dass sich nicht alle für ein gutes Vorbild begeistern konnten. Der Klassenbeste wird nicht immer Klassensprecher.

Die Erlebnisse in einem Kanzlerwahlkampf könnten Bände füllen. Angela Merkel, Gerhard Schröder oder Frank-Walter Steinmeier werden dies bestätigen. Dazu zählen Momente, die man nicht vergisst. Im März, anlässlich einer Matinee der *ZEIT* in den Hamburger Kammerspielen, bekam ich einen bemerkenswerten Hinweis. Altkanzler Helmut Schmidt würde mich gerne bei sich zu Hause in Hamburg treffen. Das war für mich umso erstaunlicher, als ich ihn in seinem Kanzlerwahlkampf mit Franz Josef Strauß als CSU-Generalsekretär heftig attackiert hatte. Gespannt machte ich mich, »bewaffnet« mit einem Blumenstrauß für seine Ehefrau Loki, auf den Weg zu seinem Haus in Hamburg-Langenhorn. Mehrere Stunden führten wir ein intensives Gespräch, versüßt durch Loki Schmidts wunderbaren Zitronenkuchen. Als erfahrener langjähriger Amtsinhaber sprach Helmut Schmidt mit mir vor allem über außenpolitische Fragen und Herausforderungen für Deutschland. Bemerkenswert war für mich, wie kritisch seine Sicht auf die Vereinigten Staaten von Amerika war. Insgesamt spürte ich durchaus eine gemeinsame Wellenlänge zweier Politiker, für die Pflichtbewusstsein in der Erfüllung ihrer Aufgaben eine wichtige Rolle spielt. Bei der Verabschiedung sagte Helmut Schmidt noch zu mir:

Zustimmung und Ablehnung: Wahlkundgebung und Gegendemonstranten im nordrhein-westfälischen Werne, September 2002.

»Kein Wort über dieses Treffen!« Im Abstand von zehn Jahren kann man natürlich darüber sprechen, doch damals war uns bewusst, wie missverständlich eine Begegnung des SPD-Altkanzlers mit dem Unionskandidaten in der Öffentlichkeit aufgefasst werden könnte. Aber ganz generell gilt: Man muss sich in der Politik über die Parteigrenzen hinweg und ohne Instrumentalisierung solcher Treffen begegnen können, wenn man der gemeinsamen Verantwortung für das Land gerecht werden will.

Übrigens sprachen wir auch über das Rauchen. Ich selbst habe seit meinem fünfzehnten Lebensjahr zur Zigarette gegriffen. Das empfanden wir damals als selbstverständlich, es gehörte zum Erwachsenwerden. Wer sich daran nicht beteiligte, galt eher als Außenseiter. Zwanzig Zigaretten am Tag waren normal. In Spitzenzeiten, während des Examens oder vor großen politischen Versammlungen, kam ich auf über sechzig. Gauloises und Roth-Händle waren meine Marken, ein Filter hätte nur gestört. Aufgehört habe ich erst mit dreiunddreißig Jahren. Irgendwie spürte ich, dass der Lebenswandel in der Politik mit wenig Schlaf, unregelmäßigem Essen und viel zu wenig Bewegung nicht sehr gesund sein würde. Dies wollte ich nicht noch durch übermäßiges Rauchen verstärken. Die Entzugserscheinungen damals waren jedenfalls wesentlich schlimmer als die politischen Entzugserscheinungen nach meinem Ausscheiden im Jahre 2007. Davon konnte ich Helmut Schmidt aber noch nichts berichten.

Auch mit Helmut Kohl hatte ich im Rahmen meiner Kanzlerkandidatur längere Begegnungen. Öffentlich machte er deutlich, dass er meine Kandidatur für die richtige Entscheidung hielt und voll unterstützte. Natürlich war ich auch für ihn als einstmals engster Mitstreiter von Strauß klar verortet. Aber bei allen Auseinandersetzungen war es stets klar, dass uns ein gemeinsames Wertefundament und gegenseitige Achtung verbanden. Vielleicht im Gegensatz zu anderen habe ich nach der CDU-Spendenaffäre den Kontakt zu Helmut Kohl verstärkt gesucht und noch intensiviert. Seine Einladung an mich und meine Frau zu sich nach Oggersheim nach seinem 80. Geburtstag war etwas Besonderes.

Traditionell ist der Besuch beim US-Präsidenten im Weißen Haus in Washington ein außenpolitischer Höhepunkt für jeden Kanzlerkandidaten. Die Sicherheitsschleusen im Weißen Haus waren enorm, der Umgangston umso lockerer. Präsident George W. Bush begrüßte mich gleich mit einem saloppen »Hab schon von Ihnen gehört.« Er war auch mein erster internationaler Gesprächspartner, der während des Treffens eine Cola trank. Eine knappe Stunde ging es um Fragen der wirtschaftlichen Zusammenarbeit und der internationalen Sicherheit. Vizepräsident Dick Cheney und Sicherheitsberaterin Condoleezza Rice kamen hinzu, und Bush sprach vage über den Irak und eine mögliche militärische Operation, ohne das Thema weiter zu vertiefen. Mehrfach betonte er, dass er in jedem Fall auf eine enge Abstimmung mit den Verbündeten achten werde. Ich brachte meine Skepsis gegenüber militärischen Operationen zum Ausdruck und forderte eine bessere politische Abstimmung zwischen Amerikanern und Europäern. Zum Abschied sagte George W. Bush: »Work hard. I wish you the best.«

Im Mittelpunkt stand in diesen Wochen aber die Auseinandersetzung mit Rot-Grün, mit Gerhard Schröder und Joschka Fischer. Den Vormittag verbrachte ich in der Staatskanzlei, um die Regierungsgeschäfte nicht schleifen zu lassen. Als Leiter der Staatskanzlei entlastete mich Erwin Huber in dieser anspruchsvollen Phase exzellent. Nachmittags und abends stand dann der Wahlkampf in ganz Deutschland auf dem Programm, mit allem, was dazugehört: Reisen, Reden, Interviews, Fernsehen und vieles mehr. Die unterschiedliche Herangehensweise von Gerhard Schröder und mir wurde bei den sogenannten Print-Duellen wunderbar deutlich, wie ich von Wolfram Weimer erfuhr. Der damalige Chefredakteur der *Welt* und der *Berliner Morgenpost* erzählte dies dem staunenden CSU-Vorstand im Herbst 2011 in Andechs. Bei den Print-Duellen ging es um gemeinsame Interviews zu strittigen Themen, die in den großen deutschen Zeitungen abgedruckt wurden. Meine Mitarbeiter besprachen mit den Journalisten die möglichen Inhalte der Gespräche. Welche Themen sind interessant, wie sollen sie gewichtet werden, wie wird das Ergebnis abgestimmt? Die Adjutanten Gerhard Schröders dagegen interessierten sich für ganz andere Dinge: Wer sitzt wo? Welche Stühle werden benutzt? Wer fotografiert? Zum vereinbarten Termin kam ich dann für meine Verhältnisse pünktlich, und wir warteten auf Gerhard Schröder. Zum Erstaunen aller fuhr dieser nicht wie geplant vor, sondern stieg auf offener Straße aus und schlenderte winkend auf das Gebäude zu. Die Kameramänner, die vor dem Haus postiert waren, waren begeistert – und Gerhard Schröder auch mit dem Print-Duell im Fernsehen zu bewundern.

Aber das änderte nichts daran, dass die Union weiterhin klar in Führung lag. Unsere Stimmung war gut, ja zuversichtlich. Am 1. August 2002 traf sich das SPD-Präsidium zur Krisensitzung im Berliner Willy-Brandt-Haus. Anlass war der immer deutlichere Rückstand in den Umfragen. Es wurde beschlossen, die heiße Phase des Wahlkampfs vorzuziehen. Und ich weiß noch, wie ich Schröders Auftritt dazu im Fernsehen sah. Wolf von Lojewski fragte ihn,

Weltpolitik: Der amerikanische Präsident George W. Bush im Deutschen Bundestag, Mai 2002.

ob er ein Kaninchen im Hut habe, um die Wahlen doch noch zu gewinnen. Schröder antwortete, es gehe nicht um Kaninchen oder andere Tiere, sondern um Inhalte. Es gebe beunruhigende Nachrichten aus dem Nahen Osten bis hin zur Kriegsgefahr. Dies werde neben der Steuerpolitik und dem Kündigungsschutz den Wahlkampf beherrschen. Mein erster Gedanke war: Das ist doch eher fernliegend. Aber es kann den Wahlkampf unberechenbar machen.

Bis dahin hatte das Thema einer kriegerischen Auseinandersetzung im Wahlkampf so gut wie keine Rolle gespielt. Damit war es nun vorbei. Unmittelbar darauf erklärte Wolfgang Schäuble, außenpolitischer Experte in meinem Kompetenzteam, in der *Bild am Sonntag*: »Sollte es zu einer Aktion gegen den Irak kommen, würde dies aufgrund einer klaren Beschlusslage der Vereinten Nationen erfolgen. Sie können davon ausgehen, dass sich Deutschland in diesem Fall in einer angemessenen Form beteiligen würde.« Als Schröder dann am 5. August bei seinem offiziellen Wahlkampfauftakt in Hannover noch von einem »deutschen Weg« sprach – ausgerechnet der Kanzler einer linksgerichteten rot-grünen Bundesregierung –, war das Thema in aller Munde. Als Kanzlerkandidat der Union konnte ich unmöglich einen rüden Ton gegenüber den Vereinigten Staaten anschlagen, aus eigener Überzeugung und vor allem auch mit Rücksicht auf die Spitzen der CDU. So lehnte ich einerseits, ähnlich wie Gerhard Schröder, den Einsatz deutscher Truppen in einem bis dahin ja völlig hypothetischen Irakkrieg ab. Andererseits kritisierte ich Schröder für seine Umgangsformen, mit denen er die verbündeten Amerikaner auf den Marktplätzen der Republik abkanzelte. Aber schon diese Differenzierung im Stil war in der öffentlichen Wirkung zu viel. Die Furcht vor jeglichem Kriegseinsatz ist in Deutschland aus verständlichen Gründen so groß, dass schon jeder erläuternde Satz Misstrauen weckte. Schröders Absage an einen Kriegseinsatz, den niemand gefordert hatte, erschien glaubwürdiger als meine. Schröder hatte die große Mehrheit der Deutschen bei diesem hoch emotionalisierenden Thema, das er selbst gesetzt hatte, auf seiner Seite.

Die Invasion in den Irak durch die Vereinigten Staaten, das Vereinigte Königreich und die sogenannte Koalition der Willigen erfolgte tatsächlich, aber erst eineinhalb Jahre später, am 19. März 2003. Niemand kam auf die Idee einer deutschen Beteiligung. Wie auch immer man diesen Krieg beurteilen mag, das Ausmaß an Falschinformationen durch die damalige Bush-Administration hätte ich mir nicht vorstellen können. Trotzdem: Angela Merkel musste es gelingen, als Kanzlerin das deutsch-amerikanische Verhältnis wieder zu normalisieren. Zwar ist die Außenpolitik im Prozess der Globalisierung nicht stehen geblieben, und die Interessenidentität zwischen den Europäern und den Vereinigten Staaten ist nicht mehr so gegeben wie zu Zeiten des Kalten Krieges. Aber auch in der Globalisierung und bei manchmal gegensätzlichen Interessen brauchen wir ein vertrauensvolles Verhältnis zu den USA. Denn noch so gute Beziehungen zu anderen Weltregionen, etwa zum asiatischen Raum, können das gemeinsame Wertgefüge Europas und der USA niemals ersetzen.

Nahezu zeitgleich mit der Debatte um einen möglichen Irakkrieg entwickelte sich im Wahlkampf 2002 eine zweite Problematik, das Jahrhunderthochwasser an der Elbe, das weite Teile im Osten Deutschlands überflutete. Auch Gerhard Schröder konnte das nicht ahnen, als er seine drei Wahlkampfthemen verkündete. Nun kam ein viertes, tragisches hinzu, eines von gigantischem Ausmaß. Wie mir berichtet wurde, saß Gerhard Schröder noch immer fast resigniert im Kanzleramt, als ihm Innenminister Otto Schily die unglaubliche Dimension der Überschwemmungen berichtete und wohl sinngemäß drängte: »Da musst du hin!« In Gummistiefeln und grüner Regenjacke sprach Schröder den Menschen sein Mitgefühl aus und kündigte tatkräftige Hilfe an. Im deutschen Fernsehen gab es kein anderes Thema mehr – auch dann noch, als das Hochwasser längst weg war. Ereignisse wie diese schlimme Flut sind im-[illegible]er die Stunde der Exekutive, des Kanzlers, nicht des Kandidaten. [illegible]eicht war ich auch ein bisschen zu zurückhaltend. In dieser [illegible]erstand ich mich weniger als Kanzlerkandidat denn als Bayerischer Ministerpräsident. Ich hatte Hemmungen, sofort nach Sachsen zu fahren, weil ich dafür keine rechte Zuständigkeit sah, und ich fürchtete den Vorwurf, aus dem Schicksal der Betroffenen eine parteipolitische Suppe zu kochen. Auch hatte ich das Gefühl, dass Sachsens CDU-Ministerpräsident Georg Milbradt aus nachvollziehbaren Gründen mehr auf die Hilfe des Kanzlers setzte als auf die Unterstützung des Kandidaten. So war ich zunächst beim heimatlichen Hochwasser an der Donau, bevor ich dann auch bayerische Helfer im Osten Deutschlands besuchte und mir vor Ort ein Bild machte. Im Nachhinein denke ich: Ich hätte weniger staatspolitische Skrupel haben und so schnell wie möglich nach Sachsen reisen sollen.

In der Endphase des Wahlkampfs sorgten Gerhard Schröder und ich für eine Innovation, die heute aus der politischen Landschaft nicht mehr wegzudenken ist: das TV-Duell um die Kanzlerschaft. Von Herausforderern hatte es schon in der Vergangenheit immer wieder Vorstöße gegeben, doch die Amtsinhaber lehnten jeweils dankend ab. Schröder dachte sich wohl, als Medienkanzler setze ich diesen Herausforderer locker schachmatt. Und auch in meinem Umfeld gab es nicht wenige, die genauso dachten. Das lässt einen natürlich nicht unbeeindruckt, noch dazu in dem Bewusstsein von fünfzehn Millionen Zuschauern, die wir bei unseren beiden Fernsehduellen jeweils haben sollten. Umso größer war die Überraschung, als ich nach allgemeiner Einschätzung das erste Duell eher für mich entscheiden konnte. Beim zweiten Aufeinandertreffen vor den Fernsehkameras wurden die Vorteile bei Schröder gesehen. Ich hatte mich inhaltlich vorbereitet und auch auf das neue Format eingestimmt, angesichts der Bedeutung des Auftritts wollte ich mich nicht allein auf mein »Bauchgefühl« verlassen. Ein Fehler war sicherlich, dass ich in dem Glauben, alles miteinander vereinbaren zu können, am Abend vor dem zweiten Duell noch eine große Kundgebung in der überfüllten Münchner Olympiahalle bestritten habe. Das würde ich in einer solchen Situation nicht mehr tun.

Die Sender waren angesichts der traumhaften Quoten begeistert. In den Vorgesprächen hatten manche Medienvertreter zunächst an die ganz große Inszenierung gedacht, Einzug auf rotem Teppich inklusive – am besten wie beim Boxkampf. Das kam weder für Schröder noch für mich infrage, bei aller Show wollten wir doch in erster Linie Politik bieten. Es wurden dann Regeln festgezurrt, die viele als zu starr empfanden. Meinen Anteil daran möchte ich gar nicht verhehlen, es ging in Deutschland ja auch um weitgehend unbekanntes Terrain. Aus heutiger Sicht würde ich dafür plädieren, künftig etwas weniger steife Vorgaben zu machen. Allerdings würde dies eine noch größere Verantwortung für die Moderatoren bedeuten, faire Verhältnisse zu gewährleisten. Insgesamt hat sich das TV-Duell auch 2005 und 2009 bewährt. Es bietet vor allem eine Möglichkeit, Menschen zu erreichen, die der Politik fernerstehen. Und dieses Ziel ist alle Mühe wert.

Kennengelernt habe ich Gerhard Schröder bezeichnenderweise in einem Fernsehstudio, im November 1979. Er war Juso-Bundesvorsitzender, ich CSU-Generalsekretär, und wir diskutierten heftig und leidenschaftlich in einem NDR-Vorläufer der heutigen politischen Talkshows. Selbstbewusstsein und eine scharfe Klinge zeichneten ihn schon damals aus. Die sozialistischen linken Positionen der damaligen Jusos kann man sich heute kaum mehr vorstellen, und dass der einstige Juso-Vorsitzende Schröder einmal die Agenda 2010 initiieren würde, ist – vorsichtig ausgedrückt – eine sehr erstaunliche Entwicklung. Nach der Sendung saßen wir noch zusammen, und ich kann mich gut erinnern, dass er sagte: »Ich lehne zwar den Politiker Franz Josef Strauß und seine Positionen total ab, aber den Menschen würde ich gerne einmal kennenlernen.« Von da an haben sich unsere Wege immer wieder gekreuzt, und schon früh in den neunziger Jahren warf er mir im Gespräch des Öfteren hin: »Sie werden auf jeden Fall einmal Kanzlerkandidat von CDU und CSU.«

Vierzehn Tage vor der Wahl erschien erstmals eine Umfrage, bei der Schwarz-Gelb hinter Rot-Grün lag. Die Nachricht lähmte die

Schlagabtausch zur Prime Time: Das erste TV-Duell mit Gerhard Schröder, ausgestrahlt von den privaten Sendern RTL und Sat.1.

Union spürbar, die Siegeszuversicht war wie weggeblasen. Einen Tag später war ich Hauptredner von CDU und CSU in der Haushaltsdebatte im Deutschen Bundestag. In einer meiner schwersten Reden versuchte ich die geschockte Unionsfraktion wieder aufzurichten. Umfragen haben heute ganz generell eine leider überragende Bedeutung für das Seelenleben von Abgeordneten.

Einen Tag vor der Bundestagswahl 2002 wurde das 169. Münchner Oktoberfest eröffnet. Der traditionelle »Anstich« war Angela Merkels Premiere auf der Wiesn, und ich weiß noch gut, dass sie die überschäumende barocke Lebenslust beim größten Volksfest der Welt durchaus beeindruckte. So öffentlich dieses Bad in der Menge war, so abgeschottet war unser anschließendes Vier-Augen-Gespräch in der Staatskanzlei. Wir sprachen über die Aussichten und die denkbaren Konsequenzen des kommenden Wahltags. Angela Merkel eröffnete mir, dass sie als CDU-Vorsitzende nach der Wahl in jedem Fall zusätzlich den Vorsitz der Bundestagsfraktion anstrebe, und bat mich dabei um meine Unterstützung. Dies brachte mich in ein Dilemma, dem man in der Politik leider manchmal nicht ausweichen kann. Einerseits hatte ich ein ganz ausgezeichnetes, freundschaftliches Verhältnis zum amtierenden Fraktionsvorsitzenden Friedrich Merz. Dieser hatte mich vor und während meiner Kanzlerkandidatur nach Kräften unterstützt, ich war ihm zu Dank verpflichtet und schätzte darüber hinaus seine außerordentliche politische Begabung. Auf der anderen Seite war der Anspruch Angela Merkels auf den Fraktionsvorsitz politisch nachvollziehbar, ja in gewisser Weise selbstverständlich. Im Falle der Bestätigung von Rot-Grün musste sie aus ihrer Sicht die Rolle der Oppositionsführerin im Bundestag übernehmen – so wie es auch Helmut Kohl zur Vorbereitung seiner Kanzlerschaft einst getan hatte. Hätten wir eine unionsgeführte Bundesregierung bilden können, wäre Friedrich Merz sicherlich Bundesfinanzminister geworden. Bei einer etwaigen Niederlage aber war der Konflikt Merkel – Merz programmiert. Mir war klar: Wenn ich mich in dieser Frage nach der Wahl gegen Angela Merkel stelle, ist womöglich auch ihr Parteivorsitz in Gefahr. Auch Angela Merkel als Vorsitzender der Schwesterpartei war ich dankbar für unsere Zusammenarbeit im Wahlkampf. Ihr Anspruch war, wie gesagt, nicht aus der Luft gegriffen. Außerdem wollte ich als CSU-Vorsitzender nicht verantwortlich sein für einen so gravierenden Eingriff in die innere Balance der CDU. Aus diesen Gründen gab ich Angela Merkel die Zusage meiner Unterstützung, an die ich mich dann auch hielt. Als sie in der Folge tatsächlich den Vorsitz der CDU/CSU-Bundestagsfraktion übernahm, war Friedrich Merz tief getroffen. Mein Verhalten sah er als schweren Vertrauensbruch an – und ich konnte ihn sogar verstehen. Ich bekniete ihn noch, zunächst erfolgreich, eine herausgehobene Rolle als Erster Stellvertreter Angela Merkels zu übernehmen. Aber die Verletzungen waren wohl zu groß, es ging nicht lange gut und Friedrich Merz zog sich aus der Politik zurück. Inzwischen haben wir uns längst ausgesprochen und wieder ein gutes persönliches Verhältnis. Größtes Vergnügen bereitete es ihm als Anhänger von Borussia Dortmund, mich nach den Siegen gegen Bayern München in Meisterschaft und Pokal fürsorglich per SMS nach meinem Wohlbefinden zu fragen. Es geht Friedrich Merz meinem Eindruck nach gut, er scheint das Scheinwerferlicht der Politik überhaupt nicht zu vermissen, den Absprung in eine erfolgreiche berufliche Karriere in der Wirtschaft hat er leicht geschafft; trotzdem ist es bedauerlich, auf ein solches Potenzial in der Politik verzichten zu müssen. Ich freue mich, dass auch Angela Merkel und Friedrich Merz offenbar wieder eine Gesprächsebene gefunden haben.

22. September 2002. Es herrschte große Anspannung, unter die sich auch eine gewisse Erleichterung mischte. Monatelang wurde mit unzähligen Unterstützern auf diesen Tag hingearbeitet. Das war jetzt vorüber, jetzt hatte endlich der Wähler das Wort. Um 9 Uhr ging ich mit meiner Frau in Wolfratshausen ins Wahllokal. Dann, beim großen Trachtenumzug anlässlich des Oktoberfests in München, spürte ich: Zumindest in Bayern müsste es gut laufen. Die Stimmung war ganz im Sinne des Slogans, den ich im Wahlkampfendspurt – ganz ohne Werbefachleute – selbst kreiert hatte: »Bayern wählt Stoiber«.

Am Wahlabend habe ich gemeinsam mit Angela Merkel und den engsten Vertrauten in Berlin die ersten Hochrechnungen verfolgt. Mich erwarteten die vielleicht dramatischsten Stunden meines politischen Lebens. Gegen 18 Uhr 45 signalisierte die ARD zum wiederholten Mal einen deutlichen Vorsprung der Union vor der SPD und eine Mehrheit für Schwarz-Gelb. Das ZDF sah die Union ebenfalls klar vorn, Schwarz-Gelb und Rot-Grün allerdings eher gleichauf. In euphorischer Stimmung traten Angela Merkel und ich im Berliner Konrad-Adenauer-Haus, der Bundesgeschäftsstelle der CDU, vor die begeisterten Anhänger und Mitarbeiter. Und ich rief den gerne zitierten Satz in die Menge: »Eines steht jetzt schon fest – die CDU, die CSU, die Union – wir haben die Wahl gewonnen! Die große Partei der Mitte ist wieder da.«

Der Wähler hat das Wort: Am Wahltag, 22. September 2002, kurz vor der ersten Hochrechnung, zusammen mit Karin, Michael Glos, Günther Beckstein und engsten Mitarbeitern.

Oft wurde mir dies als Übermut ausgelegt, und eine Portion Häme war mir sicher. Gemeint habe ich in diesem Augenblick jedoch nicht die Kanzlerschaft, sondern ich wollte zum Ausdruck bringen, dass CDU und CSU im Vergleich zu 1998 deutlich zugelegt hatten und wieder vor der SPD lagen. Ersteres stimmte, zu Letzterem fehlten am Ende rund 6000 Stimmen. Was war der Grund für diese Fehleinschätzung der Meinungsforscher? Sie hatten in ihre Hochrechnungen einen Anteil Briefwähler einbezogen, die nach allen Erfahrungen mehr zu CDU und CSU neigen. Hier kam nun die Debatte um einen Einsatz im Irak wieder ins Spiel: Im Gegensatz zu den Erwartungen der Institute hatten dieses Mal überproportional viele Briefwähler SPD oder Grüne gewählt. Von der Briefwahl machten vor allem ältere Mitbürger Gebrauch, die aufgrund ihrer Lebenserfahrung eine noch größere Kriegsangst hatten als jüngere Wähler. Je mehr Briefwähler nicht mehr hochgerechnet, sondern ausgezählt wurden, desto stärker bröckelte unser Vorsprung.

Von alldem ahnten Angela Merkel und ich zu diesem Zeitpunkt nichts. Angespannt, aber optimistisch machten wir uns auf den Weg in die sogenannte Elefantenrunde der Spitzenrepräsentanten der Parteien im Fernsehen. Als wir Platz nahmen – die Kameras liefen noch nicht –, wandte sich Schröder zu mir: »Jetzt können Sie übernehmen. Dann setzen Sie mal Ihre ständige Kritik um.« Entsprechend resigniert wirkte er in der Sendung, bis ihm auf einmal ein Zettel mit den neuesten Hochrechnungen gereicht wurde. Er straffte sich merklich, und sein Kampfgeist kehrte ganz offensichtlich zurück. Die Zahlen signalisierten wieder ein offenes Rennen.

Gegen 4 Uhr früh gab der Bundeswahlleiter das vorläufige amtliche Endergebnis bekannt: CDU/CSU 38,5 Prozent, SPD 38,5 Prozent, Grüne 8,6 Prozent, FDP 7,4 Prozent. Die rot-grüne Bundesregierung mit Gerhard Schröder und Joschka Fischer konnte, auch aufgrund einiger Überhangmandate, weiterregieren. Die Union hatte um 3,4 Prozent gegenüber 1998 zugelegt, und zum ersten Mal seit zwanzig Jahren gab es bei einer Bundestagwahl wieder einen Zugewinn. Auch im Osten Deutschlands konnten wir das Unionsergebnis von Helmut Kohl knapp verbessern. Meine Partei, die CSU in Bayern, hatte sensationell eine Million Stimmen hinzugewonnen und 58,6 Prozent erzielt. Ich war, wie mir einmal gesagt wurde, ein erfolgreicher gescheiterter Kanzlerkandidat.

Nach den ersten Hochrechnungen habe ich sehr schnell mit Guido Westerwelle telefoniert und verabredet: Wenn es reicht, dann machen wir Schwarz-Gelb. Später am Abend habe ich seine tiefe Enttäuschung gespürt. Er hätte diese Koalition unter meiner Führung als FDP-Vorsitzender gerne geschmiedet. Kennengelernt habe ich ihn als jungen Generalsekretär, der sehr früh in diese hohe Verantwortung gekommen ist. Er ist ein durch und durch politischer Mensch, der Politik mit Emotionalität betreibt und die Menschen nicht nur rational anspricht. Zugleich richtet er seine Politik sehr stark an Grundsätzen aus, nach einem ordnungspolitischen Kompass, und nimmt dabei auch Gegenwind in Kauf. Heute hat er als Kapitän der deutschen Außenpolitik seine Rolle gefunden.

Diese Wahlauseinandersetzung Rot-Grün gegen Schwarz-Gelb, Schröder gegen Stoiber, war vielleicht die letzte, die auch Züge eines kulturellen Gegensatzes in sich trug. Ex-Juso-Chef Gerhard Schröder und Joschka Fischer repräsentierten – wenn auch zu Staatsmännern gewandelt – gewissermaßen den 68er-Marsch durch die Institutionen und den Bruch mancher tradierter Werte. Dagegen stand ich, der Katholik aus dem Süden Deutschlands, der Fortschritt wollte, aber auch die Bewahrung guter Traditionen. Joschka Fischer, die Galionsfigur der Grünen, begegnete mir immer wieder. Wir waren harte politische Konkurrenten und haben uns nichts geschenkt. Persönlich ist er eine sehr weite Strecke gegangen, und heute ist er ein durchaus europäisch fühlender – fast möchte ich schon sagen, bürgerlicher – politischer Intellektueller mit wirtschaftlichen Schwerpunkten geworden. Damit steht er in riesiger Distanz zu seiner Partei.

In den letzten fünfundzwanzig Jahren hat sich einiges getan, und im Verhältnis zu den Grünen sind vielleicht die Zeiten der härtesten Konfrontationen vorbei. Trotzdem sehe ich eine Koalition von CDU und CSU mit den Grünen auf Bundesebene nach wie vor überhaupt nicht. 2005 habe ich allen Bestrebungen nach einer solchen Koalition heftigst widersprochen, und sie wäre mit mir auch nicht zu machen gewesen. Das gilt im Grundsatz heute noch – auch wenn die Zeit nicht stehen geblieben ist, wie die Energiewende zeigt. Man kann in der Politik nicht einfach irgendwelche Zahlen addieren und dann hat man eine Regierung. Zunächst muss es gemeinsam vertretbare Inhalte geben. In den Bereichen Umwelt und Wirtschaft gibt es durchaus gewisse Schnittmengen. Doch in der Gesellschaftspolitik oder der Sicherheitspolitik sind die Gemeinsamkeiten nach wie vor sehr begrenzt – ganz zu schweigen von der Europapolitik und dem Drängen der Grünen auf gemeinsame Haftung und Eurobonds. Und dazu kommt: Parteien agieren ja nicht im luftleeren Raum. Parteien haben Anhänger, und diese Anhänger sind Wähler. Mein politisches Credo war stets: Denkt bei allen parteipolitischen Diskussionen und vermeintlichen Koalitionsperspektiven zuallererst an die eigenen Anhänger! Sie müssen im Mittelpunkt aller strategischen Überlegungen einer Partei stehen. Hier muss ich mir nicht einmal die Union ansehen, schon bei den Grünen existiert eine nach wie vor große Distanz.

Ein anderer 68er, der einen beachtlichen Weg gegangen ist und zu dem ich heute ein nahezu freundschaftliches Verhältnis habe, ist Otto Schily. Ihn treffe ich mehrmals im Jahr. Nur die wenigsten hätten sich damals den scharfzüngigen RAF-Anwalt und Mitbegründer der Grünen als späteren kantigen SPD-Bundesinnenminister mit Law-and-Order-Image vorstellen können. Generell habe ich Respekt davor, wenn sich Menschen weiterentwickeln und bereit sind, sich auf neue Situationen auch neu einzustellen. Nach meinem Rückzug aus der Politik sandte er mir einen bemerkenswert persönlich gehaltenen Brief. Sinngemäß schrieb er: »Sie werden es nicht glauben, auch das Leben ohne Politik kann sehr schön sein. Sie werden es feststellen, es gibt ein Jenseits von der Politik.« Er hat übrigens recht.

Eine Anekdote fällt mir noch zu Otto Schily ein, die er selbst vielleicht so gar nicht kennt. Strauß bereitete sich Mitte der achtziger Jahre in München auf seine Aussage im sogenannten Flick-Untersuchungsausschuss vor. Der Grünen-Abgeordnete Schily war bekannt dafür, die Befragung von Zeugen aus anderen Parteien gerne zu einem politischen Tribunal zu machen. So schlugen wir Strauß vor, wenn es ihm zu bunt würde, Schily doch an dessen Vergangenheit als Verteidiger im Baader-Meinhof-Prozess zu erinnern und ihm entgegenzuhalten: Er frage ihn ja auch nicht, ob das Honorar damals aus Banküberfällen gestammt habe. Ich unterstützte diese Idee nachdrücklich. Und tatsächlich, genau so kam es dann auch. Die Wellen der Empörung schlugen hoch, der Ausfallschritt war gelungen, die politische Attacke auf Schily beherrschte alle Schlagzeilen. Ich denke, Otto Schily wird mir dieses kleine Bekenntnis nicht übel nehmen, war er doch damals selbst nicht gerade zimperlich in der politischen Auseinandersetzung.

Reformoffensive

Der Kanzlerwahlkampf war extrem fordernd und erschöpfend, physisch wie psychisch. Wie verkraftet man ein so knappes Ergebnis? Wenige Fragen wurden mir so oft gestellt wie diese. Für mich war es wie beim Fußball: Der Schuss geht an die Latte, der Ball springt noch einmal auf die Linie zurück, aber er geht nicht ins Tor. Die Szene sorgt für hitzige und leidenschaftliche Diskussionen. Doch knapp daneben ist auch vorbei. Mit Blick auf das Thema Irak und das Jahrhunderthochwasser an der Elbe konnte man ein wunderbares Fußballerbonmot zitieren: Erst hatten wir kein Glück, und dann kam auch noch Pech dazu. Aber sich zu bemitleiden hätte nichts geändert – das wäre auch nicht meine Art gewesen. Selbst nach einem Finale in der Champions League geht es wieder in der Liga weiter – für den Verlierer wie für den Sieger. Gerhard Schröder und ich haben uns mit etwas Abstand einmal über diese Phase nach der Bundestagswahl 2002 unterhalten. Er schilderte mir, wie sehr dieser Bundestagswahlkampf an ihm gezehrt und wie lange er gebraucht habe, wieder zu gewohnter Form zu kommen. In den Koalitionsverhandlungen nach der Wahl hätte er deshalb auch einiges durchgehen lassen, was ihm später Schwierigkeiten bereitete. Der Kabarettist Elmar Brandt sang ein Lied darüber und landete mit seinem »Steuersong« auf Platz eins der Hitparaden: »Was du heute kannst versprechen, darfst du morgen wieder brechen … Ich erhöh' euch die Steuern, gewählt ist gewählt, ihr könnt mich jetzt nicht mehr feuern, das ist ja das Geile an der Demokratie.«

Die deutsche Position zum Irak war x-fach dargestellt, das Hochwasser an der Elbe war abgeflossen, aber an der Situation von Wirtschaft und Arbeitsmarkt hatte sich nichts gebessert – im Gegenteil. Das Thema, das ich mit der Forderung nach einem Sanierungsplan für Deutschland in den Mittelpunkt des Wahlkampfs gerückt hatte, beherrschte die Politik unverändert. Bundeskanzler Gerhard Schröder kündigte für den 14. März 2003 eine Regierungserklärung an. Unbeschadet der Niederlage bei der Bundestagswahl sollte ich im Deutschen Bundestag neben Angela Merkel für die Union erwidern und hatte dazu meine Vorschläge für einen Sanierungsplan vorbereitet. Am Abend vorher kam ich in Berlin an und erhielt – entsprechend den parlamentarischen Gepflogenheiten – den letzten Entwurf der Kanzlerrede übermittelt. Ulrich Wilhelm meinte, es sei mal wieder nichts Neues zu erwarten. Aber schon beim Überfliegen des Textes wurde mir klar: Diesmal war es anders. Was hier stand, war eine fundamentale Veränderung der Schröder'schen Politik, eine inhaltliche Revolution für die SPD. Es war die Ankündigung der Agenda 2010, der weitgehenden Reform des deutschen Sozialsystems und Arbeitsmarktes. Natürlich ließ ich mir die Gelegenheit nicht entgehen, Rot-Grün die Versäumnisse der letzten Jahre noch einmal vorzuhalten und deutlich zu machen, dass Schröder in wesentlichen Punkten noch zu kurz sprang. Aber ich sagte auch: »Wir reichen der Bundesregierung die Hand. Wir als Opposition können in der gegenwärtigen Phase – Deutschland befindet sich in der tiefsten Strukturkrise – unsere Mitarbeit bei den notwendigen Entscheidungen nicht verweigern.« Eine Blockadepolitik mit unserer Mehrheit im Bundesrat, wie sie Lafontaine und Schröder in der Endphase der Regierung Kohl betrieben hatten, kam für uns nicht infrage. Die Union hat in dieser Zeit staatspolitische Verantwortung bewiesen, und darauf kann sie bis heute stolz sein.

Dieser 14. März sollte Deutschland und die politische Landschaft nachhaltig verändern. Gerhard Schröder und Franz Müntefering, Vorsitzender der SPD-Bundestagsfraktion, konnten ihre SPD zunächst noch mit Druck, dann aber überhaupt nicht mehr von den notwendigen Maßnahmen überzeugen. Die Linkspartei etablierte sich zulasten der SPD, die ihre Augenhöhe zur Union verlor. Unser Land profitiert bis heute von der Agenda 2010. Die wirtschaftliche Stärke Deutschlands im Jahr 2012, inmitten schwerster Krisen in Europa, ist nicht zuletzt auf diese Reformen zurückzuführen. Die Agenda 2010, aktiv unterstützt und mitgestaltet von CDU und CSU, ist die historische Leistung des Bundeskanzlers Gerhard Schröder. Der Bruch und das Aufweichen des Stabilitätspakts und die Aufnahme Griechenlands in den Euro sind dagegen seine historischen Fehler.

Nach dem Spiel ist vor dem Spiel. Bundestagswahlen sind für die CSU die Kür, die Wahl in Bayern ist die Pflicht. Wie immer ging ich auch im Landtagswahlkampf 2003 bis an die Grenzen der Belastbarkeit. Die Voraussetzungen waren im Vergleich zu vorangegangenen Wahlen hervorragend. Die CSU kämpfte in absoluter Geschlossenheit für ein bestmögliches Ergebnis. In heutigen Worten könnte man sagen: Sie war fokussiert auf den gemeinsamen Erfolg – ein Beispiel, das ich auch für die Zukunft empfehle. Die Bilanz, mit der wir vor die bayerische Bevölkerung treten konnten, war glänzend und strahlte zusätzlich angesichts des rot-grünen Kontrastprogramms in Berlin. Wir formulierten eine klare Vorstellung von einer guten Zukunft, in deren Mittelpunkt der ausgeglichene Haushalt stehen sollte. Und nicht zuletzt empfanden viele das Fotofinish bei der Bundestagswahl irgendwie als ungerecht und wollten dies an der Wahlurne noch einmal zum Ausdruck bringen. Die Opposition kam sozusagen gar nicht erst in Ballbesitz und beschränkte sich auf die Warnung vor einer Zweidrittelmehrheit der CSU. Am 21. September 2003 erreichte die CSU zum ersten und bisher einzigen Mal in der Geschichte der Bundesrepublik die Zweidrittelmehrheit der Mandate: 60,7 Prozent. In der Parteiführerkonferenz der Europäischen Volkspartei in Brüssel erntete ich dafür nicht nur großen Applaus, sondern auch viele fragende Blicke von José Maria Aznar, Silvio Berlusconi, Alain Juppé oder Jean-Claude Juncker.

Für mich ergab sich angesichts dieses grandiosen und sicher nicht mehr zu steigernden Erfolgs folgendes Gedankenspiel: Ich bin jetzt 62 Jahre alt und auf dem Höhepunkt der Zustimmung. Bayern steht im Moment gut da. Eigentlich könnte ich jetzt präsidial »segnend« durchs Land ziehen und so die Früchte der vielen Arbeit ernten. Um die notwendigen Weichenstellungen für die Zukunft kann sich dann in ein paar Jahren die nächste Generation kümmern.

Aber das war für mich keine Versuchung, es wäre mit meinem Verständnis von Politik nicht vereinbar gewesen. Ich habe die Zweidrittelmehrheit nicht als Ruhekissen, sondern als Gestaltungsauftrag empfunden. Oft genug hatte ich meine Vorstellungen für eine gute Zukunft in Deutschland und Bayern formuliert. Jetzt bestand die Aufgabe darin, sie weiter umzusetzen. Ähnlich der Agenda 2010 auf Bundesebene galt meine Regierungserklärung »Perspektiven für Bayern schaffen: Sparen – Reformieren – Investieren« am 6. November 2003 als Paukenschlag. Übrigens freute ich mich, als Angela Merkel genau dieses Motto zwei Jahre später für ihre Bundesregierung formulierte. Anders als offenbar Gerhard Schröder in der SPD hatte ich die wesentlichen Punkte meiner CSU-Fraktion im Bayerischen Landtag vorgestellt. Größere Diskussionen gab es darüber nicht. Aber ich erinnere mich noch gut daran, wie sich der heutige Landwirtschaftsminister Helmut Brunner zu Wort meldete und zu den Kollegen sagte: »Ich unterstütze das alles. Aber ich hoffe, ihr seid euch bewusst, dass es hier um große Reformschritte geht und was das bedeutet.«

Der ausgeglichene Haushalt, der Verzicht auf neue Schulden war seit 1998 das große Thema und das große Ziel. Am 14. Dezember 2000 hatte der Bayerische Landtag den ausgeglichenen Haushalt ab dem Jahr 2006 gesetzlich festgeschrieben.

Gerne wäre ich noch einen Schritt weiter gegangen. Meiner Vorstellung nach sollte der ausgeglichene Haushalt schon damals in der Bayerischen Verfassung verankert werden. Ich wollte das bayerische Volk über dieses überragende politische Ziel abstimmen lassen und war mir sicher, dafür auch eine klare Mehrheit zu bekommen. Mir war klar, dass der Verzicht auf neue Schulden auch schwere Wegstrecken erfordern würde. Von der direkten Beteiligung der Bevölkerung an dieser Entscheidung versprach ich mir aber ein noch stärkeres Gemeinschaftsgefühl für diese Herausforderung. Letztlich musste ich aber die Einwände akzeptieren, die mir Alois Glück als Vorsitzender meiner Regierungsfraktion mitteilte. Ein ausgeglichener Haushalt war zu dieser Zeit eine solche politische Innovation, dass die Änderung der Verfassung vielen zu ambitioniert schien. Es ist absolut richtig, dass Horst Seehofer dieses Thema wieder aufgegriffen hat und die Schuldenbremse neben dem Grundgesetz auch in die Bayerische Verfassung aufnehmen will.

Um die Jahrtausendwende war auch unsere gesetzliche Regelung ein Signal ohne Beispiel, weit über Bayern und Deutschland hinaus. Aber nun galt es, dieses Gesetz auch einzuhalten, noch dazu in Zeiten eines gesamtwirtschaftlichen Abschwungs. Neun Steuerschätzungen in Folge ergaben ab Mai 2001 einen Verfall der Steuereinnahmen, von dem auch ein starkes Land wie Bayern nicht ausgenommen war. Der größte Kraftakt war bei den Haushaltsberatungen zum Nachtragshaushalt 2004 notwendig – über 2 Milliarden Euro Einsparungen bei einem Haushalt von rund 35 Milliarden. Die zehnstündige Fraktionssitzung war mit das Intensivste, was ich in meiner politischen Laufbahn erlebt habe. Schließlich wurde der Sparbeschluss einstimmig gefasst. Am 1. Januar 2006 trat in Bayern der bundesweit erste Haushalt ohne Neuverschuldung in Kraft. Einen besonderen Anteil an diesem Erfolg trägt der verantwortliche Finanzminister Kurt Faltlhauser, der dafür vom Bund der Steuerzahler mit dem »Goldenen Sparlöwen« ausgezeichnet wurde.

Viele Entscheidungen sind in einem langen Politikerleben zu treffen – populäre und unpopuläre, große und kleine, kurzfristige und lang wirkende, riskante und überschaubare, wichtige und weniger bedeutende. Wenn ich die Weichenstellung meines politischen Lebens nennen sollte, wäre es neben »Laptop und Lederhose« der ausgeglichene Haushalt. Es war eine Entscheidung gegen den politischen Trend und für die Zukunft. In der Runde der Ministerpräsidenten sprach Roland Koch damals davon, Bayern würde hier in einer anderen Liga spielen. Heute werde ich in ganz Europa eingeladen und gefragt, wie man so etwas schaffen kann. Bayern ist in Europa die Blaupause dafür, dass finanzielle Solidität, wirtschaftlicher Erfolg und soziale Stärke eine Erfolgsformel sind und keine sich widersprechenden Ziele. Ohne das jahrelange Beharren und den politischen Vorlauf in Bayern hätten Bundestag und Bundesrat im Jahr 2009 nicht folgenden Beschluss gefasst: Im Bund gilt ab

2016 eine Schuldenbremse, in den Ländern ab 2020 sogar ein Schuldenverbot. Dann wird Bayern gegenüber den meisten anderen Ländern einen Vorsprung von vierzehn Jahren haben.

In all den Jahren haben große Mehrheiten der Bevölkerung – mindestens Zweidrittelmehrheiten – den Verzicht auf neue Schulden für richtig gehalten und unterstützt. Ganz besonders freue ich mich darüber, dass sich die junge Generation so sehr dem Kampf gegen die Schulden verschrieben hat. Sie sieht, dass es beim ausgeglichenen Haushalt vor allem um ihre Zukunft und die ihrer Kinder geht. Ich betrachte es als eine meiner größten Auszeichnungen, dass mich die Junge Union Bayern unter dem Motto »Chancen statt Schulden« um die Schirmherrschaft ihrer aktuellen Kampagne »Offensive.Generationen.Gerechtigkeit.« gebeten hat. Ihre engagierte Vorsitzende Katrin Albsteiger zählt für mich zu den politischen Nachwuchshoffnungen. Ganz generell bin ich der Meinung, dass junge Leute bis fünfunddreißig viel stärker in die aktuellen Zukunftsdebatten einbezogen werden sollten – entgegen der Tatsache, dass sie aufgrund ihres Alters meist noch gar nicht ausreichend etabliert sein können, um bei den Beratungen in München, Berlin oder Brüssel mit am Tisch zu sitzen. Vor allem die jungen Leute haben schließlich mit den Folgen der gravierenden Entscheidungen zu leben, die heute zu treffen sind. Alle Parteien sollten Formen finden, in ihren Spitzengremien den Blickwinkel der Jugend noch stärker mit aufzunehmen.

Menschlich ist es absolut nachvollziehbar, dass gegen einzelne konkrete Sparmaßnahmen zum Teil erbittert gekämpft wurde. Verbände sind Interessenvertreter, es ist ihre Aufgabe und ihr Selbstverständnis, selbst maßvolle Eingriffe zulasten ihrer Mitglieder abzuwehren. Das geschah nach Kräften: Als der rumänische Ministerpräsident Adrian Nastase im Dezember 2003 in München zu Gast war, konnten wir nach unserem Treffen das Prinz-Carl-Palais nicht verlassen, weil Tausende Demonstranten zur nahe gelegenen Staatskanzlei zogen. Seine erstaunte Bemerkung: »Das hätte ich nicht gedacht. Bei Ihnen geht es ja zu wie bei mir zu Hause.« Ganz so ging es zwar nicht zu, aber Verbände und Interessengruppen mobilisierten gewaltig.

Und wieder stellte ich mir die Frage: Haben sie alle unrecht? Ein Politiker muss Einwände und Emotionen ernst nehmen, das ist gar keine Frage. Und nicht selten werden auch Argumente vorgebracht, die zu Änderungen ursprünglicher Pläne führen. Das ist das Wesen unserer Demokratie. Zuhören wird heute als eine der wesentlichen Eigenschaften eines Politikers angesehen. Zu Recht, aber nach dem Zuhören muss man auch entscheiden. Dann gilt es, die Einzel- und Gruppeninteressen zu bewerten, zu gewichten – und nach dem Gesamtinteresse für das Land zu handeln. Auf die Einwände der Opposition und mancher Medienvertreter, der Sparkurs sei zu rigide, habe ich oft erwidert: Was ist eigentlich die Alternative? Die Schulden nicht abbauen? Der platteste Vorwurf lautete immer wieder: Stoiber spart das Land kaputt! Und was ist heute das Ergebnis? Seit Bayern den ausgeglichenen Haushalt hat, sind die Vorsprünge gegenüber den anderen Ländern sogar noch gewachsen.

Damit kein falscher Eindruck entsteht: Es war ein schwieriger Weg, und vielen Menschen wurde dabei auch etwas zugemutet. Nicht jede der vielen Entscheidungen war im Nachhinein richtig. Als Beispiel nenne ich die Abschaffung des traditionsreichen Bayerischen Obersten Landesgerichts – eine finanziell eher kleine Maßnahme mit großer emotionaler Betroffenheit in den Kreisen der Justiz. Der gedankliche Überbau damals war das Signal, dass es einer großen Gemeinschaftsanstrengung bedarf, an der sich alle beteiligen müssen. Den ausgeglichenen Haushalt hätten wir wohl auch ohne diesen Einschnitt geschafft. Die Auflösung des »Bayerischen Obersten« war übrigens eine der wenigen Maßnahmen, die vom Oppositionsführer ausdrücklich begrüßt wurden. Doch insgesamt halte ich fest: Der Abbau der Schulden war und ist moralisch und finanzpolitisch die einzig vertretbare Position. Es ist die logische und exzellente Fortsetzung dieser Politik, wenn Horst Seehofer jetzt auch den nächsten Schritt gehen und bis 2030 die Staatsschulden tilgen will. Finanzminister Markus Söder hat als mein schneidiger

Generalsekretär den Weg zum ausgeglichenen Haushalt mitgestaltet. Er ist dafür prädestiniert, das große Ziel der Schuldentilgung tatkräftig und erfolgreich anzupacken. Die ersten wuchtigen Schritte dazu sind bereits gelungen. Die Argumente, die ihm aus den anderen Parteien entgegengehalten werden, kommen mir sehr bekannt vor. Deshalb bin ich für die Schuldentilgung zuversichtlich – wenn die CSU wiederum Kurs hält.

Sparen allein reicht allerdings nicht aus, um ein Land so wettbewerbsfähig wie möglich zu machen. Reformen und Zukunftsinvestitionen müssen dazukommen. So haben wir gleich zu Beginn der Legislaturperiode auch eine ehrgeizige Reform der bayerischen Verwaltung in Angriff genommen. Unter dem Titel »Verwaltung 21 – Reform für ein modernes Bayern« wurde im Juli 2004 ein umfangreiches Reformpaket beschlossen. Es würde zu weit führen, all die Veränderungen an dieser Stelle nachzuzeichnen. Auch hier gilt, dass nicht jede Entscheidung den vollen gewünschten Erfolg gebracht hat. Auch die Kommunikation bei den Betroffenen vor Ort war nicht immer optimal. Doch unterm Strich spart Bayern aufgrund dieser Verwaltungsreform jedes Jahr bis zu 500 Millionen Euro. Und die Verwaltung funktioniert, bei allen Problemen im Detail, manchen Bürgern gelegentlich sogar zu gut.

Sparen und reformieren – dieser Weg war kein leichter. Angela Merkel wurde von Rot-Grün noch verlacht, als sie 2003 im Deutschen Bundestag ihr Ziel benannte, Deutschland bis zum Jahr 2010 vom Schlusslicht in Europa wieder an die Spitze zu führen. Wie froh sind wir in den Zeiten der Krisen, dass genau dies gelungen ist. Bayern ist das wirtschaftliche Zugpferd Nummer eins in Deutschland, und damit haben wir einen erheblichen Beitrag zu diesem Aufschwung geleistet. Den Einzelnen in meiner Partei, die daran noch immer zweifeln wollen, sage ich: Bayern zu stärken macht die CSU stark, nicht Geruhsamkeit. Dass wir auf dem Höhepunkt der Spar- und Reformdiskussion bei der Europawahl 2004 von den Wählern mit 57,4 Prozent belohnt wurden, war dafür eine schöne Bestätigung.

Eine Grundentscheidung, die in dieser Zeit in nahezu allen alten Bundesländern getroffen wurde und die bis heute in der politischen Debatte steht, ist das achtjährige Gymnasium. In den neuen Ländern war dies bereits seit Jahrzehnten gängige Praxis, in den alten als Ziel fast einhellige Auffassung; es entsprach weitgehend auch internationalem Standard. Ein Volksbegehren zur Wiedereinführung des neunjährigen Gymnasiums scheiterte im Jahr 2005 mit nur 2,4 Prozent Zustimmung. Seit der Einführung des G8 ist in Bayern die Übertrittsquote von der Grundschule auf das Gymnasium auf rund 40 Prozent gestiegen. Alle politischen Richtungen, die unterschiedlich ausgerichteten Lehrerverbände und engagierte Eltern diskutieren leidenschaftlich über das G8. Die Staatsregierung nimmt alle Einwendungen auf und geht sehr sensibel damit um.

Wir brauchen in unserem Land viele gut ausgebildete Abiturientinnen und Abiturienten, gerade ich habe für den massiven Ausbau der Fachhochschulen und Universitäten gekämpft. Nur eines sollte bei allen Bildungsdebatten nicht vergessen werden: Gerade auch die sogenannte duale Ausbildung, die Verbindung von schulischer und betrieblicher Ausbildung, gilt international als Erfolgsgeheimnis der Deutschen. Die Schwäche Frankreichs und die Stärke Deutschlands haben hier eine Wurzel. Der Mensch fängt nicht beim Abitur an, jedes Kind soll die besten Chancen bekommen, die auch zu ihm passen. Wir werden auch morgen und übermorgen Praktiker und Handwerker brauchen. Wir brauchen nicht nur Psychologen, Soziologen und Analytiker – die brauchen wir auch. Aber Siemens, BMW, Audi, Tausende Handwerksbetriebe brauchen auch Leute, die die Dinge in die Hand nehmen können. Das Handwerk hat goldenen Boden, das galt nicht nur gestern und vorgestern, sondern das gilt auch heute und morgen. Deshalb brauchen wir eine Differenzierung und Förderung nach Begabung, sonst untergraben wir unser eigenes Fundament.

Wir profitieren heute enorm davon, dass es gerade auch in Bayern noch die sogenannten alten Industrien gibt. Der Freistaat kann wirtschaftlichen Krisen eine starke industrielle Basis entgegensetzen, immerhin erwirtschaftet die bayerische Industrie rund ein Viertel des Bruttoinlandsprodukts. England etwa ist mit der Abhängigkeit vom Finanzsektor in viel größeren Schwierigkeiten. In den USA ist die Lage ähnlich. Dass Bayern dem Modetrend der De-Industrialisierung seit den neunziger Jahren nicht gefolgt ist, ist ein ganz besonderes Verdienst auch von Otto Wiesheu.

Am 27. Juni 2003 wurde das Terminal 2 des Münchner Flughafens feierlich eröffnet. Am Rande des Festakts sprach mich der Vorstandsvorsitzende der Siemens AG an, Heinrich von Pierer. Er komme gerade von einer Asien-Reise mit Bundeskanzler Gerhard Schröder. Der habe ihn gebeten, ein vertrauliches Gespräch mit mir in seinem Erlanger Privathaus zu arrangieren. Einige Monate später, nach der Wahl in Bayern, kam dieses Gespräch unter absoluter Geheimhaltung tatsächlich zustande. Es war der 10. Oktober 2003. Beinahe bis Mitternacht saßen wir bei Rotwein zusammen, es war ein sehr langes und persönliches Gespräch. Der Anlass für Schröders Initiative kam zunächst noch nicht zur Sprache. Erst einmal, ich habe es bereits erwähnt, arbeiteten Schröder und ich unseren Kanzlerwahlkampf auf, der nun ein gutes Jahr zurücklag. Wie der jeweils andere bestimmte Wegmarken und Situationen in diesem Wahlkampf empfunden hatte, war hochinteressant und spannend. Wir hatten uns beide nichts geschenkt, aber das änderte nichts an unserem ordentlichen persönlichen Verhältnis. Schließlich wussten wir beide lange genug, was eine politische Auseinandersetzung mit sich bringt.

Vier Jahre später sollte Schröder sogar mein Gast in Wolfratshausen sein. Einem Geburtstagsglückwunsch an ihn fügte ich hinzu, dass ich in der Zeitung gelesen hätte, er werde im Herbst Festredner beim Jubiläum der Wolfratshauser SPD sein. Wenn er Lust hätte, könne er gerne auf eine Brotzeit bei mir vorbeischauen. Er hat die Einladung prompt angenommen, meine Frau und ich haben ihn begrüßt und uns sehr angenehm mit ihm unterhalten, vor allem über die Herausforderungen eines Politikerlebens für die Familie. Es gab also auch eine »Wolfratshauser Brotzeit«, allerdings unter ganz anderen Vorzeichen.

Doch zurück in das Jahr 2003, nach Erlangen. Irgendwann lüftete Gerhard Schröder dann doch sein Geheimnis. Eigentlich sei er der Meinung gewesen, meine bundespolitische Rolle sei nach der knappen Niederlage gegen ihn 2002 erledigt. Er müsse aber feststellen, dass er sich geirrt habe. Mit mir sei, noch dazu nach der gerade gewonnenen Zweidrittelmehrheit in Bayern, nach wie vor zu rechnen. Kurzum, in einem halben Jahr sei das Amt des EU-Kommissionspräsidenten zu besetzen. Die Sozialisten hätten im Europäischen Rat keine Mehrheit für ihren Kandidaten, den belgischen Ministerpräsideten Guy Verhofstadt. Und wenn es nun schon auf einen Konservativen hinauslaufe, dann sei ich für ihn die beste Wahl: »Sie, Herr Stoiber, Sie sollten das machen.« Wenn er an die immer stärkere Rolle der Europäischen Kommission denke, dann sei ihm als Präsident ein CSU-Vorsitzender mit einer eher verhaltenen Europa-Begeisterung lieber als andere. Schon in früheren Jahren hatte mir Schröder gelegentlich erzählt, seine Frau Doris hätte ihm zu manchen meiner kritischen Anmerkungen gegenüber den Europa-Euphorikern gesagt: »Der Stoiber hat da schon recht!« In Erlangen machte er schließlich noch deutlich, dass die Überlegungen weit fortgeschritten seien und es dazu schon ernsthafte Verabredungen gebe. Anscheinend blickte ich ihn etwas misstrauisch an, denn sofort fügte er hinzu, dass er bereits beim französischen Staatspräsidenten Jacques Chirac und beim britischen Premier Tony Blair sondiert hätte, ob man sich eine Lösung mit mir vorstellen könne. Beide hätten ihre Zustimmung signalisiert. Mit dem Votum dieser beiden großen EU-Mitgliedsstaaten liege eine Entscheidung für mich als Kommissionspräsident in greifbarer Nähe. Daraufhin habe ich erst einmal einen Schluck getrunken.

Schröder hatte an diesem Abend noch einen Anruf von Chirac in den nächsten Tagen angekündigt. Dieser würde mir konkret mitteilen, dass Frankreich mich als Kommissionspräsident mit vorschlagen werde. In der Tat rief mich Jacques Chirac zwei Tage später an und bat mich, nach Paris zu kommen. Unter absoluter Geheimhaltung flog ich nach Paris. Chirac wollte unter vier Augen mit mir reden und die Dolmetscherin aus dem Raum schicken. Ich fand das doch etwas überzogen, also diktierte Chirac der Dolmetscherin persönlich eine Erklärung in den Block, dass sie das, was sie jetzt übersetzen werde, niemals weitergeben dürfe. Die Dame war beeindruckt und leicht indigniert.

Der Vorschlag traf mich unerwartet, doch er hatte natürlich auch seinen Reiz. Europa und die Subsidiarität, Bundesstaat oder Staatenbund – Fragen wie diese hatten mich seit meiner Zeit als Leiter der Staatskanzlei bewegt. Ich hatte mich in diese Themen eingearbeitet, weil ich im wohlverstandenen Interesse Europas immer darauf achten wollte, dass sich die Europäische Kommission nicht zu viele Kompetenzen anmaßte. Es war ein Erlebnis für mich, als junger Staatssekretär vom großen Kommissionspräsidenten Jacques Delors empfangen zu werden und ihm ein Bündel von Verletzungen der Subsidiarität vortragen zu können. In Brüssel wurde ich damals, vor allem von den hohen Beamten, als eine Art »Gott sei bei uns« angesehen, als Gegner eines raschen Integrationsprozesses. Kompetenz wurde mir zwar attestiert, aber zugleich das Etikett des Europa-Skeptikers angeheftet. Nun bot man mir die Möglichkeit, an einer europäischen Schlüsselstelle Verantwortung zu übernehmen. Aber: Wie wäre die Reaktion in der Wählerschaft von CDU und CSU ausgefallen, wenn plötzlich eine solche Zusammenarbeit zwischen Schröder und Stoiber, zwischen den Gegnern von gestern, erfolgen würde? Darüber sprach ich auch mit der CDU-Vorsitzenden Angela Merkel, die diese Gefahr durchaus wie ich sah. Ein besonders deutliches ablehnendes Votum erhielt ich von meinem Stellvertreter im Parteivorsitz Horst Seehofer, der sagte: »Du kannst die Partei jetzt nicht alleinlassen.« Der mit mir befreundete damalige österreichische Bundeskanzler Wolfgang Schüssel riet mir zu, das Amt zu übernehmen, während sein Landsmann und EU-Kommissar Franz Fischler genau wie Seehofer eindeutig dagegen war. Er schilderte mir die Probleme der Kommission und meinte, die Präsidentschaft sei weniger eine politische als eine administrative Rolle.

Schröder rief mich dann an einem Freitag im März 2004 an und meinte, ich müsste mich nun definitiv entscheiden, auch Chirac dränge schon auf einen Entschluss. Ich bat um eine Frist von zwei Tagen. Das gesamte Wochenende beriet ich mich mit meiner Familie und Freunden. Als ich daraufhin am Montag zum Hörer griff, wusste ich, was ich dem Kanzler sagen wollte. Nein, ich kann nicht der deutsche Kandidat für das Amt des Präsidenten der EU-Kommission sein. Meine Ablehnung begründete ich damit, dass ich mich in der Verantwortung für meine Partei fühlen würde, deshalb käme ein Weggang nach Brüssel zu diesem Zeitpunkt nicht infrage. Unser großes Ziel war es ja, Rot-Grün vorzeitig von der Regierung abzulösen. Diesen Weg wollte ich konsequent beschreiten und nicht Irritationen in der eigenen Anhängerschaft auslösen. Im Ergebnis waren wir dann ja auch erfolgreich; wir konnten Schröder politisch zu vorgezogenen Neuwahlen zwingen und 2005 vorzeitig eine unionsgeführte neue Bundesregierung mit Angela Merkel an der Spitze bilden. Schröder selbst charakterisierte meine Absage einmal als »Angst vor der eigenen Courage«. Sollte er das wirklich geglaubt haben: Er lag damit falsch.

Im Ergebnis waren meine Beweggründe kaum andere als die, die mich nahezu zeitgleich veranlassten, einer Kandidatur für das Amt des Bundespräsidenten nicht näherzutreten. Der amtierende Bundespräsident Johannes Rau trat nicht für eine weitere Amtszeit an, da die ihn unterstützenden Parteien SPD und Grüne in der Bundesversammlung inzwischen in die Minderheit geraten waren. Das hatte in der Union, ähnlich in der FDP, zu der Überlegung geführt, ob nicht ich die geeignete Person für das höchste Amt in Deutschland wäre. Im *Spiegel* hieß es im September 2003: »Der gemeinsame Wunschkandidat von Union und Liberalen für das Amt des Bundespräsidenten heißt Edmund Stoiber. Das zeichnet sich nach Gesprächen ab, die CDU-Chefin Angela Merkel mit dem FDP-Vorsitzenden Guido Westerwelle und wichtigen Parteifreunden, darunter Altkanzler Kohl, geführt hat … ›Wenn er wollen sollte, dann kann er es werden‹, sagt ein Kohl-Vertrauter.« Angela Merkel sehe in meiner Kandidatur »die Chance, einen allseits anerkannten Bewerber zu präsentieren und sich zugleich eines Konkurrenten um die Kanzlerkandidatur … zu entledigen«. Zudem hoffe »die ostdeutsche Protestantin mit einem Votum für den süddeutschen Katholiken Stoiber ihre Popularität in der CSU und im konservativen Unionslager zu erhöhen – eine wichtige Voraussetzung im Kampf um die Kanzlerkandidatur«. Der *Spiegel* ist für gute Recherche bekannt, was aber nicht heißt, dass er dabei immer fehlerfrei wäre.

Unabhängig davon: Angesichts der damaligen politischen Konstellation wäre meine Bewerbung um das Amt des Bundespräsidenten aussichtsreich gewesen, aber ich wollte weiter auf dem Feld der gestaltenden Politik agieren und den Weg zur Ablösung von Rot-Grün konsequent zu Ende gehen. Auch die Frage der Bundespräsidentschaft habe ich nicht allein im stillen Kämmerlein gewälzt, sondern intensiv mit hochrangigen Parteifreunden diskutiert, die mich nahezu einhellig baten, CSU-Vorsitzender zu bleiben. Eher im Nachhinein gab es auch kritische Stimmen. Die einzige Kritik, die mich traf, war die eines politischen Urgesteins der CSU, des langjährigen EU-Kommissars Peter Schmidhuber. Dies sei die erste reale Gelegenheit gewesen, das höchste Staatsamt Deutschlands mit einer Person aus den Reihen der CSU zu besetzen und damit die Verantwortung der Partei für Deutschland zu unterstreichen. Die Bemerkung von Schmidhuber stimmte mich schon etwas nachdenklich, aber ich hielt an meiner Entscheidung fest, in der gestaltenden Politik zu bleiben.

Mein Vorschlag für das Amt des Bundespräsidenten lautete, aus tiefer Überzeugung, Wolfgang Schäuble. Zu meinem großen Bedauern wurde er mit ebensolcher Überzeugung von der FDP abgelehnt. Es gab Stimmen, die von Angela Merkel und vielleicht auch von mir mehr Beharren auf der Nominierung Schäubles erwarteten. Aber letztlich kann eine Wahl nicht gegen den erbitterten

Widerstand eines Partners durchgesetzt werden, wenn man keine eigene Mehrheit hat. Bei allen Namen, die danach gehandelt wurden, war mein Argument: Wenn man die politische 1a-Besetzung Wolfgang Schäuble nicht durchsetzen kann, dann ist es unmöglich, an dessen Stelle eine politische 1b-Besetzung zu wählen. Deshalb sprach sich die CSU dann als erste Partei offiziell für Horst Köhler aus, der als Direktor des Internationalen Währungsfonds (IWF) eine Top-Position außerhalb der klassischen Politik bekleidete. Angela Merkel hatte mich zu meiner Überraschung zuvor gefragt, ob ich ihn mir vorstellen könne. Horst Köhler gab dem Amt des Bundespräsidenten eine eigene Note und erfreute sich dank seiner unprätentiösen Art großer Beliebtheit beim Volk. Im politischen Betrieb wurde er gerade deshalb eher skeptisch beäugt, und letztlich scheiterte er auch an ihm. Die Bösartigkeit und Häme, mit der Leute wie Jürgen Trittin über den Bundespräsidenten herzogen, gehört für mich zu den Tiefpunkten politischer Kultur.

Optionen auf Ämter wie das des EU-Kommissionspräsidenten oder des Bundespräsidenten wurzelten sicherlich auch darin, dass ich in den Jahren als Ministerpräsident, Parteivorsitzender und Kanzlerkandidat stets die internationale Bühne nutzte und in der Parteiführerkonferenz der Europäischen Volkspartei (EVP) fest verankert war. Meine Motivation dazu war nicht Reiselust, sondern es gehörte für mich zur Pflichterfüllung in solch herausgehobenen Ämtern. Gelegentliche spöttische Bemerkungen Zuhausegebliebener zeugten da eher von politischer Provinzialität und Kleingeist. Noch als junger Generalsekretär hatte ich bei Helmut Kohl beobachtet, wie er die Parteiführerkonferenz der Europäischen Volkspartei zur Kontaktpflege und zum Aufbau guter persönlicher Beziehungen zu führenden Politikern in ganz Europa nutzte. Für mich als CSU-Vorsitzenden mit regelmäßig höchst angesehenen Wahlergebnissen bot dies die Möglichkeit, auf Augenhöhe mit französischen Präsidenten, niederländischen Ministerpräsidenten oder den Tories zu diskutieren und Positionen für die europäischen Gipfel mit abzustecken. Nicht zu unterschätzen ist, dass in dieser Runde neben Regierungschefs auch aufstrebende Oppositionspolitiker mit am Tisch sitzen, die noch mehr an einer politischen Vernetzung interessiert sind. Meine Erfahrung ist, dass – wie im privaten Leben – auch in der Politik persönliche Beziehungen tragfähiger und tiefer sind, wenn sie in frühen Phasen und nicht erst in den Regierungsämtern geschlossen werden. Deshalb gehört es zur Führungsaufgabe, die Augen offen zu halten und darauf zu achten, wo es international politische Hoffnungsträger und mögliche politische Partner gibt. Heute, in der vernetzten Welt, ist dies noch wichtiger als gestern und vorgestern.

José Manuel Barroso habe ich noch als jungen portugiesischen Politiker Anfang der neunziger Jahre kennengelernt. Ohne diese Bekanntschaft hätte er wohl kaum im Jahr 2004 meine Einladung angenommen und seine erste Reise als neu gewählter EU-Kommissionspräsident nach Bayern unternommen. Nach den Stationen in der Landeshauptstadt München und bei den Bayreuther Festspielen konnte er das Selbstverständnis und die Potenz Bayerns noch besser einschätzen. Würde man Bayern in ein Ranking der 27 EU-Mitgliedsstaaten aufnehmen, läge es immerhin ungefähr an siebter Stelle. Dem Freistaat hat dieser persönliche Draht zum Kommissionspräsidenten jedenfalls nicht geschadet. Der menschliche Faktor in der Politik sollte generell nicht unterschätzt werden.

Anfang 2004 fiel mir bei der Zeitungslektüre immer mehr ein französischer Politiker auf, der als neuer Minister für Wirtschaft, Finanzen und Industrie mutige Reformschritte ankündigte. Weil ich selbst gerade weitreichende Reformen eingeleitet hatte, interessierten mich dieser Mann und seine Vorstellungen. Ich ergriff die Initiative und bot ein Treffen an. Ende Juli reiste ich nach Paris, zu Nicolas Sarkozy. Das Gespräch ging mehrfach in die Verlängerung, zweieinhalb Stunden tauschten wir uns intensiv aus, von der Entwicklung der Wirtschaft, der Zukunft der Kernenergie und der Rolle von Siemens bis zu den Chancen von Volksparteien. Besonders interessiert zeigte sich Sarkozy, wie die CSU das demokratische Spektrum von der Mitte bis nach rechts so umfassend ausschöpfen konnte. Mit Blick auf die rechtsextreme und rechtspopulistische Front National in Frankreich begründete ich eindringlich einen Kernsatz der CSU: Rechts von einer konservativen Volkspartei darf es keine demokratisch legitimierte politische Kraft geben. Auch darauf muss die Politik ausgerichtet werden. Offenbar machten meine Argumente einen gewissen Eindruck, denn auf der anschließenden Pressekonferenz verkündete Sarkozy selbstbewusst: »Ich bin der Stoiber von Frankreich.« Sarkozy hat dieses Gespräch nicht vergessen. Nach seiner Wahl zum Staatspräsidenten Frankreichs im Mai 2007, als ihm alle Welt gratulieren wollte, telefonierte er auch mit mir und stellte die rhetorische Frage: »Und, habe ich deinen Rat befolgt?« Dass er fünf Jahre später den Erfolg nicht wiederholen konnte, bedauere ich sehr, auch wegen der nun für Europa brüchigeren Achse Berlin–Paris. Unsere Freundschaft besteht bis heute.

In der Politik scheint es bestimmte Zyklen zu geben: Auf Charisma und Leidenschaft folgen häufig Anti-Charisma und betonte Betulichkeit. Und dann schlägt das Pendel wieder zurück. Die Bürger wünschen sich offenbar nach einer bestimmten Anzahl von Jahren einen gewissen Ausgleich. Heute residiert François Hollande im Elysée-Palast. Auch viele Deutsche finden ihn nach dem Wirbelwind Sarkozy angenehm unaufgeregt. Dass er im Gegensatz zu Sarkozy auch politische Achsen gegen Deutschland schmiedet, wird meines Erachtens viel zu sehr übersehen. Die unterwürfige Unterstützung der deutschen Sozialdemokraten für einen französischen Präsidenten, der in seinem schwächelnden Land Reformen zurückdrehen und stattdessen Deutschland stärker belasten will, ist für mich – vorsichtig gesagt – ein Rätsel.

Den russischen Präsidenten Wladimir Putin habe ich erstmals 2001 im Kreml getroffen. Hintergrund waren die traditionell guten Wirtschaftsbeziehungen Bayerns zur Stadt und Region Moskau und wohl auch die am Horizont aufscheinende Kanzlerkandidatur. In der Folgezeit begegneten wir uns immer wieder, ob in Moskau, Berlin oder München. Das »Du« bot mir Putin dann Jahre später, 2007, in der Nacht vor seiner aggressiven Rede auf der Münchner

Sicherheitskonferenz (MSC) an, in der er vor allem die USA ungewöhnlich hart attackierte. Ich hatte ihn animiert, die Einladung von Horst Teltschik anzunehmen, und auf das internationale Renommee der MSC hingewiesen. Nun holte ich ihn vom Flughafen ab und begleitete ihn in das Hotel Vier Jahreszeiten, wo er mich noch mit hineinbat. Während unseres Gesprächs entwickelte er einen bemerkenswerten Appetit auf bayerische Spezialitäten. Bis halb zwei Uhr früh konnten nicht genug Leberkäs, Weißwürste, Schweinswürste und Brezen aufgetischt werden. Dabei fragte er mich scherzhaft, warum ich eigentlich vorhätte, in ein paar Monaten zurückzutreten. Nicht einmal sein Geheimdienst hätte ihm die Gründe ermitteln können. Irgendwann blickte dann noch Verteidigungsminister Sergej Iwanow zur Tür herein, und Putin fragte, ob ich etwas dagegen hätte, wenn dieser noch dazukomme. Das hatte ich nicht. Am nächsten Tag brachte ich Putin wieder zu seinem Rückflug nach Moskau. Die weltweiten Meldungen über seine Rede, die man als Provokation gegenüber dem Westen bezeichnete, überschlugen sich bereits, und er fragte mich, ob er zu hart gewesen sei. Meine Antwort war sinngemäß: »Besonders diplomatisch war sie jedenfalls nicht.« Zu meinem politischen Abschied einige Monate später lud mich Putin erneut in den Kreml ein, was ich vor allem als Reverenz an den Freistaat Bayern empfand. Den Abend verbrachten wir gemeinsam mit Dimitri Medwedew – seinem Nachfolger und Vorgänger als Staats- und Ministerpräsident – in seiner Datscha in der Nähe von Moskau. Dort konnte ich feststellen, dass nicht nur Putin selbst perfekt Deutsch spricht, sondern auch seine beiden Töchter.

Auch nach meinem Rückzug aus der Politik haben wir uns wiederholt getroffen und den Kontakt bewahrt. In unseren Gesprächen schildert mir Putin oftmals hart und direkt seine Positionen zur NATO und zu Europa, für das er bei aller Konfrontation Sympathien hegt. Und ich sage ihm ebenso deutlich meine Meinung zu Entwicklungen in Russland. Ich bin gespannt, inwieweit er in der aktuellen Präsidentschaft den Weg zu einer aktiven Bürgergesellschaft akzeptieren wird. In einem Land mit der Geschichte und

Größe Russlands ist dies ein notwendiger, aber auch ein schwieriger Prozess. Heute bin ich weniger optimistisch, als ich es schon einmal war.

Wäre ich Reiseschriftsteller, hätte ich Stoff für viele Werke. Es gäbe zu erzählen von Indien, wo ich 2004 als Vertreter eines Zwölf-Millionen-Fleckens hochinteressante Gespräche mit Atal Behari Vajpayee führte, dem Repräsentanten eines 1,1-Milliarden-Volkes, der mir auch eindringlich die Schwierigkeit schilderte, dass die Menschen in seinem Land unzählige verschiedene Sprachen sprechen. Der im Jahr zuvor bei seinem München-Besuch seine linke Hand in Brusthöhe und die rechte vor den Bauchnabel hielt und sagte: »Hier oben sind Sie, hier unten sind wir.« Dann hob er die tiefere Hand in Kopfhöhe und fügte hinzu: »In zwanzig Jahren sind wir hier oben, und Sie haben sich nicht bewegt.« Oder noch einmal von China, wo ich 2003 als erster deutscher Politiker mit dem neuen Ministerpräsidenten Wen Jiabao zusammentraf. Die Seuche SARS, die im Land grassierte, hatte uns zwar beeindruckt, aber nicht abgehalten. Im Gedächtnis behalten habe ich den Wunsch Jiabaos, alle chinesischen Landkreise zu besuchen, was aber bei einer Zahl von 2008 etwas schwierig sei. Und wenn ich jetzt noch hinzufüge, dass Wen Jiabao ein Jahr später seine erste Europareise mit einem Besuch in Bayern startete, gebe ich den »Größenwahn«-Zurufen bayerischer Oppositionspolitiker womöglich neue Nahrung. Aber es war so, wie es war. Neid muss man sich bekanntlich erarbeiten. Und Bayern hat es bestimmt nicht geschadet.

Arnold Schwarzenegger hat den amerikanischen Traum gelebt, auch wenn manche gerne darüber lächeln. Sein Weg vom steirischen Bauernbuam zum Gouverneur des Sonnenstaates Kalifornien war eine außergewöhnliche Leistung. Bei allen Schwierigkeiten, die er in diesem Amt hatte, wird eines aus meiner Sicht übersehen: Mit seinem wuchtigen und in dieser Form neuen Einsatz für Nachhaltigkeit in der Umwelt- und Haushaltspolitik hat er das Bewusstsein der Amerikaner deutlich verändert. Zum Zeitpunkt unseres Treffens 2005 hatten sich Gott und die Welt um ihn bemüht. Die

Offenes Wort: Im Gespräch mit Wladimir Putin während der Münchner Sicherheitskonferenz 2007.

Moderation des bayerisch-kalifornischen Abends durch Thomas Gottschalk war dann eine Klasse für sich. Etwas irritiert hatte mich auf dieser Reise mein Wirtschaftsstaatssekretär Hans Spitzner, ein volksnaher CSU-Bezirksvorsitzender von echtem Schrot und Korn, der ständig behauptete: »Den Schwarzenegger kenn ich.« Ich hatte das mehr oder weniger überhört und nahm das auch nicht ganz ernst. Umso verblüffter war ich, als Spitzner Schwarzenegger tatsächlich mit den Worten begrüßte: »Servus, wir kennen uns doch aus München, wir haben in den Sechzigern in der Schillerstraße zusammen in deinem Fitnessstudio trainiert.« Und der Gouverneur schlug ihm auf die Schulter und sagte mit seinem unnachahmlichen österreichisch-amerikanischen Akzent: »Des stimmt!«

Mit gemischten Gefühlen denke ich heute an meine Begegnungen mit Ministerpräsidentin Julia Timoschenko und Staatspräsident Viktor Juschtschenko gegen Ende meiner Amtszeit in der Ukraine. Es waren beeindruckende Gespräche, die auf der Krim in der Datscha endeten, in der Michail Gorbatschow beim Putsch im

August 1991 festgesetzt worden war. Hier war der Hauch der Geschichte tatsächlich zu spüren. Leider ist es Timoschenko und Juschtschenko nicht gelungen, ihre orangene Allianz zu bewahren und die Demokratie in der Ukraine gemeinsam weiterzuentwickeln. Nutznießer der Auseinandersetzungen wurde Viktor Janukowitsch, der mich seinerzeit anlässlich meines Besuches sogar aus einer Klinik in Barcelona anrief und mich bat, die Reise zu verschieben, bis er wieder zurück im Land sei. Das tat ich damals nicht. Würde er mich heute noch einmal anrufen, so würde ich ihm sagen, dass sein Umgang mit der Opposition in der Ukraine eine Schande ist.

Die Bundespolitik wurde in den Reformjahren 2003 bis 2005 von der sogenannten informellen Große Koalition bestimmt. Rot-Grün hatte die Mehrheit im Bundestag, die Union konnte die Mehrheit im Bundesrat durch Stimmengewinne in den Ländern immer weiter ausbauen. Der Reformstau war so groß, dass an eine gegenseitige Blockade überhaupt nicht zu denken war. Wie gesagt, die Union konnte und wollte nicht »den Lafontaine« machen. Wiederholt und unter großer öffentlicher Anteilnahme kam es zu Gesprächen zwischen Gerhard Schröder und Joschka Fischer auf der einen sowie Angela Merkel und mir auf der anderen Seite. Die stundenlangen Gespräche dieser vier – mit Verlaub – sehr unterschiedlichen Persönlichkeiten verliefen konstruktiver, als es von außen vermutet wurde. Man konnte dabei die Charaktere der anderen gut studieren – und umgekehrt war das sicher genauso. Ein Höhepunkt dieser Runden war der Reformkompromiss in einer mehrstündigen Nachtsitzung des Vermittlungsausschusses vom 14. auf den 15. Dezember 2003. Kernpunkte waren unter anderem das Vorziehen einer Steuerreformstufe, die Privatisierung von Unternehmensanteilen, eine Senkung der Pendlerpauschale – geringer, als von Finanzminister Eichel geplant –, das Greifen des Kündigungsschutzgesetzes erst ab zehn Mitarbeitern sowie Subventionsabbau nach dem sogenannten Koch-Steinbrück-Konzept. Als es dabei um Belastungen für die Bauern ging, kündigte ich gegenüber Joschka Fischer um zwei Uhr nachts an, jetzt müsse ich doch Grundsätzliches zur Landwirtschaft ausführen. Gerhard Schröder beendete diese für Bayern problematische Situation mit den Worten: »Um Gottes willen, der meint das ernst!« Im Jahr darauf folgte dann in dieser informellen Großen Koalition beispielsweise das von Otto Schily, Günther Beckstein und dem saarländischen Ministerpräsidenten Peter Müller verhandelte Zuwanderungsgesetz.

Die Phase der informellen Großen Koalition bedeutete auch eine enge Zusammenarbeit mit dem Chef des Bundeskanzleramts Frank-Walter Steinmeier. Als Alter Ego Gerhard Schröders und dessen »Mach-mal-Frank« kannte ich ihn schon seit Mitte der neunziger Jahre aus vielen Verhandlungen Bayerns mit Niedersachsen. Schon damals gingen alle Themen, die mit Schröder zu verhandeln waren, durch das Nadelöhr Steinmeier. Auch im Kanzleramt trug er seinen Spitznamen »Graue Effizienz« völlig zu Recht. Schröder konnte sich seine »Politik aus dem Bauch« auch deshalb leisten, weil er Steinmeier hatte. Jener war Pragmatiker durch und durch und konnte auf diese Weise gerade in emotionalen Debatten manche verschütteten Wege wieder zum Kompromiss freischaufeln.

In dieser Zeit wurden unsere politischen Leistungen und Erfolge in Bayern, im Bund und in Europa innerhalb der CSU nicht infrage gestellt – ganz im Gegenteil. Der renommierte und für die Partei seit jeher maßgebende Bayerntrend des Bayerischen Rundfunks zu den Kreuther Klausuren sah die CSU Anfang 2005 bei 56 Prozent. (Ein Jahr später lagen wir bei 53 Prozent, und zu Jahresbeginn 2007 wurden von Infratest dimap 54 Prozent gemessen.) Kritik, die gab es in jeder Phase, wurde eher vereinzelt im Hintergrund und hinter sorgsam vorgehaltener Hand geäußert. Übrigens ist es eine Facette des Politikbetriebs, dass diese streng vertraulichen Hintergrundinformationen allzu oft schnurstracks den Betroffenen erreichen – vielleicht wird ja gerade das auch bezweckt, da bin ich mir bis heute nicht sicher. Jedenfalls war, wie gesagt, sehr vereinzelt zu hören, der Edmund habe sich verändert, mit seinen Gedanken sei er viel zu sehr in der Weltgeschichte unterwegs, es sei alles nicht mehr so wie 1993, als man noch so oft in München zusammensaß.

Nun will ich die Gefühle und Besorgnisse derer nicht in Abrede stellen, die sich so gegenüber Journalisten äußerten. Auch ich habe genügend Anlass, mich selbstkritisch zu hinterfragen, und niemand macht alles richtig. Aber mit dem Parteivorsitz, der Kanzlerkandidatur, der informellen Großen Koalition in Berlin und den vorgezogenen Bundestagswahlen erweiterte sich natürlich auch mein Aufgabenfeld. Gespräche und Abstimmungen mit dem Kanzleramt, der CDU-Führung in Partei und Bundestag sowie mit den Ministerpräsidentenkollegen in den Landeshauptstädten waren Tagesgeschäft. Trotzdem kann ich sagen, dass ich in all den Jahren so gut wie keine Sitzung der CSU-Fraktion im Münchner Maximilianeum versäumt und meine Politik dort regelmäßig erläutert habe. Manchmal hieß es auch, Stoiber habe die CSU überdehnt. Das soll kritisch klingen, aber im Grunde ist es eine Metapher für überdimensionalen Erfolg. Von Alfons Goppel über Franz Josef Strauß bis zu mir war dies genau das Selbstverständnis der CSU. Horst Seehofer stellt sich dieser Tradition wieder.

Die Kanzlerin

Das Jahr 2005 stand politisch im Zeichen fundamentaler Auseinandersetzungen und Entscheidungen. Gerhard Schröder verlor die Kanzlerschaft, Angela Merkel gewann sie. Im Januar wurde zum ersten Mal nach dem Zweiten Weltkrieg die Schallmauer von fünf Millionen Arbeitslosen in Deutschland durchbrochen. Weil zugleich ein Erstarken der NPD zu beklagen war, in Sachsen war sie gerade erst mit 9,2 Prozent der Wählerstimmen in den Landtag eingezogen, formulierte ich zugespitzt in der *Welt am Sonntag*: »Das ökonomische Versagen der Regierung Schröder, dieses Ausmaß an Arbeitslosigkeit, bildet den Nährboden für Extremisten. Die Massenarbeitslosigkeit in Deutschland ist die Hauptursache für das Wiedererstarken der NPD.« Der Aufschrei auf rot-grüner Seite war selbst für einen hartgesottenen Parteivorsitzenden wie mich enorm, ein wunder Punkt dieser Regierung war offenbar getroffen. Mir wurden »abscheuliche« Äußerungen attestiert, Schröder selbst sprach von einem »Realitätsverlust« Stoibers. Doch den dramatischen Anstieg der Arbeitslosigkeit und die damit verbundenen Schicksale konnte niemand wegdiskutieren.

Den Anfang vom rot-grünen Ende erlebten Angela Merkel und ich bezeichnenderweise im Kanzleramt. Am 17. März 2005 wollten wir beim Job-Gipfel mit Gerhard Schröder und Joschka Fischer mögliche Lösungen für die Katastrophe auf dem Arbeitsmarkt besprechen. In Erinnerung bleibt von diesem Tag aber nicht der Schulterschluss gegen die Arbeitslosigkeit, sondern der »Heidemord« an Heide Simonis. Sie wollte sich im Landtag von Schleswig-Holstein zur Ministerpräsidentin wählen lassen. Eine Mehrheit für ein rot-grünes Bündnis war verabredet – die Heide Simonis in vier quälenden Wahlgängen nicht bekam. Noch heute wird nach dem Abweichler in den eigenen Reihen gefahndet. Gerhard Schröder und Joschka Fischer versuchten ihre Emotionen genauso zu verbergen wie Angela Merkel und ich, was uns allen nur begrenzt gelang. Im Kanzleramt roch es nach Wechsel. Aber noch ahnte niemand, dass schon ein gutes halbes Jahr später Gerhard Schröder dort aus- und Angela Merkel einziehen sollte.

Letztlich war die hohe Arbeitslosigkeit der Auslöser für die krachende SPD-Wahlniederlage im Stammland Nordrhein-Westfalen. Gepeinigt von der eigenen Partei und den Widerständen gegen die Agenda 2010, ließ Gerhard Schröder noch am selben Abend im Mai die Auflösung des Bundestags und Neuwahlen ankündigen. Wie die Kanzlerkandidatur im Jahr 2002 auf mich zulief, so klar war 2005 die Nominierung von Angela Merkel. Sie war inzwischen eine starke, etablierte CDU-Vorsitzende und Oppositionsführerin. Generell gilt: Die CSU kann bei der Kanzlerkandidatur nur dann zum Zug kommen, wenn die Führungsfrage innerhalb der größeren Schwester CDU nicht definitiv geklärt ist.

Am 2. Juni 2005 meldete das Meinungsforschungsinstitut Infratest dimap: 48 Prozent und absolute Mehrheit für CDU und

CSU. Diese Zahl war sicherlich ein Auslöser für ein politisches Experiment in der Bundesrepublik Deutschland, dessen Folgen bis heute zu spüren sind. Die CDU drängte, vor allem auf Initiative ihres stellvertretenden Bundesvorsitzenden Christian Wulff, auf einen sogenannten gouvernementalen Wahlkampf. Rot-Grün sei am Ende, die Union solle gleichsam als Regierung in die Wahlauseinandersetzung gehen und vor allem die für notwendig gehaltenen Einschnitte in den Vordergrund stellen. Diese Strategie lag ganz in der Linie des Leipziger CDU-Parteitags von 2003, den die CSU distanziert und mit durchaus gemischten Gefühlen betrachtet hatte. Bei der Schlussbilanz von Rot-Grün mit fünf Millionen Arbeitslosen, dem jahrelangen Bruch des Stabilitätspakts und leeren Gesundheitskassen kam da einiges zusammen: Kündigungsschutz lockern, Pendlerpauschale kürzen, Feiertags- und Nachtzuschläge abschaffen und so fort. Professor Paul Kirchhof erklärte die Vorzüge eines einheitlichen Steuersatzes für alle – die es sicherlich gibt. Dummerweise honorierten die Bürger diesen ehrlichen Wahlkampf ganz anders als erwartet. Viele begannen zu rechnen und kamen, mit freundlicher Unterstützung Gerhard Schröders, zu dem Ergebnis: Schwarz-Gelb könnte für mich teuer werden. Schließlich reichte es gerade noch zur Kanzlerschaft Angela Merkels und zur Bildung einer Großen Koalition unter ihrer Führung. Aber die angestrebte Regierung von Union und FDP war schon wieder abgewählt, ehe sie überhaupt im Amt war.

Damit es kein Missverständnis gibt: Ich rede mit Sicherheit nicht einem Wahlkampf das Wort, der harte Realitäten und Ankündigungen ausblendet – ganz im Gegenteil. Der ausgeglichene Haushalt war schon 1998 und 2003 mein Wahlkampfthema in Bayern. Aber ich stelle fest, dass die Erfahrung des »ehrlichen Wahlkampfs« im Jahr 2005 bis heute nachwirkt, und zwar in allen Parteien. Die Bereitschaft zu klaren und vielleicht auch unbequemen Positionen ist noch einmal deutlich zurückgegangen. Wer ist dafür verantwortlich? Die Politik, die manche Wahrheiten ungern ausspricht? Oder die Bürger, die diese Wahrheiten nicht gerne hören wollen? Ich meine, beide. Politiker müssen sich mehr Mühe geben und mutiger sein, die Wirklichkeit zu beschreiben. Das mag sehr anstrengend und fordernd sein, aber nur so bereitet man den Boden, dass auch einschneidende Maßnahmen verstanden und akzeptiert werden. Politik bedeutet in erster Linie Erklärungsarbeit. Aber auch die Bürger sind gefordert, sich »ehrlich zu machen« und die Welt nicht durch eine rosa Brille zu sehen. Sie sollten misstrauisch sein gegenüber denjenigen, die ihnen die Welt in den schönsten Farben malen und den Eindruck erwecken, alles könne so bleiben, wie es ist, oder im Schlafwagen noch viel schöner werden. Denn eines kann ich mit meiner politischen und mit meiner persönlichen Lebenserfahrung ganz sicher feststellen: Die Welt ist unendlich in Bewegung. Und nichts bleibt von selbst so, wie es ist.

Zwischen Angela Merkel und mir war abgesprochen, dass ich als Parteivorsitzender im Wahlkampf die ganze politische Bandbreite abdecken und nicht ein bestimmtes Kompetenzfeld darstellen würde. Genauso hatte sie es, wie bereits erwähnt, in umgekehrter Konstellation bei meiner Kanzlerkandidatur 2002 gehalten. Wie so oft in den letzten Jahren war ich wieder auf den Marktplätzen der Republik unterwegs. Bei einem der vielen Auftritte »gelang« es mir auch, den Anlass zu einem Aufreger zu liefern, über den Deutschland einige Tage erregt diskutieren konnte. Es war in Baden-Württemberg, in der Ortschaft Eglofs, an einem wunderbaren Sommertag Anfang August. Nach einer Wanderung mit meinem baden-württembergischen Amtskollegen Günther Oettinger erwarteten uns bereits rund 2000 Bürger auf dem Marktplatz. Unter großem Beifall hielt ich eine klassische Wahlkampfrede, in der ich auch auf die PDS und ihre damals verhältnismäßig große Anhängerschaft in den neuen Ländern hinwies. Mit deutlichen Worten geißelte ich Defizite und Gefahren der PDS und ihres Führungspersonals mit Oskar Lafontaine und Gregor Gysi. Schließlich gipfelte die Passage in dem Satz: »Die Frustrierten dürfen nicht über Deutschlands Zukunft bestimmen.« Der Jubel der Unionsanhänger vor Ort war groß, und Günther Oettinger griff meine Argumente anschließend gleich noch einmal auf. Das war es – dachte ich. Doch weit gefehlt: Nach fast einer Woche begannen führende Sozialdemokraten, vornehmlich aus den neuen Ländern, eine immer größere Welle der Empörung auszulösen. »Herr Stoiber war noch nie ein Freund des Ostens. Er hat offenbar ein Problem mit dem freien Wahlrecht für Ostdeutsche«, lauteten noch die freundlicheren Bemerkungen. So hatte ausgerechnet ich, der einer Partei vorstand, die wie keine andere politische Kraft unverrückbar für die Wiedervereinigung eingetreten war und in dessen Verantwortung Bayern den Aufbau Ost finanziell wie organisatorisch so sehr unterstützt hatte, alle Hände voll zu tun, diesen falschen Vorwürfen entgegenzutreten. Die »Gegnerbeobachtung« der SPD hatte einen Punkt gelandet.

Noch am Wahlabend kam es in der Elefantenrunde der Spitzenkandidaten zum legendären Ausbruch Gerhard Schröders gegenüber Angela Merkel. Beide Parteien hatten im Vergleich zu 2002 mehr als 3 Prozent verloren. Doch obwohl seine SPD hinter der Union lag, erklärte Schröder betont selbstbewusst – ich nannte es damals arrogant: »Es gibt einen eindeutigen Verlierer, und das ist Frau Merkel. Sie wird keine Koalition unter ihrer Führung mit meiner sozialdemokratischen Partei hinkriegen. Das ist eindeutig. Machen Sie sich da gar nichts vor.« So können sich auch Bundeskanzler täuschen.

Nachdem alle anderen Koalitionsoptionen scheiterten, kam es schließlich doch zu Sondierungsgesprächen zwischen Union und SPD, die von Angela Merkel und mir auf der einen, von Gerhard Schröder und Franz Müntefering auf der anderen Seite geführt wurden. Der harte Wahlkampf und die Attacken Schröders auf Angela Merkel hatten auf beiden Seiten Spuren hinterlassen, die Atmosphäre bei diesen Gesprächen war sehr angespannt. Gerhard Schröder wollte seine Rivalin mit allen Mitteln als Kanzlerin verhindern. So gab es in dieser Phase unentwegt Versuche der SPD, die Solidarität in der Union aufzubrechen. Einmal wurde die Fraktionseinheit von CDU und CSU infrage gestellt und behauptet, in Wahrheit sei die SPD die stärkste Partei und habe Anspruch auf das Amt des Bundeskanzlers. Dann brachte die SPD eine sogenannte Israel-Lösung ins Spiel. Gerhard Schröder sollte demnach die erste Hälfte der Legislaturperiode Kanzler bleiben, Angela Merkel wurde das Kanzleramt für die zweite Hälfte der Legislaturperiode schmackhaft gemacht – eine absurde Vorstellung der SPD. Schließlich traten die Sozialdemokraten mit der Forderung auf, eine Einigung mit der Union sei nur möglich, wenn Angela Merkel ihren persönlichen Machtanspruch zurückstelle, in der Folge werde auch Schröder dies tun. Aber es nützte nichts: Durch absolute Geschlossenheit der Union für die Kanzlerkandidatin Angela Merkel konnte in dieser schwierigen Phase jeder noch so große politische Druck abgewehrt werden. Auch Avancen aus der Umgebung Schröders, mich für eine Sonderrolle der CSU bei der Regierungsbildung zu gewinnen, wies ich brüsk zurück. Eine wichtige Rolle bei der Überwindung der gegenseitigen Blockade spielte der SPD-Vorsitzende Franz Müntefering, der im Gegensatz zu Gerhard Schröder nach den ersten Gesprächsrunden die ersten vorsichtigen Signale für eine Einigung sandte. Nach einem abschließenden Sondierungsgespräch teilten wir vier Verhandlungsführer am 10. Oktober 2005 schließlich der Öffentlichkeit mit: Wir schlagen unseren Fraktionen und Parteien die Aufnahme von Koalitionsverhandlungen vor. Wir haben vereinbart, dass Angela Merkel Bundeskanzlerin der Bundesrepublik Deutschland wird. Auch der Zuschnitt und die Parteizugehörigkeit der Ministerien stehen fest.

Angela Merkel war am Ziel. Sieben Jahre nach dem Abschied Helmut Kohls hatte sie CDU und CSU wieder in die Regierungsverantwortung geführt und das Kanzleramt zurückerobert. Schon ein Jahr nach Gerhard Schröders Ausfällen in der Elefantenrunde kürte das amerikanische Wirtschaftsmagazin *Forbes* sie zur mächtigsten Frau der Welt. Unter Angela Merkels Führung rückte Deutschland wirtschaftlich vom letzten Platz in Europa an die Spitze, hielt den Stabilitätspakt endlich wieder ein und senkte die Zahl der Arbeitslosen auf weit unter drei Millionen. Seit 2008 steuert sie Deutschland so durch Finanz-, Wirtschafts- und Schuldenkrisen, dass sie bisher an unserem Land vorüberzugehen scheinen. Mit ihrem unprätentiösen Politikstil gibt sie vielen Menschen in Deutschland das Gefühl, dass sie die zentralen Fragen der Euro-Politik im Einklang mit ihnen angeht. Dabei darf man nicht übersehen: Kein Kanzler zuvor hatte eine solche Führungsverantwortung in Europa wie Angela Merkel. Wenn man heute aus internationaler Perspektive einen deutschen Bundeskanzler wie zuletzt Gerhard Schröder als »Macho« oder wie einst Helmut Schmidt als »Feldwebel« bezeichnen könnte, würde das enorme zusätzliche Schwierigkeiten nach sich ziehen. In dieser tiefen Krise ist Angela Merkel mit ihrer Haltung und unprätentiösen Persönlichkeit ein Glücksfall für Deutschland. Es hängt ganz entscheidend an ihr, ob die großen europäischen Weichenstellungen von Konrad Adenauer und Charles de Gaulle auch unter veränderten Bedingungen im 21. Jahrhundert Bestand haben. Angela Merkel steht inmitten einer historischen Aufgabe. Ich wünsche ihr im Interesse von uns allen, dass sie weiter Erfolg hat.

An diesem 10. Oktober 2005 erklärte ich mich erstmals dazu bereit, als Wirtschaftsminister der neuen Bundesregierung anzugehören. Diese wichtige strategische Frage begleitete die CSU und mich persönlich seit der Ankündigung von Neuwahlen im Mai 2005. Soll der CSU-Vorsitzende als Minister in das Bundeskabinett eintreten und – wenn ja – in welcher Konstellation? Es mag schwer nachvollziehbar sein, aber selbst das Kanzleramt ist aus der Sicht eines Bayerischen Ministerpräsidenten nicht unbedingt etwas Höheres. Es ist ein *aliud*, ein anderes Amt, natürlich mit einer noch größeren Verantwortung. Was ich damit erläutern will, ist: Aus Karrieregründen tritt ein Bayerischer Ministerpräsident nicht in das Bundeskabinett ein. Wenn er es tut, dann aus strategischen Gründen. Noch im Wahlkampf hatten nahezu alle Ministerpräsidentenkollegen aus der CDU, gefragt oder ungefragt, erklärt, dass sie für ein Ministeramt in Berlin nicht zur Verfügung stünden. Ich selbst hatte eine grundsätzliche Bereitschaft nicht verneint und die Entscheidung auf nach der Wahl vertagt. In der bayerischen Bevölkerung war die Stimmung dazu relativ klar: »Was will er in Berlin, er soll doch in Bayern bleiben!« Eher außerhalb Bayerns war auch zu hören: »Wer so oft die Bundespolitik kritisiert hat und mit Gegenkonzepten hervorgetreten ist, der muss sich nun der Aufgabe stellen und zeigen, was er kann.«

Natürlich ging mir auch durch den Kopf, dass ich inzwischen über zwölf Jahre Ministerpräsident war, Bayern erfolgreich mitgeprägt und als Spitzenkandidat mit der CSU drei Wahlen gewonnen hatte. Sollte man da nicht noch etwas Neues anpacken? Doch dies stand nicht im Vordergrund. Die alles entscheidenden Überlegungen waren für mich als Parteivorsitzender: Wo und in welchem Amt kann ich das Maximale für die CSU bewirken? Wo und in welchem Amt kann ich die Positionen der CSU am besten durchsetzen? Ich ging davon aus: Die Große Koalition wird mit großer Mehrheit regieren. Mit Angela Merkel und Franz Müntefering sitzen die beiden Vorsitzenden unserer Koalitionspartner im Bundeskabinett. Viele politische Fragen werden deshalb nicht im Koalitionsausschuss, sondern auf dem kurzen Dienstweg am Kabinettstisch oder zuvor im Kanzleramt besprochen. Da nicht dabei zu sein ist ein strategischer Nachteil. Zu denken gaben mir in der Sondierungsphase auch Hinweise aus der SPD-Spitze, man werde eine Große Koalition leichter eingehen, wenn ich mit in der Regierung sei. Hintergrund solcher Gedanken bei der SPD war ganz offensichtlich die Distanz der CSU zu den sehr marktorientierten Beschlüssen beim Leipziger CDU-Parteitag sowie ein gewisses Vertrauensverhältnis, das mich durch die gemeinsame Arbeit an der Föderalismusreform mit Franz Müntefering verband. Wir beide wussten, dass wir uns auf das Wort des anderen verlassen konnten.

Doch schon in den konkreten Koalitionsverhandlungen, die nach dem 10. Oktober begannen, bekam ich Zweifel. Es zeichnete sich sehr schnell ab, dass der Kabinettstisch nicht in erster Linie der Ort der großen politischen Weichenstellungen durch die Parteivorsitzenden sein würde, sondern vor allem der fachlichen Umsetzung der Regierungspolitik unter Führung der Kanzlerin. Am 30. Oktober, mitten in den Koalitionsverhandlungen, kam es dann auch noch zu einer unvorhergesehenen Wende. Der SPD-Vorsitzende Franz Müntefering erklärte seinen Rücktritt, nachdem bei einer Vorstandssitzung seiner Partei der von ihm präferierte Kandidat für das Amt des Generalsekretärs keine Mehrheit gefunden hatte. Sofort war klar, dass ein neuer SPD-Vorsitzender – der Brandenburgische Ministerpräsident Platzeck oder der Rheinland-Pfälzische Ministerpräsident Beck – dem Bundeskabinett nicht angehören würde. Meine strategische Überlegung mit den drei Parteivorsitzenden im Bundeskabinett war endgültig über den Haufen geworfen. Noch am selben Tag teilte ich Angela Merkel mit, dass ich als CSU-Vorsitzender in München bleiben würde. Von dort aus wollte ich über den Koalitionsausschuss Einfluss auf die Regierungspolitik nehmen, ohne in die Kabinettsdisziplin eingebunden zu sein.

Natürlich ging mir in diesen dramatischen Stunden durch den Kopf, dass Franz Josef Strauß in den achtziger Jahren nach seiner Kanzlerkandidatur immer wieder vor genau derselben Frage stand. Auch er war Spitzenkandidat der CSU für die Bundestagswahl und hat, wie später auch ich, im Wahlkampf offengehalten, ob er in ein Kabinett Kohl eintritt oder nicht. Franz Josef Strauß hat es immer als die Aufgabe des CSU-Vorsitzenden angesehen, sich alle Handlungs- und Verhandlungsoptionen im Interesse seiner Partei zu bewahren. Oft hieß es, Strauß, sitzt schon in der Kutsche nach Bonn, er ist schon unterwegs. Ein wochenlanges Hin und Her, und am Ende ist Strauß doch wieder ausgestiegen. Ich gebe zu, ich bin noch ein gutes Stück weiter gefahren als Strauß, und das ist nicht gerade optimal gelaufen. Aber am Ende hat sich bei mir ebenso wie bei Strauß die politische Erkenntnis durchgesetzt, dass ein CSU-Vorsitzender, der zugleich Bayerischer Ministerpräsident ist, nicht nach Berlin gehen sollte, sondern für die CSU und Bayern außerhalb der Kabinettsdisziplin mehr bewirken kann. Mein Nach-Nachfolger Horst Seehofer sieht das offenbar genauso. Und ich bin sicher, dass diese Frage jetzt für immer in der CSU geklärt ist.

Zwar meinten befragte Bürger in ersten Fernsehberichten zunächst noch: »Stoiber hat doch recht. Wir haben ohnehin nicht verstanden, warum er nach Berlin wollte.« Aber mir war schon klar, dass meine als Rückzieher empfundene Entscheidung bei vielen Parteifreunden im Münchner Landtag nicht gerade Begeisterungsstürme auslösen würde. Zwar hatte ich Partei und Öffentlichkeit mehrfach darauf hingewiesen, dass endgültige Personalentscheidungen außer der Kanzlerschaft Angela Merkels erst nach Abschluss der Koalitionsverhandlungen getroffen würden. So wollte ich das Gewicht der CSU in den Verhandlungen zum Koalitionsvertrag voll zur Geltung bringen: »Es ist nichts vereinbart, bis alles vereinbart ist.« Doch hatten, während ich noch in der Staatskanzlei saß, meine langjährigen Minister Günther Beckstein und Erwin Huber das Rennen um meine Nachfolge in München bereits eröffnet. Beide hatten sicherlich große Hoffnungen, jetzt endlich Bayerischer Ministerpräsident zu werden, und einige CSU-Abgeordnete sahen sich bei einer Neubesetzung der Regierung am Zug. Manche waren tatsächlich enttäuscht und verstanden meine Entscheidung nicht. Andere nutzten die Gelegenheit, aus ihrer Sicht bestehende alte Rechnungen mit mir zu begleichen. In dieser Stimmung kam es, auch öffentlich, zu deftigen Wortmeldungen und Auseinandersetzungen, an denen ich ja nicht unschuldig war. Schließlich wurde meine Position, wenn auch von manchen Abgeordneten nur knurrend, dann doch akzeptiert. So ging es nach einem politisch turbulenten Jahr weiter, als Ministerpräsident in Bayern und als Vorsitzender einer Regierungspartei in Berlin.

Weichenstellungen

Eine Große Koalition bedeutete für alle Regierungspartner eine größere Herausforderung. Anders als bei Schwarz-Gelb oder Rot-Grün galt es jetzt für Union und SPD, mit dem politischen Hauptkonkurrenten zum Wohl des Landes zusammenzuarbeiten. Naturgemäß liegen die zu vereinbarenden Positionen in einer Großen Koalition weiter auseinander. Gleichzeitig belauern sich die Partner noch mehr, weil jeder weiß, dass es bei der nächsten Wahlauseinandersetzung wieder gegeneinandergeht. Bei dieser Ausgangslage kann man der Großen Koalition nach der Bundestagswahl 2005 durchaus ein passables Zeugnis ausstellen.

Schnell zeigte sich, dass die entscheidenden politischen Weichenstellungen tatsächlich im Koalitionsausschuss mit den Partei- und Fraktionsvorsitzenden vorgenommen wurden. Nach dem Motto: »Große Koalition löst große Probleme« kamen vor allem auch Themen auf den Tisch, bei denen sich Union und SPD in letzter Zeit blockiert hatten oder ein breiterer politischer Konsens hergestellt werden sollte. Besonders hart gerungen wurde um die Gesundheitsreform. Ziel war es, die aufgrund des medizinischen Fortschritts und der demografischen Entwicklung steigenden Gesundheitskosten in den Griff zu bekommen. Hatten schon CDU und CSU über dieses Thema bis zur Zerreißprobe gestritten, musste jetzt auch noch ein Kompromiss mit der SPD gefunden werden. Über Monate wurde im Kanzleramt immer wieder mit allen Mitteln verhandelt, es ging um gegensätzliche ideologische Vorstellungen und um Milliardenbeträge im Gesundheitssystem. Die Bundeskanzlerin bestimmte die Debatte immer mehr wie eine Gesundheitsministerin, und Ulla Schmidt musste die Kenntnisse Angela Merkels im Detail beinahe als Bedrohung empfinden. Offenbar war mein Eintreten für die Positionen der CSU besonders markant, jedenfalls bekam ich von meinen Verhandlungspartnern bald einen neuen Spitznamen verpasst: »Dr. No«. Die Pressekonferenz gegen fünf Uhr früh im Berliner Kanzleramt, in der zunächst Angela Merkel und Kurt Beck eine Einigung verkündeten und ich dann zu ihrem Unmut für die CSU einen Vorbehalt anmeldete, hat zu diesem Spitznamen sicherlich ihren Beitrag geleistet. Der Versuchung konnte ich nicht widerstehen, beim folgenden CSU-Parteitag den Delegierten zuzurufen: »Ich sage euch, bei vielen

Vorschlägen, die aus der SPD auf den Tisch der Großen Koalition kommen, ist Dr. No geradezu eine Auszeichnung!« Der Applaus war mir sicher.

Politische Verhandlungen müssen zu Lösungen führen, ohne Kompromissfähigkeit kann man auf Dauer keinen Erfolg haben. Auf der anderen Seite sind solche Gespräche auch nichts für Harmoniesüchtige. Man muss schon auch bereit sein, eine Auseinandersetzung zu führen. Dazu braucht man eine exzellente Vorbereitung durch die eigenen Fachleute und eine gute körperliche Konstitution. Auf beides konnte ich mich, Gott sei Dank, immer verlassen. Das Ergebnis des Gesundheitskompromisses ist, zugegeben, so kompliziert, dass ich es in diesem Rahmen nicht in Details darstellen will. Aber bei aller Kritik an dieser Reform, die ich zum Teil gut nachvollziehen kann, bleibt eines festzuhalten: Derzeit redet man, auch wegen der guten Arbeitsmarktlage, beim Gesundheitswesen nicht über Defizite, sondern von Überschüssen.

Der langfristige Einstieg in die Rente mit 67 ist eine andere Weichenstellung, die wohl nur in der Großen Koalition möglich war. Im Grunde wissen alle in Deutschland, dass wegen der höheren Lebenserwartung und der geringeren Kinderzahl länger gearbeitet werden muss. Das ist eigentlich mehr eine mathematische Frage als eine politische – länger leben heißt länger arbeiten. Heute können die Deutschen durchschnittlich etwa zwanzig Jahre in Rente leben, in den sechziger Jahren waren es noch weniger als zehn Jahre. Und die Tendenz ist weiter steigend. Darüber sollten wir uns eigentlich freuen und weniger über eine überschaubare Verlängerung der Lebensarbeitszeit klagen. Doch politisch scheint die Versuchung einfach zu groß zu sein, an den nachvollziehbaren Unwillen der Menschen zu appellieren und damit Wahlen zu gewinnen.

Der französische Präsidentschaftswahlkampf 2012 hat dies in schlimmster Form unter Beweis gestellt. Wider besseres Wissen hat François Hollande den Franzosen, die noch viel größere Probleme haben als wir Deutschen, sogar einen früheren Renteneintritt versprochen. Das hat nicht unwesentlich zu seinem Sieg über Nicolas

Sarkozy beigetragen, obwohl auch die Mehrheit der Franzosen wissen muss, dass es so eigentlich nicht funktionieren kann. Solch ein Vorgang kennzeichnet die viel beklagte Strukturschwäche der Demokratie. Inzwischen ist dieser unverantwortliche Rückschritt sogar umgesetzt. Umso größer ist an dieser Stelle mein Respekt vor Franz Müntefering. Als verantwortlicher Arbeitsminister hat er dieses politisch unbequeme und heikle Thema, das bis heute nicht gerade ein Herzensanliegen seiner Partei ist, konsequent angepackt. Ob die SPD als Oppositionspartei diese notwendige und richtige Anhebung des Renteneintrittsalters mitgetragen hätte, wage ich zu bezweifeln.

Aber auch »Dr. No« war für eine Überraschung gut. Ich kann mich noch gut erinnern, wie weit Angela Merkel bei einem unserer Treffen vor einer Koalitionsrunde ausholte, um mich für die Idee eines Elterngeldes zu gewinnen. Und wie erstaunt sie war, als ich sie gleich unterbrach und sagte: »Du musst mich nicht überzeugen. Ich bin einverstanden.« Ursprünglich stammte die Idee, Müttern oder auch Vätern mindestens ein Jahr nach der Geburt des Kindes eine berufliche Auszeit zu ermöglichen und dabei einen Anteil des letzten Nettoeinkommens zu garantieren, von der früheren Bundesfamilienministerin Renate Schmidt. Das war insoweit bemerkenswert, als entgegen der klassischen SPD-Doktrin besser verdienende Mütter eine höhere Leistung bekommen sollten, um gerade diesen Frauen zu helfen, ihren Kinderwunsch nicht weiter hinauszuschieben. Im Wahlkampf hatte die Union das Elterngeld noch abgelehnt und steuerliche Freibeträge zugunsten der Familien favorisiert. Aber in den Koalitionsverhandlungen haben wir uns überzeugen lassen, und ich bin heute mehr denn je der Meinung, dass das Elterngeld eine richtige Entscheidung war. Der Wunsch nach Kindern wird dadurch für viele berufstätige Frauen erleichtert. Das ist heute ein zentrales gesellschaftliches Anliegen.

In der Familienpolitik wurden dann von der Großen Koalition mit dem Ausbau und dem Rechtsanspruch auf Betreuungsplätze sowie dem Grundsatzbeschluss über ein Betreuungsgeld weitere Entscheidungen getroffen, die bis heute in der politischen Diskussion sind. Was dabei leider weitgehend aus dem Blick geraten ist: Es ging – zumindest mir – bei diesen Weichenstellungen nicht um Arbeitsmarktpolitik, es ging nicht um Bildungspolitik, es ging auch nicht um Ideologie. Hintergrund dieser Beschlüsse war vielmehr ein Problem, das leider immer noch viel zu wenig beachtet wird: die Demografie. Deutschland hat, wie ganz Europa, zu wenig Kinder. Wäre der Begriff nicht durch unsere Geschichte diskreditiert, müssten wir eigentlich längst über eine zeitgemäße und verantwortliche Bevölkerungspolitik nachdenken. In den neunziger Jahren hatte ich diesen Begriff einmal verwendet, worauf sofort eine mediale Empörungswelle über mich hinwegrollte. Ob ich denn aus der Bevölkerungspolitik des »Dritten Reiches« nichts gelernt habe. Die Zielrichtung bei Elterngeld, Kita-Ausbau und Betreuungsgeld war aus meiner Sicht jedenfalls eine doppelte: praktische Hilfe für junge Eltern und ein klares Bekenntnis der Anerkennung von Kindererziehung. Deshalb war ich für das Elterngeld und für den massiven Ausbau der Betreuungsplätze. Aber aus Gründen der Gerechtigkeit und um deutlich zu machen, dass die Gesellschaft alle Eltern hoch schätzen und unterstützen muss, brachte ich auch ein Betreuungsgeld auf die Tagesordnung. Zu nächtlicher Stunde im Koalitionsausschuss sagte ich zu Kurt Beck und Peter Struck: »Bitte regen Sie sich nicht gleich auf, aber ich habe da noch einen Punkt. Die CSU tritt neben dem Ausbau der Kitas auch für ein Betreuungsgeld ein.« Und letztlich hat die SPD, wenn auch widerwillig, später im Grundsatz zugestimmt.

Ich bedauere es sehr, dass die Debatte über das Betreuungsgeld seitdem immer weiter ideologisch aufgeladen wird – und zwar nicht von den Befürwortern, sondern von den Gegnern. Das familienpolitische Signal, dass unsere Gesellschaft Kinder und deren Erziehung generell hoch schätzt, wird damit leider völlig überdeckt und geradezu ins Gegenteil verkehrt. Ich habe den Eindruck, es geht um eine der letzten ideologischen Schlachten – die allerdings weniger von rechts ausgeht als vielmehr von links. Anders sind die Diffamierungen häuslicher Erziehung für mich nicht zu erklären. Es ist keine Schande, sondern dringend notwendig, auch die Eltern, die die Betreuung ihrer Kleinkinder in der Familie organisieren, politisch zu vertreten. Sie sind im Übrigen noch immer in der Mehrheit.

Wir sprechen hier von Babys und Kleinkindern. Ich bin nicht derjenige, der Kinderbetreuung und Krippenplätze schlechtredet – ganz bestimmt nicht, ich habe ja den Ausbau persönlich mit vorangetrieben. Auch meine beiden Töchter brauchten Krippenplätze und erlebten, wie schwierig es ist, diese in München zu bekommen. Aber wenn man in der Debatte über die Frage der Demografie hinausgehen will, dann gilt für diese kleinen Kinder: Sie brauchen mit einem Jahr nicht in erster Linie Bildung, sondern Bindung. Daran gibt es doch entwicklungspsychologisch gar keinen Zweifel. Auch deshalb sind viele Eltern über die Verunglimpfung ihrer Erziehungsleistung entsetzt. Dazu kommt: Das Hauptargument gegen das Betreuungsgeld soll ganz offensichtlich sein, dass Eltern des sogenannten Prekariats ihre Kinder nicht mehr in die Krippe geben und das Betreuungsgeld missbrauchen. Wenn man aber dann sagt, das Prekariat würde doch gar kein Betreuungsgeld bekommen, dann ist der Aufschrei noch größer. Worum geht es also eigentlich? Die große Mehrheit der Eltern kümmert sich liebevoll um ihre Kinder – auch diejenigen, die finanziell nicht so gut dastehen. In dieser Debatte werden ja nicht nur Hausfrauen diffamiert, sondern auch Hartz-IV-Empfänger. Manche diskutieren wieder einmal so, als wäre die Ausnahme – Eltern versaufen die staatliche Geldleistung – die Regel, und stoßen damit viele Menschen vor den Kopf. Generell ist es ein Problem, dass wir in Deutschland politische Debatten nahezu ausschließlich mit dem Blick auf Minderheiten führen. Das ist auch eine der Ursachen für die sinkende Zustimmung zu den Volksparteien.

Schließlich: Es macht keinen guten Eindruck, wenn die Politik für ein doch überschaubares Thema einen solchen Aufwand betreibt, über Jahre hinweg. Die Große Koalition hat das Betreuungsgeld bereits 2007 im Grundsatz beschlossen. CDU und CSU haben es jeweils auf ihren Parteitagen bestätigt, es stand im gemeinsamen

Wahlprogramm 2009, im Koalitionsvertrag mit der FDP und es ist im Koalitionsausschuss vereinbart worden. Wie präsentiert sich hier Politik?

Ein anderes Thema der Großen Koalition, das ebenfalls über Jahre in Deutschland heiß diskutiert wurde, war der Transrapid. Die Hochtechnologie einer Magnetschwebebahn wurde von den Bundesregierungen Kohl, Schröder und Merkel politisch unterstützt. Mit einer der erfolgreichsten Reden überhaupt ist es mir »gelungen«, den Transrapid einer breiteren Öffentlichkeit bekannt zu machen. Die Transrapid-Technik wurde in Deutschland entwickelt und mit Milliardenaufwand zur Produktionsreife gebracht. Die hiesige Industrie wollte eine Referenzstrecke für die weltweite Vermarktung, und meine Devise war: »Es darf nicht sein, dass« – wie zu oft in der Vergangenheit – »die Erfindungen in unserem Land gemacht werden und das Geld woanders verdient wird. Sonst stehen nicht nur Zukunftsarbeitsplätze auf dem Spiel, sondern der Ruf Deutschlands als Hightech-Standort.« Als die Bundesregierung den Transrapid zumindest als Kurzstrecke realisieren wollte, sah ich darin eine riesige Chance, die Verbindung zwischen der Landeshauptstadt München und dem internationalen Flughafen mit einer großen Ingenieursleistung zu krönen. Mit einem Schlag hätten wir den Flughafen direkt mit dem Schienenverkehrsnetz verbunden. Ich war überzeugt: Eine vergleichbare oder gar bessere verkehrspolitische Anbindung des Münchner Flughafens an die Landeshauptstadt und das Schienennetz der Deutschen Bahn ist weit und breit nicht in Sicht. Meine Prognose war, dass es bei einem Scheitern des Transrapid hier mindestens fünfzehn Jahre lang keine entscheidende Verbesserung geben würde. Ein Drittel davon ist beinahe verstrichen.

Die Weichen wurden dann endgültig in der Großen Koalition gestellt, auch wenn klar war, dass bei einem solchen Projekt immer wieder Hindernisse zu überwinden sein würden. Offenbar wurde nach meinem Abschied eine angebliche exorbitante Kostensteigerung – innerhalb weniger Monate sollten sich die Kosten annähernd verdoppelt haben – nicht näher hinterfragt. Dieser Widerspruch hätte von Bayern auf die Tagesordnung eines Gipfeltreffens der Koalition gesetzt werden müssen, die die Referenzstrecke für den Transrapid im Koalitionsvertrag als innovatives Leuchtturmprojekt gepriesen hatte. Manche in Deutschland waren von der Nachgiebigkeit Bayerns begeistert: Sie hofften darauf, die mir vom Bund für den Transrapid zugesagte Milliarde für andere Verkehrsprojekte verwenden zu können. Ich bin überzeugt, der Transrapid wäre als Verkehrsmittel genauso Kult geworden wie meine Rede über ihn. Da waren die Gedanken den Worten weit voraus, nach dem Motto: »Vom Hauptbahnhof steigen Sie in zehn Minuten in den Flughafen ein.« Kann man es überhaupt besser ausdrücken? Gehalten habe ich die Transrapid-Rede übrigens als Kanzlerkandidat im Januar 2002, die Aufzeichnung wurde erst mehr als drei Jahre später bekannt. Wie das manchmal so geht.

Eine große Erneuerung wurde dagegen konzentriert umgesetzt. Als Mutter aller Reformen habe ich die Föderalismusreform bezeichnet, die nach jahrelangem politischen Ringen am 1. September 2006 in Kraft trat. Und auch hier sage ich: Ohne die Große Koalition, die im Wahlkampf nicht unser Ziel war, wäre die größte Reform unseres Grundgesetzes seit seinem Inkrafttreten im Jahr 1949 nicht durchsetzbar gewesen. Meine Überzeugung ist: Heute gäbe es dafür keine Mehrheit mehr.

Es war ein langer Anlauf: Die Regierungschefs aller Länder hatten schon Ende der Neunziger beschlossen, den langwierigen und undurchsichtigen demokratischen Entscheidungsprozessen auf den Grund zu gehen. Es schien an der Zeit zu sein, die bundesstaatliche Ordnung zu modernisieren – und damit auch die föderale Ordnung. Gerade für einen bayerischen Regierungschef hat diese eine herausragende Bedeutung, mit Blick auf die selbstbewusste Mentalität der Bevölkerung und die über ein Jahrtausend zurückreichende eigenständige Staatstradition.

Deutschland ist kein Zentralstaat und sollte es auch nicht werden. Regionale Unterschiede und Traditionen sind keine Schwächen, sondern Stärken, um die uns viele in der Welt beneiden. Die Kraft Deutschlands gründet ganz wesentlich in seiner Vielfalt. Föderalismus heißt auch Wettbewerb, Austausch und Anstrengung für die bestmöglichen Ergebnisse. Die föderale Struktur führt zu einer gleichmäßigeren gesellschaftlichen, kulturellen und ökonomischen Entwicklung, anders als in Staaten mit zentralistischem Zuschnitt wie etwa in Frankreich mit seinem »Glanzpunkt Paris«. Man mag von deutscher Kleinstaaterei sprechen, aber von den zahlreichen Zentren gehen Entwicklungsimpulse aus, die das ganze Land voranbringen.

Die ursprüngliche klare Regelung des Grundgesetzes, wonach die Gesetzgebungskompetenz bei den Ländern liegen sollte, soweit sie im Verfassungstext nicht ausdrücklich dem Bund zugewiesen wird, hatte nicht verhindert, dass dem Bund durch zahlreiche Grundgesetzänderungen mehr und mehr Kompetenzen zugewachsen waren – zulasten der Länder. Meiner Meinung nach schöpfte der Bund seine Möglichkeiten in der sogenannten konkurrierenden Gesetzgebung und der Rahmengesetzgebung exzessiv aus. Zugleich war es für gewisse Entscheidungsprozesse geradezu lähmend, dass der Anteil der Bundesgesetze, die der Zustimmung der Länder im Bundesrat bedurften, auf rund 60 Prozent angestiegen war. Bei unterschiedlichen Mehrheitsverhältnissen in Bundestag und Bundesrat führte dies oftmals zur Blockade von Gesetzgebungsverfahren, etwa gegen Ende der Regierungszeit Helmut Kohls.

Das zentrale Ziel einer Föderalismusreform musste die Entflechtung der Zuständigkeiten zwischen Bund und Ländern sein. Die Reform sollte den Ländern eigene Gestaltungskraft zurückgeben, auch und gerade in einem lebendigen Wettbewerb der Ideen und der politischen Konzepte der Länder untereinander. Anders gesagt: Aus dem Föderalismus der bloßen Beteiligung in Berlin musste wieder ein Föderalismus der politischen Gestaltung in den Ländern werden. Außerdem stand die Entflechtung der Zuständigkeiten unter dem Gebot der demokratischen Transparenz: Die Bürger sollten wieder einfacher erkennen können, welche politische

Kraft für welche Entscheidung die Verantwortung trägt und wem die Folgen eines Beschlusses zuzuschreiben sind. Dies ist schließlich ein wichtiger Faktor der demokratischen Urteilsbildung. Insofern sollte die Föderalismusreform auch der Politikverdrossenheit entgegenwirken, die sich längst in der Gesellschaft ausbreitete.

Im Rückblick erstaunt es mich beinahe, dass es bei Bund und Ländern den Konsens gab – und zwar über Parteigrenzen hinaus –, eine Reform des Föderalismus sei notwendig. Einzelne verfassungsrechtliche Diskussionen will ich hier nicht im Detail nachzeichnen, das würde den Rahmen des Buches sprengen, nur wesentliche und zukunftsträchtige Gesichtspunkte. So hatte ich unter den Ministerpräsidenten mehrmals meine Absicht deutlich gemacht, die Föderalismusreform voranzutreiben und dafür die Verantwortung zu übernehmen. Dies führte dazu, dass die Ministerpräsidenten Bayern und Bremen 1999 die Federführung übertrugen. Voraussetzung war unausgesprochen, dass die Föderalismusreform keine Neugliederung der Länder einschloss. Solche Diskussionen hat es ja nach 1945 immer wieder gegeben. Die einzige erfolgreich vollzogene Fusion fand 1952 statt, als sich Baden, Württemberg-Baden und Württemberg-Hohenzollern zum neuen Bundesland Baden-Württemberg vereinigten. Wenn Befürchtungen bezüglich einer Neugliederung nicht gleich zu Beginn der Reform ausgeräumt worden wären, hätten viele Regierungschefs sofort abgewunken, und der Weg zur Reform wäre verbaut gewesen.

Dann entdeckte auch der Bundestag das Thema. Bundestag und Bundesrat beschlossen, eine gemeinsame Kommission zur Reform der föderalen Ordnung einzusetzen. Den Auftrag dazu erhielten Franz Müntefering, damals SPD-Fraktionsvorsitzender im Deutschen Bundestag, und ich. Natürlich gab es in der Reformarbeit Höhen und Tiefen und auch eine gewisse Zäsur durch die vorzeitige Auflösung des Bundestags 2005. Nach der Wahl griff die Große Koalition die von Müntefering und mir bis dahin festgehaltenen Ergebnisse jedoch wieder auf und machte sie zum Bestandteil des Koalitionsvertrags.

Zieht man eine Zwischenbilanz dessen, was mit der Föderalismusreform erreicht wurde, so gibt es weder Anlass zur Euphorie noch zur Resignation. Bisher schwerfällige Entscheidungsprozesse zwischen Bund und Ländern wurden durch eine erhebliche Reduzierung der Zustimmungspflicht von Gesetzen beseitigt, und die Landtage gewannen umfassende Gesetzgebungskompetenzen hinzu. Sie mussten damit aber auch ein gesteigertes Maß an Verantwortung übernehmen. Besonders deutlich wurde dies bei der schwierigen Entscheidungsfindung zum Rauchverbot in meiner Heimat Bayern. Erst nach heftigem politischen Hin und Her kam es schließlich zum Volksentscheid für ein strenges bayernweites Rauchverbot. Damals habe ich mir manchmal gedacht: Eigentlich bin ich an diesem Polit-Theater mit »schuld«, denn ohne die Föderalismusreform hätten die Länder gar nicht über das Rauchverbot zu entscheiden. Das habe ich aber lieber für mich behalten, weil Ironie in der Politik in der Regel nicht verstanden wird. Vielleicht hätte der eine oder andere dieses Argument auch noch liebend gerne übernommen.

Unabhängig davon ist leider festzustellen, dass die Länder die durch die Reform gewonnenen politischen und rechtlichen Gestaltungsmöglichkeiten bisher kaum nutzten. Das gilt besonders für das neu geschaffene Instrument der Abweichungsgesetzgebung, wodurch es den Ländern möglich ist, in bestimmten Fällen vom Bund abzuweichen. So etwa im Bereich der Umweltgesetzgebung oder in der Hochschul- und Bildungspolitik. Die Länder wollen aber nach wie vor lieber die Bundesgesetzgebung beeinflussen, als dem Bund entgegenzuhalten: »Macht es, wie ihr wollt – wir machen es anders.« Umgekehrt entfaltete der Bund Aktivitäten auf dem Terrain der Länder, beispielsweise rief Angela Merkel 2008 die »Bildungsrepublik« aus.

Ergebnisse der Föderalismusreform werden von manchen in der Politik infrage gestellt oder sollen gar rückgängig gemacht werden. Das Kooperationsverbot, das dem Bund die Finanzierung von Bildung und Wissenschaft nur für »zusätzliche« Aufgaben erlaubt, habe sich als Irrweg erwiesen. Mit solchen Initiativen wird ein Weg beschritten, der die Zuständigkeiten und die spezifische Verantwortung wieder verwischt. Die erste Frage müsste doch sein, ob das Land die Prioritäten für die wichtigen Bereiche Bildung und Hochschule selbst richtig gesetzt hat. Und statt des Rufs nach Fördermitteln des Bundes müsste die Forderung erhoben werden, die Verteilung der Steuereinnahmen zwischen Bund und Ländern wieder auf den Prüfstand zu stellen.

Wir müssen uns entscheiden: Wollen wir den Ländern eine allumfassende Zuständigkeit geben, wenn es um die Ausbildung unserer Kinder geht, oder wollen wir das nicht? Wenn ja, dann bedeutet das eben Wettbewerb, dann bedeutet das Uneinheitlichkeit, dann bedeutet das Best Practice. Nicht umsonst sagte der ehemalige Bundespräsident Roman Herzog, dass ein Föderalismus, der keine Unterschiede zulasse, schon gedanklich ein Unding sei. Aber genau dieser Wettbewerb ist für mich auch eine Art von Freiheit zum eigenverantwortlichen Handeln, eine Herausforderung für alle. Wenn wir es am besten machen, werden uns die anderen nacheifern. Es macht keinen Sinn, ständig von Subsidiarität und Länderautonomie zu sprechen, ohne sie zu praktizieren, und dann nach dem Geld des Bundes zu rufen, weil man die Prioritäten, die man setzen wollte, nicht gesetzt hat. Man muss die Bildungspolitik nach seinen eigenen Vorstellungen entwickeln und dafür sorgen, dass das nötige Geld zur Verfügung gestellt wird. Wer einwendet, das könnten nicht alle Länder, muss die Konsequenzen ziehen und diese Länder durch Fusionen stärken. Wir brauchen Mut zu einem lebendigen und motivierenden Wettbewerb auf der Grundlage der neu geschaffenen Kompetenzen. Das ist nicht allein eine Frage der Finanzierungs- und Haushaltskapazitäten, sondern vielmehr eine Frage von Ideen und Konzepten im föderalen Wettstreit um die besten Lösungen. Allerdings ist heute die Renaissance des Föderalismus und der Subsidiarität, wie wir sie um die Jahrtausendwende erlebten, vorbei. Die Bundeseinheitlichkeit wird heute wieder stark favorisiert. Unterschiede in den Ländern werden von Politik und Bürgern immer weniger ertragen. Diese Nachlässigkeit der Länder kann uns noch einmal leid tun, weil der Zug der Zentralisierung durch Berlin direkt nach Brüssel fährt.

Dringend auf den Prüfstand muss in diesem Zusammenhang der Länderfinanzausgleich, in dem elf oder zwölf Länder in einem komplizierten Verfahren von vier Ländern mitfinanziert werden. Dabei geht es nicht darum, die Solidarität in Abrede zu stellen. Aber es kann nicht in Ordnung sein, dass einige über Generationen das Motto pflegen: »Wir sind nun mal arm, aber sexy, da können wir nichts machen.« Deshalb müssen wir im Länderfinanzausgleich dazu kommen, die Anreize so auszurichten, dass sich jeder anstrengt. Leistung muss sich auch hier lohnen. Und wer sich Dinge leistet, die er sich nicht leisten kann, muss dafür eine Quittung bekommen. Das Bundesverfassungsgericht hat im Jahr 1999 aufgrund der Klage Bayerns und Baden-Württembergs dafür Maßstäbe festgesetzt und den Weg für Verhandlungen geöffnet. Bei dieser letzten großen Runde zum Länderfinanzausgleich konnte die Belastung für das Geberland Bayern um knapp 500 Millionen Euro reduziert werden. Aber Bayern ist seither noch stärker geworden – und andere nicht. Deshalb muss der Länderfinanzausgleich wieder neu verhandelt werden. Und es muss dafür gesorgt werden, dass es echte Anreize zum Besserwerden gibt.

Nach meiner Überzeugung wird in nicht allzu ferner Zukunft ein Reformschritt erfolgen, der bisher immer wieder vertagt wurde: die Neugliederung der deutschen Länder. So schön es ist, dass das Saarland selbstständig ist, so schön es ist, dass wir die Stadtstaaten haben, und so eindringlich die Bürger Brandenburgs und Berlins erklärt haben, nicht zusammengehen zu wollen – diese verständlichen Emotionen werden eine föderale Neuordnung Deutschlands mittelfristig nicht mehr aufhalten. Eine historische Grundgesetzänderung wird diese Neuordnung erzwingen: die Schuldenbremse – das Verfassungsprinzip, dass der Bund und jedes Land künftig mit seinen Einnahmen auskommen muss. Finanzschwächere Länder werden zu Fusionen gezwungen sein, um diese Schuldenbremse einzuhalten und die notwendige Leistungsfähigkeit zu erreichen. Sieben oder acht Bundesländer auf Augenhöhe würden womöglich auch die Ideale der Föderalismusreform besser mit Leben füllen.

Ein historisches Ereignis für ganz Deutschland war im Jahr 2006 der Besuch Papst Benedikts XVI. in seiner Heimat Bayern. Hadrian VI., 1522–1523 – wer sich für deutsche Päpste interessiert, muss weit zurückblicken in die Geschichte. 1982, als er nach Rom ging, hatte sich Kardinal Ratzinger an der Münchner Mariensäule als Erzbischof der Erzdiözese München und Freising von uns verabschiedet. Als Oberhaupt der Römisch-Katholischen Kirche kam er fast fünfundzwanzig Jahre später zurück und sprach im Herzen Bayerns, zu Füßen der Patrona Bavariae, ein bewegendes Gebet. Was die Wahl eines Deutschen auf den weltumspannenden Heiligen Stuhl in Rom für unser Land bedeutet, wird viel zu wenig gesehen: Die Wahl von Kardinal Joseph Ratzinger, Jahrgang 1927, zum Papst Benedikt XVI. ist der endgültige Abschluss der Nachkriegszeit für Deutschland. Dieser 19. April 2005 hat aus meiner Sicht eine ähnliche Bedeutung wie das »Wunder von Bern« am 4. Juli 1954 und der Fall der Mauer am 9. November 1989. Dass die Katholische Kirche, die man als den ersten und bedeutendsten Global Player überhaupt sehen kann, ausgerechnet einen Deutschen als Stellvertreter Christi auf Erden bestimmt, ist ein großer Vertrauensbeweis und eine große Anerkennung, auch der Entwicklung seines Heimatlandes. Natürlich agiert ein Papst nicht wie eine Bundeskanzlerin in der Tagespolitik. Aber sein geistiges Wirken auf allen Kontinenten hat eine ganz außerordentliche Bedeutung und Ausstrahlung. Leider sind die Deutschen gerne päpstlicher als der Papst. Sicherlich gibt es Gesprächs- und auch Reformbedarf in der Katholischen Kirche. Aber auch hier gilt, dass die Welt nicht am deutschen Wesen genesen kann und will. Manche Fragen wie die nach dem Dialog zwischen den Konfessionen werden zu Recht bei uns heiß diskutiert – und trotzdem spielen sie in Asien, Afrika oder Südamerika eine weniger bedeutende Rolle. So gibt es eine riesige Diskrepanz zwischen mancher überaus kritischen Beurteilung des

Kein Abschied: Als CSU-Chef beim
Politischen Aschermittwoch 2007 in Passau.

Pontifikats Benedikts XVI. in Deutschland und der Wahrnehmung in weiten Teilen der Welt. Die Bedeutung und das Geschenk dieser päpstlichen Amtszeit für Deutschland werden vielen leider erst in einigen Jahren wirklich bewusst werden.

Als Bayerischer Ministerpräsident machte ich mir im Jahr 2006 intensiv Gedanken über die Zukunft. Um meinen 65. Geburtstag herum kündigte ich an, dass ich jetzt auf die letzte Etappe meines politischen Wirkens einbiegen und nach der Wahl 2008 einen Generationswechsel einleiten wolle. Politisch konzipierte ich ein Zukunftsprogramm, das ich unter die Überschrift »Bayern 2020« stellte. Meine Überlegung: Die Geschichte des modernen Bayern ist ein beispielloser Aufholprozess, der uns vom Schlusslicht an die Spitze der deutschen Länder geführt hat. Inzwischen haben auch andere Länder in Deutschland und Europa mit einer ähnlichen

Emotionen: Nach meiner Rede auf dem CSU-Parteitag in München, September 2007.

Politik die Weichen in Richtung Zukunft gestellt. Neue Herausforderungen sind hinzugekommen: die demografische Entwicklung mit all ihren unterschiedlichen Folgen, die immer schneller voranschreitende Globalisierung, der weltweite Klimawandel. Wer im Wettbewerb stehen bleibt, fällt zurück. Wer auch im Jahr 2020 an der Spitze stehen will, muss wiederum heute neue Weichen stellen. Anders gesagt: Was muss ich tun, damit Josef und Mustafa im Jahr 2020 in der Lederhose in den Biergarten gehen und gemeinsam darauf anstoßen, dass Bayern zu den schönsten und wirtschaftlich erfolgreichsten Regionen der Welt zählt. Dass sie keine Sorge um den Arbeitsplatz haben müssen. Und dass es auch ihren Eltern gut geht, die ihr Leben lang hart gearbeitet haben. Für dieses auch emotional stark behaftete Ziel mit den Schlüsselthemen Kinder, Bildung, Arbeit bekam ich in der bayerischen Bevölkerung eine riesige Zustimmung. Genau genommen waren es in einer repräsentativen Umfrage 97 Prozent.

Mit meiner Zielvorgabe beauftragte ich exzellente Köpfe des Landes, den Wissenschaftlich-Technischen Beirat der Staatsregierung unter der Leitung des früheren McKinsey-Chefs Herbert Henzler, mit einem Zukunftsgutachten. Die Ergebnisse waren ausgezeichnet, sie wurden dann in der Staatsregierung und der Regierungsfraktion politisch beraten und gewichtet. Meine deklarierten Nachfolger hatte ich gebeten, sich kräftig mit einzubringen. Die erste Stufe des Programms »Zukunft Bayern 2020 – Kinder, Bildung, Arbeit« brachten wir dann 2007 noch gemeinsam auf den Weg. In meiner letzten Regierungserklärung am 17. Juli 2007 stellte ich die wesentlichen Schwerpunkte vor: Ausbau von Kinderbetreuung und Ganztagsschulen, neue Investitionen in Universitäten und Fachhochschulen, Leuchtturmprojekte in der angewandten Forschung, Impulse für technologische Leitprojekte, Klimaschutz. Schließlich beendete ich im Parlament meine Zeit als Ministerpräsident mit den Worten: »Alles Gute und Gottes Segen für die neue Staatsregierung! Gott mit Dir, Du Land der Bayern!«

6.
DIE LEIDENSCHAFT BLEIBT

Let It Be

Nicht das Ende einer politischen Laufbahn ist entscheidend, sondern der Inhalt. Jeder politische Weg geht einmal zu Ende, politische Ämter werden auf Zeit vergeben. Oder, frei nach Herbert Wehner: »Wer in die Politik geht, muss irgendwann auch wieder rauskommen.« Für mich ist maßgebend, was ich in meiner Zeit politisch erreichen wollte, was ich erreichen konnte und was mir vielleicht weniger gelungen ist. Unter dem Strich bin ich dankbar und zufrieden mit rund dreißig Jahren hoher und höchster politischer Verantwortung, mit meinem Beitrag zu überwiegend guten Entwicklungen in Bayern und Deutschland in dieser Zeit und mit großen Wahlerfolgen meiner Partei. Hinzu kommt: Heute sehe ich durchaus auch die Chancen, die für mich in einem Rückzug aus der aktiven Politik im Alter von 66 Jahren lagen. Ich möchte jetzt nicht den Song von Udo Jürgens zitieren. Aber ich hatte noch einmal die Möglichkeit und die Kraft, einen neuen Lebensabschnitt aktiv zu gestalten, mich sozusagen neu zu erfinden, mehr Zeit für Privates zu haben, aber mich auch neuen Aufgaben zu stellen, die meinen Interessen entsprechen: mein Ehrenamt in Europa, der politische und gesellschaftliche Austausch mit interessanten Unternehmen, die Medienentwicklung, die künftige Versorgung mit wichtigen Rohstoffen, nicht zu vergessen der Fußball.

Dabei bleibt eines für mich immer klar: Meine politische Leidenschaft und meine politische Heimat in der CSU hängen nicht an Ämtern. Und deshalb kann ich auch nur schwer Nein sagen, wenn ich aus meiner Partei – ob von der Basis oder von der Spitze

– um Rat oder um einen Auftritt gebeten werde. Dass es allerdings so weit gehen würde, dass ich 2012 noch einmal bei der größten Veranstaltung der CSU auftreten würde, beim Politischen Aschermittwoch in Passau, war auch für mich erst überraschend und dann ein bewegendes »Familientreffen« mit Tausenden Anhängern. Ich habe keinen Grund, in Zorn oder Selbstmitleid auf das Jahr 2007 zurückzublicken.

Natürlich kenne ich die Erwartungen an dieses Buch, aus dem Kreuther Nähkästchen zu plaudern. Nur: Viel ist nicht drin in diesem Nähkästchen, war doch die Öffentlichkeit Zeuge und in diesen Tagen des Januar 2007 gewissermaßen live dabei. Die Bevölkerung hat sich ihr Urteil längst gebildet. Und im Interesse unserer Partei liegt es mit Sicherheit nicht, die damaligen Diskussionen noch einmal auf die Bühne zu holen. Schon damals hatte ich unzählige Anfragen und hätte mich auf allen Kanälen ausbreiten können. Nur einmal, in einem großen *Stern*-Interview, habe ich mich im Sommer 2007 zu den Ereignissen von Kreuth geäußert: »Da werden Sie von mir keinen Rückblick bekommen, ich schaue nach vorn. Klar ist, dass ich natürlich nicht von mir aus in Kreuth meine Ämter zur Verfügung gestellt habe oder zur Verfügung stellen wollte und niemanden selbst für die Nachfolge vorgeschlagen habe. Das hat auch jeder mitbekommen. Jeder wusste ja, dass ich noch zwei, drei Jahre diese Ämter ausfüllen wollte, um dann auch an der Spitze einen Generationswechsel einzuleiten. Andere wollten etwas anderes, das musste ich akzeptieren.« Intern geäußert hatte ich mich in diesem Sinne bereits in der CSU-Vorstandssitzung am 22. Januar 2007, vier Tage nach meiner Rückzugsankündigung. Der *Münchner Merkur* berichtete dazu: »Alle sind erstaunt, wie gelassen er mit der Situation umgeht, sagt ein Kollege. Eines stellte Stoiber aber klar: Er sei nicht Initiator dieses Tandems gewesen. Er werde diese Lösung aber nicht kritisieren.«

Manchmal ist es fast unangenehm: Zu oft werde ich darauf angesprochen, was das doch früher für gute Zeiten waren und dass Kreuth ein Fehler gewesen sei. Bei meinem Abschied hätte die CSU doch noch bei 58 Prozent gelegen. Das versuche ich dann eher abzuwehren, es bringt ja nichts. Ich vergesse auch die vielen Jahre nicht, in denen ich mit Günther Beckstein und Erwin Huber sehr gut zusammengearbeitet habe und sie exzellente Minister waren. Beide haben eine beachtliche politische Lebensleistung. Trotzdem war ich überrascht, als sie sich die höchste Verantwortung so sehr zutrauten. Dass sie als Führungstandem nicht den erhofften Erfolg hatten, ärgert beide selbst sicherlich am allermeisten. Die Freundschaften von einst sind durch die Ereignisse abgekühlt, das wird niemanden verwundern. Aber es ändert nichts daran, dass ich Günther Beckstein und Erwin Huber für die weiteren Jahre alles Gute wünsche.

Zu meinem Abschied wurde gewitzelt, ich würde bestimmt auch künftig nur grünes Papier verwenden, auf dem der Ministerpräsident seine Unterlagen bekommt. Und ganz sicher würde ich jeden Dienstag, wenn das Kabinett tagt, meine Mitarbeiter versammeln und imaginäre Sitzungen abhalten. Es würde schrecklich werden, wenn ich jeden Tag erkläre, was alles falschläuft und wie es eigentlich gemacht gehört. Nichts von alldem ist eingetreten. Jede Generation muss ihren Weg gehen und ihren eigenen Stil haben. Es bringt nichts und wäre auch nicht glaubwürdig, andere zu kopieren. Personen und Politikstile können nur dann erfolgreich sein, wenn sie authentisch sind und in die Zeit passen.

Der 28. September 2008, ausgerechnet mein Geburtstag, war der schwärzeste Tag in meinem politischen Leben – so habe ich es damals ausgedrückt. Nach 46 Jahren verlor die CSU die absolute Mehrheit der Mandate im Bayerischen Landtag. Dass es bei einem Minus von 17,3 Prozent zu Wechseln in den Führungspositionen einer Partei kommt, ist kaum zu vermeiden und politische Normalität. Der Parteivorsitz lief sofort auf Horst Seehofer zu. Im folgenden Wettbewerb um das Amt des Ministerpräsidenten bezog ich klar Stellung: In dieser dramatischen Situation der CSU war es meine Überzeugung, dass Partei und Land wieder von einer Hand geführt werden sollten. Zunächst gab es in München noch ein leichtes Fremdeln mit dem arrivierten Bundespolitiker und seinem Stil, während in der Berliner Landesgruppe auch die Sorge geäußert wurde, Seehofer sei als Spitzendkandidat zur Bundestagswahl unverzichtbar. Vor allem Peter Ramsauer als Landesgruppenvorsitzender vertrat diese Position. Schließlich setzte sich die Meinung durch, die Kräfte der CSU müssten wieder gebündelt werden. Horst Seehofer wurde mein Nach-Nachfolger als Ministerpräsident und Parteivorsitzender.

Heute stelle ich fest: Horst Seehofer ist es gemeinsam mit den Parteifreunden gelungen, die CSU nach dem Verlust der Alleinregierung aus der Depression zu holen und ihr wieder mentale Stärke zu geben. Die Stimme wird wieder deutlich in Berlin erhoben, manchmal auch gefürchtet – das ist unverzichtbar für den Erfolg der CSU auf allen Ebenen. Mein persönliches Verhältnis zu Horst Seehofer hat tiefe Wurzeln, von denen er gerne in Anekdoten berichtet. Lange Zeit war dieses Verhältnis durchaus ambivalent. So stieß ich Anfang der achtziger Jahre als scharfer Generalsekretär und rechte Hand von Franz Josef Strauß beim jungen Abgeordneten der Bonner Landesgruppe nicht nur auf Gegenliebe. Auch später, zu Zeiten der »Doppelspitze« Waigel – Stoiber, gehörte der Bundesgesundheitsminister und stellvertretende Parteivorsitzende Horst Seehofer nicht zu den Anführern meines Freundeskreises. Aber mag man mir auch vieles nachsagen – mein Ziel war stets eine möglichst starke Formation der CSU. So habe ich als Kanzlerkandidat 2002 Horst Seehofer zum Sozial- und Gesundheitsexperten der Union in mein Kompetenzteam berufen. In dieser Phase sind wir uns auch menschlich nahegekommen. Den Besuch an seinem Krankenbett in Ingolstadt im Februar 2002, gemeinsam mit meiner Frau, werde ich nicht vergessen, es stand um ihn wirklich ernst. Mir war wichtig, ihm zu signalisieren: Mag der Wahlkampf jetzt noch so bedeutsam sein, nimm dir die nötige Zeit, um gesund zu werden. Du bleibst unser Mann im Kompetenzteam, egal wie lange es dauert.

Nach seiner Genesung nahm die Intensität unserer politischen Verbindung zu. 2004 überredete ich ihn in einem stundenlangen

Nachfolger: Mit Horst Seehofer im Juli 2009.

Vier-Augen-Gespräch in der Staatskanzlei, wegen des Streits um die Gesundheitsprämie nach dem stellvertretenden Fraktionsvorsitz im Bundestag nicht auch noch den Parteivize hinzuwerfen. Und 2005 drückte ich Horst Seehofer dann als Landwirtschafts- und Verbraucherschutzminister im Bundeskabinett durch. Nicht immer habe ich mir mit diesen personellen Weichenstellungen Freunde in CDU und CSU gemacht. Viele Jahre unserer Zusammenarbeit spielte Horst Seehofer mit großer Inbrunst und Ironie auf der Klaviatur des Stellvertreters, der, leichter und lockerer als die Nummer eins, viele Sympathiepunkte sammelt. Nun ist er selbst Frontmann von Partei und Staat – und ich glaube, er hat mich noch nie so gut verstanden wie jetzt.

Man hat mich oft als »Macher«, als »Technokraten« bezeichnet. Das ist nicht grundsätzlich falsch, aber es gibt nur einen Teil meines Selbstverständnisses als Politiker wieder. Denn für mich war Politik immer auch Leidenschaft pur. Zu der Einordnung als Technokrat habe ich aber auch selbst beigetragen, weil ich mich in meinem Amt des Ministerpräsidenten gelegentlich als »Vorstandsvorsitzender der Bayern AG« tituliert habe. Damit wollte ich zum Ausdruck bringen, dass ich mich als Regierungschef meines Landes in der Aufgabe sehe, Bayern im Wettbewerb mit den dynamischen Regionen Europas nach vorn und an die Spitze zu bringen, um in der globalisierten Welt ökonomisch und technologisch bestehen zu können. Diese Politik war erfolgreich, das kann ich im Rückblick behaupten. Roman Herzog hat dies 1999 bekanntlich auf den einfachen Nenner »Laptop und Lederhose« gebracht. Kürzer, prägnanter, besser kann man meine Politik nicht beschreiben.

Es waren bewegende Momente für mich, als mich die Bundeswehr mit militärischen Ehren und einer feierlichen Serenade im Münchner Hofgarten als Ministerpräsident Bayerns verabschiedete. Ich war auch deshalb gerührt, weil die Bundeswehr eigens darauf hinwies, dass es eine solche Zeremonie für einen Ministerpräsidenten bis dahin noch nicht gegeben habe. Fast fünfundzwanzig Jahre im Kabinett, davon vierzehn Jahre als Regierungschef, waren zu Ende. Wie in diesem Rahmen üblich, hatte auch ich drei musikalische Wünsche frei. Und so geleitete mich schließlich der Beatles-Song »Let It Be« aus der bayerischen Staatskanzlei.

Immer auf Ballhöhe

Schon seit Studentenzeiten bin ich Beatles-Fan – und wollte ihnen immer gerne meine Reverenz erweisen. Die Chance sah ich dann 2010 gekommen, als ich in meiner Eigenschaft als Aufsichtsrat des FC Bayern München mit Mannschaft und Vereinsführung zum Champions-League-Knüller bei Manchester United aufbrach. Weil mich das berühmte Beatles-Museum in Liverpool schon so lange interessierte, setzte ich mich am Tag des Spiels ab und reihte mich dort in die endlose Warteschlange ein. Kaum war ich an der Kasse angelangt, klingelte schon mein Handy. Am Apparat war Uli

Hoeneß, der mich auf einen offiziellen Termin hinwies und meinte: »Komm bitte sofort zurück, die Verantwortlichen von Manchester erwarten, dass du am offiziellen Lunch in Old Trafford teilnimmst.« Natürlich wollte ich keinen Grund für irgendwelche Verstimmungen liefern. Und das war es dann mit meinem Besuch im Beatles-Museum.

Fußball ist eine große Leidenschaft, die ich mit meiner Frau, meinen Kindern und heute sogar schon mit meinen Enkeln teile. Karin und ich standen schon in den sechziger Jahren beim FC Bayern in der Fankurve, lange bevor ich mich überhaupt ernsthaft politisch engagierte. Seit den Neunzigern bin ich Vorsitzender des Verwaltungsbeirats. Der Weg in den Aufsichtsrat war mir als aktivem Politiker selbstverständlich verschlossen. Umso größer war meine Freude, als ich nach meinem Rückzug aus der Politik von der Hauptversammlung der FC Bayern München AG in den Aufsichtsrat »meines« Fußballclubs gewählt wurde.

Denn die Begeisterung für diesen Sport ist mir bis zum heutigen Tag geblieben, und es kann schon passieren, dass ich ein Spiel wegen unglaublicher Spannung, aber auch aus Enttäuschung nicht mehr länger ertrage. So habe ich die legendäre Entscheidung 2001 glatt verpasst, als der FC Schalke 04 – nur – zum Meister der Herzen wurde. Auf der Heimfahrt von einer CSU-Bezirksversammlung in Nürnberg hatte ich gegen 17 Uhr 15 live im Radio gehört, wie der FC Bayern in der 90. Minute plötzlich mit 1:0 in Hamburg zurücklag, während Konkurrent Schalke 04 gegen Unterhaching zum Schluss klar führte. Ich konnte und wollte mir das nicht länger anhören. Wütend schaltete ich das Radio aus und widmete mich den Vorlagen, die mir aus der Staatskanzlei zur Bearbeitung mitgegeben worden waren. Als ich dann um 18 Uhr wieder einschaltete, um die Nachrichten zu hören, dachte ich erst, es sei ein Scherz, als ich vernahm: »Deutscher Fußballmeister 2001 ist der FC Bayern München.« Mit der Arbeit war es augenblicklich vorbei. Meine Fußballfreunde rief ich an, um genau zu erfahren, wie die Bayern-Mannschaft dieses Spiel doch noch drehen konnte.

Sieg und Niederlage liegen im Sport eng beieinander. Als schlimmstes Erlebnis, jeder Bayernfan wird das bestätigen, galt bis vor Kurzem das Finale der Champions League gegen Manchester United im Jahr 1999. Barcelona, Stadion Camp Nou, 90. Minute. Es steht 1:0 für den FC Bayern. Jordi Pujol, der Regierungschef Kataloniens, zeigt auf die Stadionuhr und sagt zu mir: »Junger Freund, warum sind Sie denn so nervös? Es ist vorbei, Sie haben gewonnen!« UEFA-Präsident Lennart Johansson gratuliert und macht sich auf den Weg zur Siegerehrung. Als er am Spielfeld ankommt, steht es 2:1 für Manchester. Aus, vorbei. Dass das noch zu toppen sein würde, hielt ich dreizehn Jahre lang für unmöglich – bis zum so ersehnten »Finale dahoam« 2012. Die Niederlage gegen den FC Chelsea in der eigenen Allianz Arena – Führung kurz vor Schluss, Elfmeter in der Verlängerung, im Elfmeterschießen wieder vorne und dann Bastian Schweinsteigers Ball der Tränen an den Pfosten –, wie alle anderen Bayernfans und Sympathisanten war ich fix und fertig. Diese Niederlage musste vom gesamten Verein erst einmal verarbeitet werden. Aber es würde nicht zum FC Bayern passen, wenn man in längere Depression versinken würde wegen einer Niederlage – und mag sie noch so schmerzlich sein.

In den neunzig Spielminuten gibt es – in aller Regel – nichts anderes als das Spiel, mit allen Emotionen. Da fiebere ich mit, manchmal sehr lautstark, und lasse die Politik außerhalb des Stadions. Eine Lehre war mir ein Erlebnis, bei dem ich mich selbst nicht an diesen Grundsatz gehalten habe. Tagelang hatte ich versucht, den damaligen Chefredakteur des *Focus*, Helmut Markwort, telefonisch zu erreichen, bis ich im Münchner Olympiastadion neben ihm saß. Also redete ich während des Bundesligaspiels voller Überzeugung »politisch« auf ihn ein. Wer mich kennt, weiß, dass ich da hartnäckig sein kann. In diesem Fall war ich aber erfolglos – denn Markwort blickte, unbeeindruckt von einem Ministerpräsidenten und seinem Anliegen, weiter stoisch und ohne erkennbare Reaktion auf das Spielfeld. Nur ein einziges Mal, kurz vor der Halbzeit, wandte er mir unwillig den Kopf zu. Und es kam, wie es

Leidenschaft pur: Mit Karin und Uli Hoeneß bei einem Bundesligaspiel der Basketballmannschaft des FC Bayern.

kommen musste: Genau in dem Augenblick trafen die Bayern zum 1:0. Und mich traf der heilige Zorn des Chefredakteurs.

Fußball ist heute eine integrative Kraft in unserer Gesellschaft, eines der letzten Lagerfeuer, an denen Menschen jedes Alters und jeder sozialen Schicht zusammenkommen. Wie nichts anderes vereint der Fußball alle gesellschaftlichen Bereiche. Ob arm oder reich, ob jung oder alt, ob dick oder dünn, ob Nord oder Süd – ja zunehmend sogar ob Mann oder Frau: Das Bundesliga-Fieber grassiert. Die Liga boomt, die Stadien sind ausverkauft. Dieser Sport ist für den emotionalen Haushalt von Millionen Deutschen enorm wichtig, er ist für viele Menschen ein Ventil. Kein Online-Medium verzichtet mehr auf die ständig aktualisierten neuesten Bundesliga-Meldungen, den Gesprächsstoff schlechthin. Dabei gilt im Profi-Fußball ein knallhartes Leistungsprinzip, das wohl nirgendwo sonst eine solche gesellschaftliche Akzeptanz hätte. Die Besten sollen spielen. Und wer es nicht bringt, der wird ausgewechselt oder gleich verkauft. Da sind sich alle einig, in der Fankurve genauso wie auf der Ehrentribüne. Niemand käme auf die Idee, zu sagen: Der Elfmeter war zwar schlecht geschossen, aber angesichts der schweren Kindheit des Spielers muss man doch Verständnis haben. Ich selbst habe während mancher Spiele schon halbe Mannschaften in Gedanken transferiert.

Als Vorsitzender des Verwaltungsbeirats des FC Bayern München durfte ich viele großartige Sportler und Persönlichkeiten kennenlernen. Eine meiner ersten Sitzungen in dieser Funktion war zugleich die erste mit dem neu gewählten Präsidenten Franz Beckenbauer, den ich selbst stundenlang zur Übernahme dieser Aufgabe bekniet hatte. Nun habe ich als Politiker mit solchen Gremien große Erfahrung und viel erlebt. Aber ich bin immer noch beeindruckt, mit welcher natürlichen Souveränität der große Sportler und Trainer aus München-Giesing auch diese Aufgabe meisterte. Mit der ihm eigenen Nonchalance, anders als ein klassischer Politiker oder Unternehmer, aber nicht minder erfolgreich und überzeugend. Und ich weiß noch gut, dass ich mir dachte: »Der Franz bewegt sich in diesem neuen Umfeld mit derselben Brillanz wie auf dem Spielfeld.« Wie niemanden sonst habe ich Franz Beckenbauer als einen Menschen erlebt, der immer und gegenüber jedermann freundlich ist, angenehm im Umgang. Jegliche Überheblichkeit, die ihm manche vielleicht sogar zugestehen würden, ist ihm fremd. Hut ab! Dass uns die Wege einmal auf diese Weise zusammenführen würden, hätte ich mir nicht vorstellen können. Als Student fuhr ich nach der Uni manchmal noch an der Säbener Straße vorbei, um dem FC Bayern beim Training zuzusehen. Einmal berichtete ich anschließend meiner damaligen Freundin Karin: »Heute ist mir ein junger Spieler aufgefallen, ich weiß nicht, wie er heißt. Aber so einen habe ich noch nie gesehen!«

Eine besondere Freundschaft verbindet mich mit Uli Hoeneß. Als er noch Manager des FC Bayern war, sagte ich zu ihm: »Du hast eigentlich meinen Traumjob.« Wir beide sind wohl diejenigen, die das Wort »Champions League« am häufigsten im Mund geführt haben, er im Fußball und ich in der Politik. Und wir haben damit den ein oder anderen schon mal gewaltig genervt. Aber ohne Erfolgshunger gibt es auch keinen Erfolg – nirgends. Ich kann es nur wiederholen: Man muss auch Erster werden wollen. Die Münchner Allianz Arena war eine Idee von Hoeneß, meine Aufgabe war es, den Allianz-Vorstandsvorsitzenden Henning Schulte-Noelle zwei Stunden lang zu bearbeiten. Fußball war ihm eher fern, doch ich konnte ihn überzeugen, dass diese Arena für den Versicherungskonzern die optimale Werbung sein würde. Heute wird dies von allen Seiten bestätigt – auch von Schulte-Noelles Nachfolger Michael Diekmann, der ursprünglich dagegen war. Uli Hoeneß ist Herz und Seele des FC Bayern. Wie positiv viele Ex-Spieler über den Verein reden, sagt eigentlich alles. Mit Karl-Heinz Rummenigge hat er einen Vorstandsvorsitzenden von internationalem Format, Finanzvorstand Karl Hopfner ist im wahrsten Sinne des Wortes eine Bank, und den neuen Vorstand Matthias Sammer habe ich als ebenso analytischen wie durchsetzungsfähigen Kopf erlebt.

Fußball schafft mit spielerischen Mitteln das, was Volksparteien schaffen müssen: Schichten und Milieus miteinander zu verbinden. Auf die Politik übertragen heißt das: Nicht einzelne politische Sachfragen, sondern die übergeordneten Werte – etwa die Nation und der Zusammenhalt, die christlichen Werte, die Familie – ermöglichen ein Gemeinschaftsgefühl für große Teile der Bevölkerung und geben Heimat. So wichtig die Frage auch ist: Die Diskussion über 0,1 Prozent Sozialversicherungsbeitrag weckt allein keine Begeisterung und keine positiven Emotionen. Erfolgreiche Politik braucht einen Überbau, der viele angeht und berührt.

Mehr Freiheit wagen

Fußball ist die schönste Nebensache der Welt – und ein wichtiges Kapitel in meinem Leben. Doch wer ein wirklich politischer Mensch ist, kann das Politische gar nicht hinter sich lassen – selbst wenn er es wollte.

Einsatz für Europa: Mit José Manuel Barroso bei der Eröffnung der Wagner-Festspiele in Bayreuth 2004.

»Stoiber geht nach Brüssel« – so lautete die Schlagzeile, als mein ehrenamtliches Engagement zum Bürokratieabbau in der Europäischen Union bekannt wurde. Diese Schlagzeile holt mich bis heute immer wieder ein, wenn ich irgendwo in Deutschland auf der Straße angesprochen werde: »Herr Stoiber, sind Sie wieder einmal da? Haben Sie Urlaub von Brüssel?« Dann erläutere ich gerne, dass ich mich nach Kräften engagiere, auch häufig in Brüssel vor Ort bin, aber für ein reines Ehrenamt im gehobenen Alter meinen Lebensmittelpunkt bestimmt nicht nach Brüssel verlege. Dorthin gehe ich zu den Sitzungen, zu Gesprächen mit Mitarbeitern, Generaldirektoren, Kommissaren, zu Veranstaltungen. Ansonsten nutze ich die Möglichkeiten der modernen Kommunikation. Nicht selten heißt es dann: »Das ist ja aller Ehren wert, aber warum tun Sie sich das denn noch an?« Ja, warum eigentlich?

Bayern ist meine Heimat. Deutschland ist mein Vaterland. Europa ist unsere Zukunft. Nach diesem Strauß'schen Credo habe ich Politik gestaltet, mehr als dreißig Jahre lang. Meine Haltung ist im Kern in allen meinen Ämtern immer dieselbe gewesen, ob an der Seite von Franz Josef Strauß, ob als Ministerpräsident, als Parteivorsitzender oder als Kanzlerkandidat: Ich bin leidenschaftlich Bayer, Deutscher und Europäer. Aber ein guter Europäer muss auch ein kritischer Europäer sein. Das war ich, das bin ich, und das bleibe ich. Dazu gehört es, Wahrheiten zu sagen, auch unbequeme. Man tut Europa keinen Dienst, wenn man nur beschönigt. Und nicht nur derjenige ist ein guter Europäer, der alles bejubelt, was aus Brüssel kommt. Dafür ist die Europäische Union viel zu wichtig.

Im Wissen um mein Engagement für Europa kam der Präsident der EU-Kommission José Manuel Barroso im Sommer 2007 nach München, um mich unter vier Augen um ein ehrenamtliches Engagement zum Bürokratieabbau zu bitten. Ich sei ein überzeugter, kritischer Europäer, der schon seit den achtziger Jahren die Tendenzen zur Bürgerferne und zur Bürokratisierung anprangere, oftmals mit klaren Worten. Ich antwortete ihm: »Du bist aber mutig.« Zugleich ging mir durch den Kopf: Als aktiver Politiker hast du oft dazu aufgerufen, sich ehrenamtlich für die Gesellschaft zu engagieren. Nun wirst du selbst vom Kommissionspräsidenten gebeten, ein Ehrenamt zu übernehmen. Da kannst du schlecht Nein sagen. Wieso sollte ich meine Erfahrungen und internationalen Kontakte nicht nutzen und mich ehrenamtlich für ein Thema engagieren, das vielen Bürgern unter den Nägeln brennt? Es gibt so viele Klagen über die Bürokratie. Vielleicht kann ich etwas bewegen. Also sagte ich nicht Nein, sondern Ja.

Nach dieser Zusage ist mir allerdings schnell klar geworden, dass ich hier in einem doppelten Sinne »gegen die Regeln« kämpfen würde. Zum einen natürlich gegen Überregulierung durch ein Dickicht von Vorschriften. Zum anderen aber auch ganz persönlich gegen die Regeln des Politikbetriebs.

Meine Arbeit für Brüssel habe ich aufgenommen als ein Mann mit intensiver politischer Vergangenheit, aber ohne jede persönliche politische Ambition für die Zukunft. Ich wollte sozusagen zu meinen politischen Anfängen zurückkehren: ehrenamtliches politisches Engagement aus reiner Leidenschaft für die Sache. Aber: Der politische Betrieb hat mich zunächst nach seinen speziellen Regeln für Berufspolitiker willkommen geheißen. Erste Regel: Die politischen Lager gehen aufeinander los. Bevor ich auch nur ein Bein in Brüssel auf den Boden gesetzt hatte, hieß es aus dem Kreis der Sozialisten: »Brüssel ist doch kein Endlager für ausgelagerte Ministerpräsidenten!« Dies war zugleich eine Steilvorlage für alle, die gerne die zweite Regel anwenden: mit kritischen Bemerkungen über Personen, die bekannter sind als man selbst, auch einmal prominent in die Medien zu kommen. So konnte ich die verrücktesten Kritiken von Leuten lesen, die nie zuvor mit Vorschlägen gegen überbordende Bürokratie aufgefallen waren. Und auch Regel drei fand anfangs ihre Anwendung, wenn auch mehr hinter den Kulissen: Der will bestimmt etwas werden, Abgeordneter, Kommissar oder wer weiß was noch alles. Dem müssen wir schon die Grenzen aufzeigen.

Aber die Geschichte hat ein gutes Ende, ich kann dem Politikbetrieb auch ein Kompliment machen. Er ist lernfähig und manchmal sogar in der Lage, seine eigenen Regeln zu überwinden. Nach der Polemik aus den Reihen der Sozialisten gleich zu Beginn habe ich an ihren damaligen Vorsitzenden Martin Schulz geschrieben und angeboten, meine Arbeit in der sozialistischen Fraktion vorzustellen und darüber zu diskutieren. Über ein Jahr lang habe ich darauf keine Antwort erhalten. Dann hat sich Martin Schulz gemeldet. Wir haben uns getroffen, und inzwischen bin ich auch im Fraktionsvorstand der Sozialisten aufgetreten, unter großem Beifall. Das war für mich neu – und für die Sozialisten auch. Martin Schulz sagte, er hätte sich nie vorstellen können, dass Stoiber für seine Ausführungen jemals einen solchen Applaus von den Sozialisten bekommen würde. In seiner heutigen Aufgabe als Präsident des Europäischen Parlaments arbeite ich gut mit ihm zusammen, in Sachen Bürokratieabbau sind wir weitgehend auf einer Wellenlänge. Ein anderes Beispiel: Im Deutschen Bundestag haben ausgerechnet die Grünen die Bundesregierung aufgefordert, einen unserer Vorschläge mit noch mehr Nachdruck durchzusetzen. Dass ich in den Fragen des Bürokratieabbaus heute nicht mehr parteipolitisch eingeordnet werde, ist für mich eine ganz neue Erfahrung und dient der Sache. Freundlicher und offener als andere hat sich übrigens schon zu Beginn Gerhard Schröder geäußert, bei seinem Besuch in Wolfratshausen: »Respekt, dass Stoiber das macht. Aber einen solchen Null-Euro-Job könnte ich mir gar nicht leisten. Schließlich habe ich Frau und Kinder zu Hause!«

Politisch hat Bürokratieabbau in Europa eine doppelte Bedeutung: Er ist ein kleiner Beitrag zur Akzeptanzverbesserung der Europäischen Union. Allein in Deutschland antworten rund 40 Prozent der Bürger auf die Frage, was sie zuerst mit Europa verbinden: Bürokratie, Bürokratie-Moloch. Und auch in Österreich, den Benelux-Ländern, in Großbritannien, Skandinavien und den baltischen Staaten sind diese Werte vergleichbar hoch. Das heißt: Wer Europa bürgernäher machen will, der muss im Besonderen dem Problem der Bürokratie ernsthaft zu Leibe rücken und dabei spürbare Erfolge erzielen. Denn die Europäische Union braucht die Akzeptanz der Menschen. Nur dann kann sie in den großen Fragen unserer Zeit, vom Klimaschutz bis zu den weltweiten Finanzkrisen, unsere Wertvorstellungen wirksam vertreten und durchsetzen. Außerdem hat Bürokratieabbau eine starke wirtschaftliche Komponente: Er ist das einzige Konjunkturprogramm, das den Staat und den Steuerzahler keinen Cent kostet – in Zeiten leerer Kassen wäre dies wichtiger denn je.

Für mich war das Thema nicht neu, es hat mich immer beschäftigt. Nicht von ungefähr hatte ich als Landtagsabgeordneter in den siebziger Jahren zusammen mit einigen jungen parlamentarischen Kollegen, etwa Kurt Faltlhauser, Otto Wiesheu oder Georg von Waldenfels, die Publikation *Entstaatlichung. Ein Begriff gewinnt Gestalt* präsentiert. Zu den drei Genannten entstanden über die Jahre hinweg enge Freundschaften, mit ihnen treffe ich mich auch privat. Entstaatlichung war für uns ein grundsätzliches Anliegen. Es ging dabei um das Verhältnis von Staatsaufgaben und staatlichen Kompetenzen zu privater Wirtschaft und Eigeninitiative. Unsere Vorstellungen waren als Gegenentwurf zur sozialistischen Expansion des Staatlichen gedacht. Auf einen einfachen Nenner gebracht: Dem Modell des umfassend planenden, wirtschaftenden, vorsorgenden und betreuenden Staates stellten wir eine Konzeption gegenüber, in deren Mittelpunkt Wettbewerb, Verantwortung und Freiheit stehen sollten.

Später als Innenminister war ich dann unter anderem mit dem Vollzug der sogenannten Frischfleisch-Richtlinie befasst. Die heimischen Metzger rannten mir die Tür ein mit ihren Beschwerden über dieses bürokratische Monstrum und den Vollzug der Richtlinie durch unsere Behörden. Deshalb nutzte ich einen Italienurlaub mit der Familie auch zum Gang in eine Metzgerei. Mit Händen und Füßen verständigte ich mich mit dem Italiener, das Ergebnis aber war ganz eindeutig: Von einer Frischfleisch-Richtlinie hatte der Mann noch nie etwas gehört. Ich bekam einen Eindruck von den Facetten der Bürokratie in Europa.

Als Innenminister konnte ich weiter einschlägige Erfahrungen sammeln. Im Zuge der Vereinfachung des Baurechts wurde angestrebt, nicht mehr alle Akte eines Bauvorhabens durch den Staat zertifizieren zu lassen. So sollte es genügen, wenn der Architekt als Baufachmann bei bestimmten Bauten etwa die statische Qualität des Bauwerks bestätigte. Zunächst wurde dieser Vorschlag in Architektenkreisen mit großer Zustimmung begrüßt. Aber bald kamen derselben Berufsgruppe Bedenken, dass man bei größerer Freiheit und Verantwortung auch persönlich haftbar gemacht werden könnte. Da versprach eine amtliche Prüfung mit Behördenstempel, also die Bürokratie, doch die größere Sicherheit – nicht unbedingt für das Bauwerk, aber für den Architekten.

Größtmögliche Sicherheit – aber bitte unbürokratisch. Das ist der allgemeine Wunsch. Die Wahrheit ist, dass diese beiden Ziele ein Gegensatz sind, der nicht aufgelöst, sondern allenfalls besser ausbalanciert werden kann. Dies muss man den Menschen viel klarer und deutlicher sagen, sonst ist Unzufriedenheit programmiert. Auf allen Ebenen arbeiten in ganz Europa Tausende Politiker und ebenso viele Beamte unentwegt daran, das Leben der Menschen zu verbessern. Niemand will das Leben der Menschen verschlechtern. Die Methode dazu sind Regeln, Gesetze, Vorschriften. Darum drehen sich der gesamte politische Betrieb und die Aktivitäten der Verwaltungen. Das oberste Leitmotiv und die Erwartung der Bevölkerung dabei ist: Sicherheit, Sicherheit, Sicherheit. Lebensmittel, Arzneien, Bauwerke, Straßenverkehr, Arbeitswelt – wer maximale Sicherheit will, der wird sie ohne Vorschriften und Kontrollen nicht bekommen. Vorschriften und Kontrollen, das ist die Bürokratie. Die Gegenparts heißen Freiheit und Vertrauen. Jeder, der weniger Bürokratie fordert, muss sich die Frage stellen: Bin ich zu Abstrichen an der Sicherheit bereit? Zu mehr Risiko?

Es geht also letztlich beim Thema Bürokratie um das Spannungsfeld zwischen Freiheit und Selbstverantwortung auf der einen und Sicherheit durch den Staat auf der anderen Seite. Die Auflösung dieses Spannungsfeldes liegt im richtigen Maß. Erstens: Weniger Gängelung in den Fragen des täglichen Lebens – von der Krümmung der Gurke bis zum Salz auf der Brez'n – und mehr Leitplanken in den wirklich großen Fragen – vom Klimaschutz bis zu den Finanzströmen. Und zweitens: Die meisten Vorschriften sind heute nach dem Prinzip der Dreifach-Sicherung konzipiert: Ich trage einen Gürtel, damit die Hose nicht rutscht. Der Gürtel könnte aber auch reißen, also lege ich sicherheitshalber auch noch Hosenträger an. Aber bevor irgendetwas schiefgeht, verbinde ich lieber noch Hose und Hemd mit einer Sicherheitsnadel. Nach dieser Methode sind zu viele Gesetze und Verordnungen in Europa angelegt. Hier setze ich mit meiner ehrenamtlichen Gruppe an: Wir sollten auch einmal den Mut zur Lücke haben. Wir sollten uns öfter auf eine Sicherung verlassen. Der Gürtel ist sicher genug.

Bürokratieabbau kann eine sehr bürokratische Angelegenheit sein. Die »High Level Group of Independent Stakeholders on Administrative Burdens« hat unter meiner Leitung bereits weit über dreihundert Vorschläge mit einem Einsparvolumen von rund 41 Milliarden Euro vorgelegt. Maßnahmen mit einem Volumen von mehr als 30 Milliarden Euro sind auf EU-Ebene von Kommission, Parlament und Rat bereits definitiv beschlossen worden. Die wuchtigste Entscheidung mit dem größten Entlastungsvolumen ist, dass künftig die Finanzämter in Europa auch elektronische Rechnungen bei der Berechnung der Mehrwertsteuer anerkennen. Bisher musste die Rechnung in Papierform vorgelegt werden. Bei vielen Milliarden Rechnungen, die jedes Jahr kreuz und quer durch Europa geschickt werden, wurde von den Fachleuten eine europaweite Bürokratie-Belastung von sage und schreibe 18 Milliarden Euro berechnet, vom Papier bis zum Porto. Das fällt inzwischen weg, alles andere wäre im Zeitalter des Internets auch ein absoluter Anachronismus. Aktuell liegen von uns noch Vorschläge in Höhe von 10 Milliarden Euro auf dem Tisch. Letztlich kann die Europäische Kommission ihr Abbau-Ziel von 25 Prozent der bisherigen Belastung der Wirtschaft nicht nur erreichen, sondern sogar weit übertreffen.

Im letzten Jahr haben wir dann noch einen ganz neuen Schwerpunkt gesetzt. Wir haben erstmals europaweit untersucht, wie EU-Vorschriften möglichst unbürokratisch in den Mitgliedsstaaten umgesetzt werden können. Ausgangspunkt waren Schätzungen, dass rund ein Drittel der durch europäische Vorgaben bedingten Verwaltungslasten auf ineffiziente Verwaltungsverfahren in den Mitgliedsstaaten oder auf ein Draufsatteln (»Goldplating«) bei der Umsetzung des EU-Rechts zurückgehen. Wir haben untersucht, wo und wie EU-Recht gut, effizient und unbürokratisch (»Best Practise«) umgesetzt wird. Das Ergebnis ist: Wenn alle Mitgliedsstaaten bei der Umsetzung von EU-Recht diesen besten Beispielen folgen würden, könnte ein Drittel der Verwaltungslasten abgebaut werden. Hier schlummert europaweit ein weiteres Einsparpotenzial von bis zu 40 Milliarden Euro. Bis 2014 soll ich nun die Effizienz der Verwaltungen der Mitgliedsstaaten und die Belastungen für sogenannte Mikrounternehmen untersuchen.

Damit kein Missverständnis entsteht: Der Abbau »alter« Bürokratie ist wichtig, aber er verhindert nicht den Aufbau neuer. Deshalb wird Europa dauerhaft nur unbürokratischer, wenn es zu einem Mentalitätswandel kommt. Immerhin, erste Anzeichen eines Umdenkens stelle ich fest. Heute wird viel mehr als gestern und vorgestern über die Folgen einer Brüsseler Regelung nachgedacht. Das war bisher nicht so ausgeprägt, weil Brüssel selbst ja seine Regelungen nicht vollzieht, also mit den Schwierigkeiten vor Ort gar nicht so konfrontiert ist. Den Beitrag meiner »HLG« zu diesem neuen Denken halte ich sogar für wichtiger als die einzelnen Abbaumaßnahmen.

Eine Kritik müssen sich aber alle gefallen lassen, die politisch die Europäische Union gestalten: Im Gegensatz zu den Not-Gipfeln in der Schuldenkrise dauern die Entscheidungen im Alltagsgeschäft viel zu lange. Kommission, Rat und Parlament – alle drei EU-Institutionen scheinen immer wieder alle Zeit der Welt zu haben. Was ist schon ein Jahr in der Menschheitsgeschichte? Es macht keinen guten Eindruck, wenn Bürger, Verbände oder Unternehmen nicht wochenlang, nicht monatelang, sondern oft jahrelang vertröstet werden. Im Durchschnitt vergehen bis zur Änderung einer Regelung und deren Umsetzung in den Mitgliedsstaaten sechs bis sieben Jahre. Bis dahin sind diejenigen, die darauf warten, längst verzweifelt. Wenn die Europäische Union etwas für ein besseres Image tun will, dann müssen ihre Entscheidungsprozesse deutlich schneller werden.

In der digitalen Welt

»Das Internet ist nur eine Modeerscheinung. Das wird nichts.« Diese Prophezeiung hat nicht irgendwer gemacht. Sie stammt von keinem Geringeren als dem großen Computer-Pionier Bill Gates. Er sagte das im Jahr 1995 und hat es auch mir gegenüber bei einem unserer Treffen wiederholt. Welch atemberaubende Entwicklung haben wir seitdem erlebt! Das Radio brauchte vierzig Jahre für fünfzig Millionen Hörer in der Welt. Das Fernsehen brauchte dreizehn Jahre für die gleiche Zahl Zuschauer. Beim Internet waren es nicht einmal vier Jahre, um fünfzig Millionen Nutzer zu verbinden. Heute gehen die Vereinten Nationen davon aus, dass rund zweieinhalb Milliarden Menschen im Netz unterwegs sind. Mehr als jeder dritte Weltbürger! Die Tendenz ist steigend, das Smartphone hat der Digitalisierung noch einmal einen enormen Schub versetzt. Diese digitale Revolution verändert unsere Gesellschaft mindestens so sehr, wie es die Industrielle Revolution getan hat – auch wenn wir das im Alltag oft gar nicht so registrieren. Die digitale Revolution geht über staatliche und sonstige Grenzen hinweg. Und sie ist längst nicht am Ende, die Sprünge werden immer schneller und weiter. Wir tun gut daran, uns auch in der Politik damit viel intensiver auseinanderzusetzen.

Bis Anfang der achtziger Jahre hielten viele Deutsche den *Tagesschau*-Sprecher Karl-Heinz Köpcke für den Verkünder der Wahrheit, für eine Art Ober-Regierungssprecher der Bundesregierung. Die Zahl der Sender war aus technischen Gründen begrenzt, und nicht zuletzt aufgrund der schlechten Erfahrungen mit der Medienkonzentration des Hugenberg-Konzerns in der Weimarer Republik war es richtig, das Massenmedium Fernsehen öffentlich-rechtlich zu organisieren und kein privates Monopol zuzulassen. Als diese technische Enge wegfiel, wurde auch in Deutschland heiß diskutiert, ob privates Fernsehen zugelassen werden sollte oder nicht. Strauß hatte mir die Medienpolitik übertragen und mir praktisch freie Hand gelassen, weil ich mich von Anfang an für Medien und

Das nächste Microsoft muss aus Deutschland kommen: Mit Bill Gates während einer Ausstellungseröffnung in München 1999.

ihre Wirkung interessiert hatte. Eine Anekdote aus dieser Zeit illustriert dies gut: Der Ministerpräsident von Nordrhein-Westfalen, Johannes Rau, wollte seinen Chef der Staatskanzlei zu der Ministerpräsidentenkonferenz über Medienfragen schicken. Sein niedersächsischer Kollege Ernst Albrecht wies dies mit den Worten zurück: Entweder Sie oder keiner. Worauf wiederum Rau bemerkte, Stoiber sei ja auch dabei. Albrechts anschließende Antwort ließ dann keinen Zweifel mehr zu: Das ist richtig, aber Stoiber kann auch entscheiden. So stand ich mit Helmut Kohl, Gerhard Stoltenberg und Ernst Albrecht an der Wiege des privaten Rundfunks in Deutschland, der 1984 ins Leben gerufen wurde.

Vor allem zwei Gesichtspunkte machten mich zu einem Befürworter des sogenannten dualen Systems aus öffentlich-rechtlichem und privatem Rundfunk: Eine Entautorisierung des öffentlich-rechtlichen Rundfunkmonopols konnte die Meinungsvielfalt verbreitern und die Qualität verbessern. Und: Technischer Fortschritt lässt sich nicht dauerhaft vonseiten des Staates unterbinden. Wenn wir ihn nicht nutzen, werden irgendwann deutsche Programme vom Ausland nach Deutschland ausgestrahlt, und wir verschenken das wirtschaftliche Potenzial einer neuen, aufstrebenden, kreativen Branche. Die Gegenposition hielt das öffentlich-rechtliche System für einen Wert an sich, für hehr und edel, alles andere werde nur zu Verschlechterungen führen.

Über diese Fragen der Medienpolitik sind Zeit und technische Entwicklung längst hinweggegangen. Aber was die erste Reihe der Politik damals so sehr beschäftigte, die Zukunft unserer Mediensituation, müsste heute noch viel intensiver beraten werden. Das duale System bekommt gerade mit dem Internet eine dritte Säule. Wollen wir das alles einfach so über uns hereinbrechen lassen? Es wird höchste Zeit, dass wir in unserem Land eine Diskussion darüber führen, wie wir als Gesellschaft mit diesen neuen Chancen und Risiken umgehen. Internetgiganten wie Google stehen vor der Tür. Wenn jetzt bereits Fernseher gebaut werden, die beim Einschalten nicht mehr den ersten Programmplatz, sondern Google zeigen, was bedeutet das? Was ist dann mit unserem Jugendschutz, den wir zu Recht so hochhalten? Wird sich Google dann unserer Freiwilligen Selbstkontrolle unterwerfen? Doch wohl eher nicht. Was ist mit dem Medienkonzentrationsrecht, das Medienzusammenschlüsse in Deutschland streng reguliert, aber monopolistischen Strukturen im Netz nicht gewachsen ist? Was ist mit der Verpflichtung für private Sender, einen bestimmten Anteil an Nachrichten oder Regionalem zu senden? Wollen wir das bei Google in Kalifornien einklagen? Was ist mit unserer deutschen Filmwirtschaft, mit der deutschen Film- und Fernsehszene, wenn unsere Wohnzimmer aus Amerika bespielt werden? Allein die privaten Fernsehsender beschäftigen heute über 18 000 Menschen und erwirtschaften rund 7,6 Milliarden Euro im Jahr. Was ist mit unserer Kultur? Damit muss man sich mehr befassen!

Über die Parteigrenzen hinweg hat sich die Medienpolitik in den letzten Jahren zu sehr auf die Verwaltung des Status quo und auf den öffentlich-rechtlichen Rundfunk konzentriert. Es wurde mehr verwaltet und weniger gestaltet. Aber: Medienpolitik ist – kulturell und ökonomisch – für unsere Zukunft so wichtig, dass sie wieder in eine Reihe mit den großen Politikbereichen gehört. Also in eine Reihe mit der Finanzpolitik, der Wirtschaftspolitik, der Sozialpolitik, der inneren Sicherheit.

Medienpolitik ist ein wichtiges Gestaltungsfeld, sie muss Rahmenbedingungen für die Verbreitung von Medien diskutieren und setzen. Die Politik insgesamt muss sich aber auch viel stärker mit der heutigen Mediennutzung auseinandersetzen, sich auf sie einstellen, auch klar zu manchen Trends Stellung beziehen. Ich selbst musste das Internet erst einmal lernen. Als ich in den neunziger Jahren immer mehr und immer intensiver über das World Wide Web las, schickte ich als Ministerpräsident einige Spitzenbeamte in die USA, damit sie sich über die neuen Entwicklungen informieren. Sie kamen begeistert und fasziniert zurück und steckten mich damit an. Im Jahr 2000 habe ich dann als Ministerpräsident einen Internetbeirat der Bayerischen Staatsregierung mit Professor Hubert Burda an der Spitze berufen – damals eine revolutionäre Veranstaltung. Wir haben uns insbesondere auch den Sachverstand junger Start-up-Unternehmer und Internet-Cracks in den Beirat geholt. Ich habe noch manche Kommentare im Ohr, was das wohl wieder für eine Verrücktheit sei. Aber wir Bayern gingen als Erste in Deutschland »ans Netz«.

Oft werde ich gefragt, wie es denn inzwischen bei mir selbst mit den neuen Medien aussehe. Neugierig auf Neues bin ich immer, und auch mit gut siebzig Jahren will ich diese Entwicklungen nicht verschlafen. Mein Smartphone nutze ich nicht nur zum Telefonieren, sondern auch für Internet, Mail und SMS. Ich ertappe mich häufiger dabei, dass ich das Gerät den ganzen Tag über immer wieder in die Hand nehme und nachsehe, was es Neues gibt. Es gibt heutzutage schließlich immer irgendetwas. Zu Hause habe ich einen Tablet-PC und einen klassischen Computer. Allerdings muss ich gestehen, dass ich in der Früh nach wie vor ein leidenschaftlicher Zeitungsleser bin. Am Abend schaue ich dann mehr ins Netz.

Was mir noch nicht so liegt: meine Befindlichkeit über soziale Netzwerke der Weltöffentlichkeit oder zumindest meinem Freundeskreis mitzuteilen. Habe Bauchweh oder Hunger, sehe gerade eine dunkle Wolke oder ärgere mich über ein Fußballspiel. Wer weiß, vielleicht kommt das bei mir auch noch.

Auch ohne Nutzung von Social Media wirkte ich wohl qualifiziert genug, in diesem Jahr beim Netzkongress der CSU zu sprechen – für mich eine neue Erfahrung. Ich blickte einerseits in durchaus interessierte Gesichter, andererseits aber auch auf gesenkte Köpfe. Vor dem Siegeszug des Smartphones hätte ich bei diesem Anblick befürchtet, es habe sich womöglich kollektiver Tiefschlaf angesichts meiner Rede ausgebreitet. Heute weiß man, dass die gesenkten Köpfe das glatte Gegenteil ausdrücken können: Noch während ich sprach, wurde getwittert und gepostet, was das Zeug hält. Offenbar mussten meine Thesen sofort in die virtuelle Welt getragen und diskutiert werden, noch bevor ich sie überhaupt zu Ende gebracht hatte: Zunächst sollte niemand den Eindruck erwecken, als hätte er für die Herausforderungen der digitalen Revolution ein Patentrezept in der Tasche. Da gibt es mit Sicherheit mehr Fragen als Antworten. Mir geht es vor allem darum, das Bewusstsein zu schärfen für die riesigen Chancen, aber auch für die Risiken, die mit der digitalen Revolution verbunden sind. Das ist keine neue Erfahrung: Je größer die Chancen einer Entwicklung sind, desto größer sind immer auch die Risiken. Und desto sorgsamer muss man damit umgehen. Wichtig ist mir dabei ein Appell, den ich gleichermaßen an die Netzgemeinde wie an die etablierte Politik richte: Das Internet ist kein Nischenthema. Das Internet ist keine Parallelwelt. Das Internet ist die Realität unseres Lebens. Aber: Das Netz ist kein Inhalt. Dank der Smartphones sind immer mehr Menschen praktisch den ganzen Tag im Netz. Sie suchen ständig neue Kommunikation mit Menschen in aller Welt, Nachrichten und Informationen. Sie sind rund um die Uhr erreichbar. Und immer mehr beteiligen sich auch selbst an der Verbreitung von Inhalten. Fernsehen, Radio hören, Zeitung lesen, einkaufen, das

Konto führen, Menschen kennenlernen: Das Internet prägt bereits jetzt unser Leben mehr, als jedes andere Medium dies jemals getan hat. Ich betone das deshalb so sehr, weil ich sowohl bei der Netzgemeinde als auch bei der Politik die notwendigen Konsequenzen aus dieser neuen Realität noch vermisse.

Denn: Wenn es stimmt, dass das Internet in der Mitte des Lebens angekommen ist, dann muss es auch in die Mitte der Politik rücken. Dann gehören diese Themen nicht nur in Netzkongresse, sondern mitten in die großen Parteitage. Moderne Wirtschaftspolitik kann Netzfragen nicht ausblenden, moderne Sicherheitspolitik auch nicht, Bildungspolitik schon gar nicht – ich könnte so gut wie jeden Politikbereich hier aufzählen. Die Politik muss noch viel mehr verstehen, dass das Internet das Querschnittsthema überhaupt ist. Netzpolitische Fragen dürfen nicht ausgelagert werden, sondern sie müssen in alle Politikfelder integriert werden.

Dazu kommt: In der Netzgemeinde schlummert ein riesiges Potenzial für unsere Demokratie. Gerade die Jugend ist heute keineswegs unpolitischer als frühere Generationen – im Gegenteil. Von einer Generation »Null Bock« – wie in den Achtzigern – keine Spur. Aber die Politik ist natürlich gefordert, die neuen Möglichkeiten der Beteiligung am demokratischen Prozess – die technische Entwicklung schafft hier ganz andere Formen – auch zu nutzen. Man muss sehr genau wägen und viel mehr diskutieren, wo und wie Elemente der direkten Demokratie über das Netz sinnvoll und praktikabel sind. Hier stehen wir erst ganz am Anfang.

Ganz bewusst wende ich mich auch an die Netzgemeinde. Es reicht auch für sie nicht mehr, sich nur mit Fragen des Netzes zu beschäftigen. Das Internet ist kein abgeschotteter Lebensraum. So wie die Politik dies realisieren muss, genauso muss das auch die Netzgemeinde realisieren. Das Internet wird seine dynamische Kraft nur dann voll entfalten, wenn sich die Netzgemeinde aktiv in die politische Gestaltung einbringt. Der Rückzug ins Netz wäre der absolut falsche Weg. Es ist folgerichtig, wenn ausgewiesene Netzpolitiker in Parlamente gewählt werden. Aber wenn sie dann sagen:

Von der realen Welt haben wir eigentlich gar keine Ahnung – dann ist das eindeutig zu wenig.

Die Piraten sind eine Stil-, weniger eine Inhaltspartei. Es gibt immer mehr Menschen – und die wenigsten von ihnen sind Piraten –, die politisch diskutieren und sich einbringen wollen, aber nicht auf den bekannten Wegen. Nicht in der Versammlung, nicht am Infostand, nicht zu vorgegebenen Zeiten, nicht mit vierzehn Tagen Ladungsfrist. Sie organisieren das halbe Leben online, und sie wollen sich auch online politisch einbringen. Die klassischen Parteien sind gefordert, dieser wachsenden Gruppe engagierter Internetnutzer ein attraktives Angebot zu machen. Es reicht mit Sicherheit nicht, die Presseerklärung nicht mehr per Fax, sondern online zu verbreiten oder das Interview eines Politikers jetzt auch auf YouTube zu stellen – so wichtig das auch ist. Politik muss die Menschen erreichen, und dazu muss sie dorthin gehen, wo dies möglich ist. Die Piraten können – bei aller inhaltlichen Unübersichtlichkeit und auch Begrenztheit – vor allem deshalb erfolgreich sein, weil sie auf ihrem Spielfeld noch allein stehen. Wenn die etablierten Parteien darauf wirklich reagieren wollen, müssen sie neben ihre traditionelle Organisation zusätzlich eine Netz-Partei stellen, also beispielsweise die Netz-CSU. Diese Netz-CSU sollte auf die Diskussions- und Entscheidungsprozesse im Netz zugeschnitten sein. Klassische CSU und Netz-CSU müssen dann so verzahnt werden, etwa durch die Online-Beteiligung an wichtigen Gremien, dass die jeweiligen Potenziale zusammengeführt werden können. Innovationen dieser Art sehe ich beim Blick in die Zukunft der Parteien.

Das tragende Leitmotiv des Netzes ist die Freiheit. Was das Internet für die Freiheit im großen Maßstab leisten kann, das haben wir bei der »Arabellion« in Nordafrika erlebt. Mithilfe des Netzes, vor allem aber mit großem Mut können Despoten gestürzt werden. Bei uns in Europa sehe ich beim Thema Freiheit allerdings einen wachsenden Widerspruch zwischen dem, was im Zusammenhang mit dem Internet diskutiert wird, und den sonstigen Diskussionen in den Parlamenten, Zeitungen und Talkshows. Im Netz ist die Freiheit das Maß der Dinge, und jegliche Einschränkung scheint ungerechtfertigt. Sobald es aber um andere Fragen geht, vor allem um den Sozialstaat, verlangen oft dieselben Bürger nicht in erster Linie Freiheit, sondern Sicherheit durch den Staat. Und was im Internet vehement abgelehnt wird, nämlich Kontrolle und Aufsicht durch den Staat, wird jenseits des Netzes geradezu eingefordert. Zur Illustration führe ich ein Beispiel an: Kann sich jemand eine »Ampel« für das Anklicken von Internetseiten vorstellen? Grün – kein Problem. Gelb – Vorsicht. Rot – um Gottes willen! Beim Konsum von Lebensmitteln wird das als Möglichkeit diskutiert. Worauf ich hinauswill, ist: Wir müssen insgesamt eine viel intensivere Debatte darüber führen, was wir heute unter Freiheit verstehen und wie wir sie in unserem komplexen Leben eigentlich umsetzen wollen.

Die Grundlage der Freiheit ist für uns Deutsche ganz klar festgeschrieben: »Jeder hat das Recht auf die freie Entfaltung seiner Persönlichkeit, soweit er nicht die Rechte anderer verletzt und nicht gegen die verfassungsmäßige Ordnung oder das Sittengesetz verstößt.« So lautet der erste Absatz von Artikel 2 unseres Grundgesetzes. Und das Grundgesetz gilt auch im Netz. Ein weiterer eherner Grundsatz ist, dass zur Freiheit immer auch Verantwortung gehört. Blicken wir also auf das Internet: Freiheit der Information. Freiheit der Kommunikation. Freiheit von räumlichen Distanzen. Freiheit von althergebrachten Schranken und Grenzen. Das sind wichtigste Werte und große Chancen, die ich für faszinierend halte. Aber auch die größten Chancen dürfen uns den kritischen Blick nicht vernebeln. Die entscheidende Frage muss sein: Ist es wirklich Freiheit? Oder sieht es nur so aus? Nutzen wir die Dienste im Netz? Oder benutzen sie uns? Es ist Freiheit, über Facebook grenzenlos zu kommunizieren, keine Frage. Aber ist es auch Freiheit, einem an der Börse notierten Konzern Daten zu überlassen, die dieser dann in Milliardengewinne umsetzt? Und wie gehen wir damit um? Das sind schwierige Fragen, für die wir ein Bewusstsein schaffen müssen. Unter dem Stichwort »Freiheit« wird von manchen jedes Urheberrecht im Netz infrage gestellt. Ist das wirklich Freiheit? Was ist mit der Freiheit und Kreativität von Künstlern und Erfindern? Ist allen klar, dass wir gerade in Deutschland nichts anderes haben als den Rohstoff Geist? Dass wir unseren gesamten Wohlstand auf den Rohstoff Geist und die Umsetzung in Produkte gebaut haben? Wovon sollen wir morgen in Deutschland leben, wenn wir unsere Stärken nicht nutzen und schützen? Meine Position zum Urheberrecht ist: Die Internetgemeinde muss akzeptieren, dass der Rohstoff Geist auch im Netz geschützt werden muss. Und die Politik muss erkennen, dass das Urheberrecht des 20. Jahrhunderts nicht eins zu eins auf das Urheberrecht des 21. Jahrhunderts übertragen werden kann. Wer den Kampf um das Urheberrecht übrigens mit erstaunlicher Härte führt, sind die Internetgiganten selbst. Yahoo klagt gegen Google. Und weswegen? Wegen der Verletzung von Urheber- und Patentrechten. Gerade Google stellt seine sagenumwobenen Algorithmen, sein geistiges Eigentum, der Allgemeinheit bestimmt nicht kostenlos zur Verfügung.

Ein anderes Beispiel für die Herausforderungen: Wir leben in einem Rechtsstaat und könnten annehmen, dass der Staat verantwortlich mit Daten von Bürgern umgeht. Trotzdem reagieren wir extrem sensibel, wenn der Staat Daten auswerten oder gar sammeln will. Auf der anderen Seite stellen wir irgendwelchen privaten Unternehmen, von denen wir oft nicht einmal wissen, wo sie ihren Sitz haben und welchen Unternehmenszweck sie eigentlich verfolgen, persönlichste Daten bereitwillig zur Verfügung. Haben wir eine gespaltene Persönlichkeit, je nachdem, ob wir gerade offline oder online sind? Mir geht es darum, ein Bewusstsein für Probleme zu schaffen, die in der allgemeinen politischen Debatte weit mehr diskutiert werden sollten. Unter dem Strich werden nicht die Regeln das Entscheidende sein können, sondern die Kompetenz der Nutzer. Deshalb müssen wir noch mehr Wert auf die Medienerziehung in den Schulen und in den Familien legen. Natürlich ist die Entwicklung von Medienkompetenz dort eine fächerübergreifende Aufgabe. Trotzdem sollte man über die Idee eines Schulfachs Medienkompetenz nachdenken. Sie ist jedenfalls das A und O, wenn wir die Chancen des Netzes nutzen und die Risiken minimieren wollen.

Der Wert des Euro

Deutsche Großmannssucht!
Nannte Altbundeskanzler Helmut Schmidt 1996
das Drängen auf einen Stabilitätspakt.

Transferleistungen sind so absurd wie eine
Hungersnot in Bayern.
Rief mir der heutige Chef der Eurogruppe Jean-Claude
Juncker zu, als ich im Jahr 1998 vor einem Euro mit nicht
wettbewerbsfähigen Ländern und vor drohenden Ausgleichszahlungen warnte.

Ökonomischer Unfug.
Sagte der FDP-Ehrenvorsitzende Otto Graf Lambsdorff
zu meinem Beharren auf harten Stabilitätskriterien.

Es ist lächerlich, anzunehmen, der Beitritt Griechenlands könne den Euro in Gefahr bringen. Griechenlands Volkswirtschaft hat nur einen Anteil von 1,9 Prozent am Bruttoinlandsprodukt der Eurozone.
Erklärte im Jahr 2000 EZB-Präsident Wim Duisenberg
zu meiner Ablehnung des Beitritts Griechenlands zur
Eurozone.

Fahrlässig und verfrüht.
Ließ Bundesfinanzminister Hans Eichel 2004 zu meinen
Forderungen nach harten Sanktionen gegen Griechenland
wegen gefälschter Zahlen ausrichten.

Eine richtige Finanzpolitik, die Stabilität und Wachstum gleichermaßen fördert, kann nicht allein an dem Einhalten der Drei-Prozent-Defizitgrenze gemessen werden.
Schrieb Bundeskanzler Gerhard Schröder am 17. Januar 2005 in einem Gastbeitrag in der *Financial Times Deutschland.*

Was Schröder jetzt vorschlägt, ist keine Reform, sondern die faktische Abschaffung des Stabilitätspaktes. In der Praxis gibt es dann keine Möglichkeit mehr, die Euro-Staaten an einem ungehemmten Schuldenmachen zu hindern.
War meine Antwort.

Von 2002 bis 2005 hat Deutschland den Stabilitätspakt viermal in Folge gebrochen. Beim EU-Frühjahrsgipfel 2005 wurde er auf Betreiben Deutschlands und Frankreichs aufgeweicht. Im Oktober 2009 gab Griechenland zu, dass das Staatsdefizit mindestens doppelt so hoch ist wie bisher bekannt. Die Staatsschuldenkrise im Euroraum nahm endgültig ihren Lauf.

Die Geschichte des Euro ist eine Geschichte von politischen Hoffnungen und ökonomischen Realitäten, von hehren Idealen und üblen Betrügereien, vom Wunsch nach Gemeinschaft und von kulturellen Unterschieden, von Beschwichtigungen und Sorgen. Ich habe diese Geschichte in allen Schattierungen erlebt. Auch wenn ich gelegentlich nicht den Eindruck erwecke, so habe ich durchaus Hemmungen, mich selbst als »Besserwisser« darzustellen. Aber wenn man glaubwürdig über Wege aus der Euro-Krise sprechen will, dann muss man zuerst schonungslos über ihre Ursachen und – ja, auch – über ihre Vorhersehbarkeit sprechen. Gelegentlich denke ich in diesen Zeiten an meine USA-Reise als Kanzlerkandidat im Jahr 2002. In einem langen Gespräch prophezeite mir damals der Chef der US-Notenbank, Alan Greenspan: So, wie der Euro konstruiert ist, gebe ich ihm eine Lebensdauer von zehn Jahren. Wir schreiben das Jahr 2012.

Die politische Debatte im Vorfeld der Euro-Einführung war von zwei widerstreitenden Theorien geprägt: der Krönungs- und der Motortheorie. Die Krönungstheorie ging davon aus, dass vor einer Währungsunion eine tiefere politische Integration Europas stattfinden sollte. Der Euro sollte die politische Union krönen. Ohne gemeinsame oder abgestimmte Finanz-, Wirtschafts- und Sozialpolitik wäre eine gemeinsame Währung zum Scheitern verurteilt. Das war meine Position – und lange Zeit auch die Position von Helmut Kohl. Die Motortheorie dagegen postulierte, dass die Gemeinschaftswährung möglichst früh im Integrationsprozess eingeführt werden sollte. Sie würde die politische Integration »erzwingen« und weitere Harmonisierungen in anderen Bereichen nach sich ziehen. Helmut Kohl und die Europäische Union folgten ab dem Jahr 1991 der Motortheorie: Der Euro sollte die Integration im Euroraum beflügeln. Das tut er heute in gewisser Weise auch – nur ganz anders, als ursprünglich gedacht.

Weil ich diese Korrektur der Vorzeichen in der Euro-Politik zu Beginn der neunziger Jahre nicht mitvollzog und dies auch deutlich zum Ausdruck brachte, galt ich fortan vielen als Störenfried. Meine zentralen Forderungen lauteten: strikte Einhaltung der sogenannten Konvergenzkriterien. Das Haushaltsdefizit darf 3 Prozent des Bruttoinlandsprodukts nicht überschreiten (»3,0 ist 3,0!«), die Gesamtverschuldung nicht 60 Prozent. Die Kriterien bestimmten den Zeitplan, nicht umgekehrt. Weiter forderte ich: automatische und spürbare Sanktionen bei übermäßigem öffentlichen Defizit. Keine Finanztransfers aufgrund der Einführung einer Währungsunion. In einem *Spiegel*-Interview im Jahr 1997 äußerte ich mich zu den möglichen Folgen, wenn einige Teilnehmerländer nicht in der Lage wären, den Anforderungen einer Währungsunion zu genügen: »Das hätte zur Konsequenz, dass sie ihre wirtschaftlichen Schwierigkeiten nicht mehr über den Wechselkurs, über eine Abwertung ausgleichen können. Wenn sie weiter Stabilitätspolitik betreiben sollen, bliebe ihnen nur ein Ausweg: Sie müssen noch billiger produzieren, zu noch geringeren Löhnen, noch geringeren Sozialleistungen. Die

Konsequenz ist, diese Länder geraten in massive politische Schwierigkeiten und werden sich an uns wenden: Ihr müsst uns helfen, diese Stabilitätspolitik durchzuhalten. Wir brauchen von euch Geld. So wird aus der Währungsunion eine Transferunion mit Beistands- und Einstandspflichten.« Wie sehr hätte ich mir gewünscht, dass es nicht so gekommen wäre!

Ich will die Euro-Debatten der neunziger Jahre hier nicht in allen Einzelheiten nachzeichnen. Ich weiß, dass ich Helmut Kohl und vor allem auch Theo Waigel in dieser Zeit ziemlich auf die Nerven gegangen bin, im persönlichen Verhältnis bedauere ich das auch. Aber das Ringen um die Stabilität der Währung war nicht dafür geeignet, Männerfreundschaften zu pflegen. Jedenfalls erwarb ich mir den Ruf eines scharfen Kritikers der baldigen Einführung einer gemeinsamen europäischen Währung, insbesondere in den mediterranen Ländern. Darauf führe ich auch zurück, dass etwa der belgische Ministerpräsident Jean-Luc Dehaene auf Wunsch von Kohl das Gespräch mit mir suchte. Ebenso Italiens Ministerpräsident Romano Prodi oder sein Finanzminister Carlo Azeglio Ciampi. Bis Mitternacht saßen wir bei mehreren Treffen in Rom und in München zusammen, und Prodi schilderte mir in den schönsten Farben seine Vorstellungen zur Herausbildung einer neuen Stabilitätskultur in Italien. Italien habe der Mentalität der Lira für immer abgeschworen. Mit einem harten Sparkurs und Extra-Steuern würde man die Verschuldung auf unter 3 Prozent drücken. Zugleich betonte er den Anspruch seines Landes, bei der neuen europäischen Währung von Anfang an dabei zu sein, und unterstrich die Rolle Italiens als Gründungsmitglied im europäischen Einigungsprozess. Die Konsequenz, dass sein Land bei der Währungsunion nicht abseits stehen könne, beschrieb Prodi mit dem Bild: »Wenn man im Tanzsaal ist, dann muss man auch tanzen.« Romano Prodi spreche ich seinen guten Willen gar nicht ab. Später kam dann Silvio Berlusconi.

Jahrelang wurde die politische Debatte geführt, wurden alle Argumente auch emotional ausgetauscht. Man darf nicht vergessen, wie das Meinungsklima in dieser Zeit war. Alle Wirtschaftszweige, von der Industrie bis zur Landwirtschaft, dazu die Intellektuellenkreise und die politische Klasse sowieso, waren für die Einführung des Euro. Die einen sahen mehr den wirtschaftlichen Vorteil, andere die Unumkehrbarkeit der europäischen Einigung. Letztlich war für mich entscheidend, der Diskussion eine verlässliche fachliche Grundlage zu geben. Zu diesem Zweck hatte ich frühzeitig ein fachliches Urteil der Deutschen Bundesbank zum Euro gefordert, der gesetzlichen Hüterin der Geldwertstabilität. Im September 1990 hatte ihr Zentralbankrat noch zur Bedeutung einer Währungsunion festgestellt: »Die teilnehmenden Volkswirtschaften werden im Währungsbereich auf Gedeih und Verderb miteinander verbunden.« Helmut Kohl hat die Bundesbank schließlich dann auch um ihre Bewertung gebeten. In ihrer historischen Stellungnahme kam die Deutsche Bundesbank am 26. März 1998 zu dem Ergebnis: »Vor dem Hintergrund der erreichten Konvergenzfortschritte in vielen Mitgliedsstaaten und nach Abwägung der noch bestehenden Probleme und Risiken erscheint der Eintritt in die Währungsunion ab 1999 stabilitätspolitisch vertretbar.« Damit waren die Würfel endgültig gefallen. Der Euro wurde ab 1. Januar 1999 als Buchgeld und dann ab 1. Januar 2002 als Bargeld eingeführt.

Theo Waigel hat bei den Verhandlungen über den Stabilitätspakt in Brüssel das erreicht, was damals im Kreis der europäischen Partner möglich war. Schon ein Stabilitätspakt an sich galt ja als deutsche Marotte. Keine andere Partei hat sich so intensiv mit den Herausforderungen einer gemeinsamen Währung auseinandergesetzt wie die CSU. Ohne Theo Waigel hätte es wohl überhaupt keinen Stabilitätspakt gegeben. Sein Versuch, die ungeliebte Verschuldensgrenze von 3 Prozent auch noch mit automatisch auszulösenden Sanktionen zu schützen, scheiterte leider vor allem an Frankreich. »Das ist nicht unser Konzept von Demokratie«, ließ der französische Premierminister Alain Juppé dazu verlauten.

Der Stabilitätspakt war richtig konzipiert, aber die menschlichen Schwächen waren stärker. So bleibt der fehlende Automatismus von Sanktionen bei Verstößen gegen den Stabilitätspakt der Geburtsfehler des Euro. Wäre der Stabilitätspakt von den Euro-Ländern eingehalten worden, stünden wir heute nicht vor den Schuldenbergen und immensen Problemen. Inzwischen wissen wir, wie wenig ernst viele Länder die Stabilitätskriterien von Anfang an genommen haben. So wurden Defizite für das statistisch entscheidende Jahr 1997 mit phantasievoller Haushaltspolitik schöngerechnet. In Italien mit einer Euro-Sondersteuer, die rückzahlbar war, in Frankreich mit einem Geldsegen des größten Telekommunikationsanbieters France Télécom an den Staat, für den im Gegenzug künftige Pensionsverpflichtungen übernommen wurden. Das war die kreative Buchführung, die man eigentlich unterbinden wollte – von Griechenland wenig später ganz zu schweigen. Seither wurde der Stabilitätspakt an die hundert Mal von den Euro-Ländern verletzt und über ein Dutzend Mal substanziell gebrochen. Und ausgerechnet Deutschland hat sich dabei besonders negativ hervorgetan.

Meine Philosophie war immer: Je bedeutender eine politische Weichenstellung ist, desto klarer muss sie gegenüber der Bevölkerung kommuniziert werden. Wir stehen mit der Schuldenkrise des Euroraums in einer schicksalhaften Bewährungsprobe. Es geht um nicht weniger als um die Insolvenz der europäischen Einigung, begründet von Konrad Adenauer, Robert Schuman und Alcide de Gasperi. Deutschland kann diese Bewährungsprobe nur bestehen, wenn alle, die politische Klasse wie die Bevölkerung, der Wahrheit ins Auge sehen. Hier gibt es meines Erachtens noch erhebliche Defizite. Es ist aber nicht allein Aufgabe der Bundeskanzlerin, die Situation darzustellen und zu erläutern. Das ist die Aufgabe aller, die in unserem Land Verantwortung tragen, in der Politik, in der Wirtschaft, in allen Bereichen der Gesellschaft. Und es ist auch die Aufgabe der Bürger, sich zu informieren und nicht abzuschalten, wenn es um dieses komplizierte Thema geht. Die Politik hat hier eine Bringschuld, aber die Bürger auch. Die Deutschen müssen wissen, wie es um die ökonomische und vor allem auch um die politische Realität steht. Die Verbindung dieser beiden Elemente

Europa braucht Angela Merkel: Nach einer Pressekonferenz im Oktober 2005 auf den Gängen des Reichtags.

wird meiner Auffassung nach zu wenig hergestellt. Oder, um es bildhaft auszudrücken: Der Politikteil und der Wirtschaftsteil einer Zeitung schreiben manchmal noch aneinander vorbei. Wir brauchen gerade beim Thema Euro eine vernetzte Sicht auf die politische und wirtschaftliche Situation und die Alternativen.

Zuerst müssen wir uns klarmachen, und das gilt auch für mich selbst: Unabhängig davon, welche Position wir zur Einführung des Euro hatten, wir müssen uns jetzt mit den Problemen auseinandersetzen, die nun einmal da sind. Große politische Weichenstellungen gibt es nicht auf Probe oder auf Zeit, auch wenn wir dieser Illusion gerne anhängen. Es gibt Entscheidungen und auch Fehler in der Politik, die – leider – nicht ohne Weiteres revidiert werden können. Der Euro ist die gemeinsame Währung. Wenn die gewählten politisch Verantwortlichen, so wie im Fall des Euro Rot-Grün, schwere Fehler machen – von der Aufnahme Griechenlands bis zur Aufweichung der Stabilitätskriterien –, dann haben diese schweren Fehler auch schwere Folgen. Wenn die Bevölkerung eine Regierung wählt, die es mit den Stabilitätskriterien nicht ganz so ernst nimmt, dann hat das langfristige und gravierende Folgen. Es muss uns allen klar sein: Kein Staat, keine Demokratie kann einfach alles zurück auf Los stellen. Es gibt für weitreichende Entscheidungen in der Politik keine Reset-Taste. Wer so etwas vorgaukelt, wie etwa eine problemlose Rückkehr zur DM, ist ein politischer Scharlatan und will den Menschen Sand in die Augen streuen. Wir sind mit dem Euro eine »Ehe« eingegangen, deren Auflösung nicht vorgesehen ist. Und wir haben dabei Partner bekommen, die ein wenig anders sind. So, wie wir es auf Reisen schätzen. Etwas lockerer als wir, nicht ganz so ernst. Nicht immer nur Ordnung und Arbeit, Tüfteln und Schrauben. Ein aus Deutschland stammender namhafter europäischer Banker und Ökonom erzählte mir kürzlich, ein Kollege aus Südeuropa habe ihn gefragt: Habt ihr wirklich gedacht, dass wir uns ändern?

Es gibt in dieser Euro-Krise letztlich zwei Szenarien. Beide werden für Deutschland beschwerlich sein. Aber es nützt nichts, die Augen zu schließen oder sich eine Decke über den Kopf zu ziehen und zu hoffen, dass der Sturm vorüberzieht. Angela Merkel hat sinngemäß einmal gesagt: »Es geht um einen möglichst geringen Schaden.« Damit hat sie absolut recht. Angela Merkel hat übrigens die Suppe nicht eingebrockt, die sie jetzt in der Verantwortung als Bundeskanzlerin auslöffeln muss – was sie bravourös tut.

Die erste Alternative ist: Der Euro wird gerettet, die Eurogruppe bleibt unverändert zusammen. Das ist das Ziel. Aber was bedeutet das konkret? Ohne Deutschland wird der Euro nicht zu retten sein. Dafür wird Deutschland einen Beitrag erbringen müssen. Die Frage ist nur, in welcher Form und unter welchen Bedingungen?

Voraussetzung für eine Gesundung des Euro ist die Besinnung auf seine Rechtsgrundsätze. Die europäischen Verträge von Maastricht, der Stabilitätspakt, der Fiskalpakt und alle weiteren Abmachungen wurden von allen Euro-Ländern unterschrieben. Aber die Verpflichtungen wurden in vielen Fällen einfach übergangen. Die Deutschen müssen für die Rettung des Euro sehr viel leisten. Leider aber werden ihre Mahnungen an die Verpflichtungen in den unterstützten Ländern auch als deutsches Diktat verunglimpft. Was in der griechischen, spanischen, italienischen oder auch englischen Presse zum Teil zu lesen ist und politisch formuliert wird, ist nicht akzeptabel. Deutschland ist nicht aus freien Stücken zur *lead nation* geworden, sondern es wurde aufgrund seiner wirtschaftlichen Stärke in diese Rolle gedrängt. Oder wie die *ZEIT* titelte: »Hegemon wider Willen«. Angesichts der gezeichneten Zerrbilder sollten Repräsentanten der EU-Kommission und des Rates verstärkt in die entsprechenden Länder gehen und dort der Öffentlichkeit die gemeinsame Politik der Euro-Rettung erläutern. Die Sicherung des Euro ist auch europäische Innenpolitik. Und deshalb kann es nicht sein, dass uns dabei das Motto »Am deutschen Wesen soll die Welt genesen« vorgehalten wird. Ein Großteil der Griechen war wohl tatsächlich der Meinung, nicht sie selbst würden die Verantwortung für die Schulden tragen, sondern andere. So entstehen Legenden, die am Ende allen schaden.

Zunächst einmal sind die betroffenen Länder selbst am Zug. Es gibt dort nach wie vor großes privates Vermögen. Ich bin kein Anhänger von Zwangsabgaben. Doch bevor ein Land seine Nachbarn um Hilfe bittet, sollten im eigenen Haus die möglichen Anstrengungen unternommen werden. Vor allem aber muss jedes Euro-Land den Fiskalpakt umsetzen und eine Schuldenbremse nach deutschem Vorbild in die Verfassung aufnehmen. Es gibt keine Zeit mehr zu verlieren. Alle Rettungsmaßnahmen verpuffen, wenn das Schuldenproblem nicht glaubwürdig gelöst wird. Natürlich treiben die sogenannten Märkte die Politik auch vor sich her. Das ist so, weil sich die Politik, weil sich die Gesellschaften über ihre Schulden diesen Märkten ausgeliefert haben. Ein Staat, der an der Kreditnadel hängt, ist automatisch Spielball der Finanzmärkte. Wer heute in eine Bank geht und zur Geldbeschaffung die Kreditabteilung aufsuchen muss, der ist abhängig von den Gläubigerzinsen, von den Märkten. Wer in die Festgeldabteilung gehen kann oder zumindest auf dem laufenden Girokonto etwas stehen hat, der tut sich da wesentlich leichter.

Und: Der Schuldenabbau muss auch kontrolliert werden. Wir brauchen im Euroraum eine schärfere EU-Aufsicht über Schuldenländer. Das kann nicht ein einzelnes Land übernehmen, das können auch nicht siebzehn Regierungschefs und siebzehn Parlamente, das kann nur durch die EU-Kommission erfolgen. Dies kann auch eine Einschränkung der Souveränität einzelner Staaten bedeuten. Das Haushaltsrecht eines Landes ist ein hohes Gut. Aber es ist hier wie auch sonst im Leben: Die Freiheit des einen endet dort, wo die Rechte eines anderen verletzt werden. Wer sich nicht an die vereinbarten Regeln hält, schädigt alle und muss von der EU-Kommission unter Kuratel gestellt werden. Das würde natürlich auch für Deutschland gelten. Nachdem die Schuldenbremse bereits in unserem Grundgesetz steht, dürfte ein Eingriff Brüssels in das deutsche Haushaltsrecht aber theoretischer Natur bleiben.

Mit dem Schuldenabbau allein ist es jedoch noch nicht getan. Sparen und reformieren, das muss die Devise sein. In diesem Zusammenhang gibt es meines Erachtens in der öffentlichen Diskussion eine gewisse Begriffsverwirrung über eine sogenannte politische Union. Von einer Koordinierung der Wirtschafts- und Sozialpolitik ist die Rede, gar von einer gemeinsamen Wirtschaftsregierung. Zumindest die Bürger in Deutschland beschleicht aber ein ungutes Gefühl, wenn die existenzielle Krise Europas durch noch mehr Europa gelöst werden soll. Das heißt: Die politische Union bedeutet Angleichung der Volkswirtschaften duch Anstrengung und Leistung. Es darf in einem gemeinsamen Währungsraum nicht so weitergehen, dass die einen Länder Reformen für ihre Wettbewerbsfähigkeit durchführen und die anderen die Zügel schleifen lassen.

Die Innovationskraft entscheidet über die Zukunft eines Landes. Ein Ausdruck dieser Innovationskraft ist die Zahl der erfolgreichen Patentanmeldungen, die Hermann Simon vor Kurzem im *Manager Magazin* treffend zusammengefasst hat. Das Europäische Patentamt erteilte im Jahr 2011 Anmeldern aus Europa insgesamt 32582 Patente. Davon kamen 13583 aus Deutschland, 2531 aus der Schweiz und 1491 aus Schweden. Aus Griechenland wurden 29 Patente angemeldet, aus Portugal 26. Und aus Spanien – 47 Millionen Einwohner und seit 1986 in der Europäischen Union – kamen 381 Patente. Dass es hier um tiefgreifende strukturelle Probleme geht, die seit Jahren verschleppt werden, zeigt der Vergleich mit den Patentzahlen im Jahr 2004: Deutschland 13621, Schweiz 2111, Schweden 1497, Griechenland 28, Portugal 20, Spanien 373. So werden die Krisenländer sicherlich nicht nach oben kommen. Es muss in der Europäischen Union unbedingt verbindliche und glaubwürdige Absprachen zur Modernisierung der Länder geben, die dies über so viele Jahre versäumt haben. Das funktioniert nicht von heute auf morgen. Das ist ein schwieriger, langfristiger Prozess, aber er ist unumgänglich. Anders geht es nicht! Das zeigen die Verletzungen des Stabilitätspakts in den letzten zehn Jahren.

Und auch dieser Prozess muss durch die EU-Kommission überwacht werden. Wir brauchen dazu ganz bestimmt keine neuen Institutionen und neue Bürokratie. Stattdessen sollten die bestehenden Ressourcen der EU-Kommission viel stärker auf die Einhaltung und Umsetzung des geltenden Rechts ausgelegt werden. Auch die Kommission selbst sollte hier umdenken, sich wieder mehr auf ihre Rolle als Hüterin der Verträge besinnen und weniger auf immer weitere Ausdifferenzierungen irgendwelcher Details. Hier schließe ich mich Bundesfinanzminister Wolfgang Schäuble in seiner Dankesrede zum Karlspreis 2012 ausdrücklich an. Und ich gehe noch einen Schritt weiter: Brüssel hat zu wenig Kompetenzen in der Kontrolle der Währungsstabilität und zu viel Kompetenzen in der Gestaltung regionaler oder sogar lokaler Gegebenheiten. Das ist eine wesentliche Ursache für das Unbehagen vieler Bürger, wenn es um Europa geht. Angesichts der notwendigen historischen Weichenstellungen für mehr Kontrollkompetenzen der EU vermisse ich Vorschläge aus allen Parlamenten, welche Zuständigkeiten in anderen Bereichen wieder auf die nationale Ebene zurückübertragen werden sollten. Die Straße nach Brüssel darf – im Interesse Europas – keine Einbahnstraße sein.

Doch zurück zum unangenehmeren Teil der Wahrheit. Zu all den unumgänglichen Anstrengungen in den Krisenländern wird noch die solidarische Unterstützung kommen müssen, auch und vor allem durch Deutschland. Selbst wenn diese Länder es schaffen, so schnell wie möglich die notwendigen Reformen durchzuführen und mit dem auszukommen, was sie einnehmen, bleiben gigantische Schuldenberge, die noch für eine geraume Zeit Umschuldungen und damit neue Kredite notwendig machen. Wie das organisiert werden soll, ist offen. Die Entscheidung wird gerade für Deutschland weitreichende Folgen haben.

Die am häufigsten genannte Alternative ist die Vergemeinschaftung der Schulden. Das ist die Konsequenz der sogenannten Eurobonds. Das mag aus amerikanischer oder chinesischer Sicht eine Lösung für Europa sein, nicht aber aus deutscher Sicht. Staaten, die aufgrund ihrer Schulden und ihrer wirtschaftlichen Situation hohe Zinsen bezahlen müssten, würden über den gemeinsamen Haftungstopf künstlich niedrige Zinsen bekommen. Und

Deutschland höhere, als es der wirtschaftlichen Situation eigentlich entspräche. Angela Merkel hat mit ihrer Absage an Eurobonds völlig recht: Kontrolle und Haftung dürfen niemals auseinanderfallen. Es kann nicht sein, dass die einen in nationaler Souveränität Schulden aufnehmen und die anderen dann dafür mithaften. Von den gigantischen Schuldenbergen in Europa würden wir Deutschen über kurz oder lang in den Abgrund stürzen.

Die Verfechter von Eurobonds sollten auch nicht übersehen: Es war ja gerade eine fatale Folge des Euro, dass eine Reihe von Euro-Ländern mit ganz anderen Wirtschaftstraditionen auf einmal künstlich niedrige Zinsen bekamen, die ihrer Wettbewerbsfähigkeit in keiner Weise entsprachen. Für diese Länder war das eine Verführung zum Ausruhen, ein süßes Gift. Dies darf sich doch nicht wiederholen! Wir schreiben das Jahr 2012, das Jahr vor der nächsten Bundestagswahl. Eine SPD-geführte Bundesregierung wird sofort den deutschen Widerstand gegen Eurobonds aufgeben. Der SPD-Vorsitzende Sigmar Gabriel hat das ebenso wie der frühere Finanzminister Peer Steinbrück expressis verbis untermauert. Wir erleben bereits eine europäisierte Innenpolitik, Sozialdemokraten in Deutschland arbeiten eng mit Sozialisten in Frankreich zusammen und vergessen die deutschen Interessen. Angela Merkel steht gegen Eurobonds wie das kleine gallische Dorf gegen Rom. Wer Eurobonds und die gemeinsame Haftung für die Schulden Europas verhindern will, muss die Kanzlerschaft Angela Merkels verlängern.

Eine zweite Fehlentscheidung, die uns manche – auch bei SPD und Grünen in Deutschland – aufdrängen wollen, ist der unbeschränkte Ankauf von Staatsanleihen durch die EZB zur Senkung der Zinssätze. Im Ergebnis bedeutet das, dass die Maschinen zum Gelddrucken angeworfen werden. Wir Deutschen haben damit ganz bittere Erfahrungen gemacht. Das wäre der Einstieg in eine massive Inflationspolitik, der für uns niemals infrage kommen kann. Außerdem wäre dies ein schwerer Verstoß gegen die Grundlagen der Wirtschafts- und Währungsunion seit dem Vertrag von Maastricht. Mit wachsender Sorge sehe ich, dass im Zuge der Euro-

Krise geltendes Recht oder Vereinbarungen auf Regierungsebene viel zu häufig und zu leichtfertig infrage gestellt werden, als gebe es den Grundsatz *pacta sunt servanda* nicht. Sparmaßnahmen werden von einer Regierung zugesagt und nach einer Wahl von den Nachfolgern wieder aufgekündigt. So wird es nicht gehen. Recht und Gesetz sind zentrale Werte, auf denen Europa gründet. Wenn sie von einzelnen Regierungen nicht mehr ernst genommen werden sollten, wäre Europa in seiner Substanz gefährdet.

Der einzige Weg, den ich im deutschen Interesse für gangbar halte, sind konkrete Hilfen für angeschlagene Länder. Keine Verantwortung für die Schulden, sondern gezielte Unterstützung. Dabei geht es nicht um eine Transferunion, bei der auf Dauer schwächere Länder von stärkeren durchgefüttert werden. Aber es geht um einen längeren Zeitraum, bis es wieder aufwärtsgeht und die Stabilitätskriterien auf eigenen Beinen erfüllt werden können. Die betroffenen Länder müssen dazu auf den Tisch legen, was notwendig ist. Und dann muss sich Deutschland eine Meinung bilden, was uns die Rettung des Euro wert ist. Auch das ist nicht bequem, aber es ist transparent und ehrlich. Als eine Rechengröße wird in diesem Zusammenhang der sogenannte deutsche Krisengewinn genannt. Deutschland profitiert davon, dass das Zinsniveau aufgrund des Vertrauens der Anleger und des Geldabflusses aus anderen Ländern derzeit nahe null liegt. Deutschland leiht sich zur Tilgung von Altschulden sowie leider immer noch für neue Schulden Geld von den Finanzmärkten – und muss dafür derzeit kaum Zins bezahlen. Die Deutsche Bank errechnete den durchschnittlichen Zins, den die Bundesregierung auf ihre Schulden zahlen muss, für 2008 noch mit 4,4 Prozent. Für dieses Jahr geht man von 3,5 Prozent aus und damit von einer Ersparnis von 10 Milliarden Euro.

Was ist uns der Euro wert? Um diese Frage zu beantworten, müssen wir uns auch das andere mögliche Szenario anschauen – und uns auch darauf einstellen, denn verantwortliche Köpfe in Europa sagen heute: »Wir hätten uns das vor einem halben Jahr noch nicht vorstellen können. Aber es kann trotz aller Anstrengungen so weit kommen, dass die Eurogruppe so nicht zusammenbleibt.« Was also dann?

Das Undenkbare wird inzwischen gedacht und berechnet. Und das Ergebnis ist niederschmetternd. Europa würde in die schwerste Wirtschaftskrise seiner Geschichte stürzen. Aber nicht nur Europa: Der Euro ist eine Reservewährung für die Welt. Die Folge eines Auseinanderbrechens der Eurozone wäre eine schwere Weltwirtschaftskrise. Millionen Unternehmen würden pleitegehen, Banken zusammenbrechen und – siehe Lehman Brothers – aufgrund der Vernetzung weitere Banken. Deutsche Unternehmen, Banken, Privatleute und der deutsche Staat haben Forderungen in Höhe von 2,8 Billionen Euro gegen Schuldner aus dem Euroraum. Deutschland als ungeliebter Exportweltmeister würde am meisten darunter leiden, wenn es in Südeuropa zu Währungsreformen kommen würde. Nach der Statistik der Deutschen Bundesbank haben deutsche Unternehmen 2010 in Italien, Spanien, Portugal, Griechenland, Irland und Zypern einen Umsatz von rund 220 Milliarden Euro erwirtschaftet. Allein nach Spanien und Italien exportieren wir jedes Jahr Waren im Wert von etwa 100 Milliarden Euro. Wer soll diese Waren in Spanien kaufen, wenn dort die Wirtschaftskraft sinkt, die Arbeitslosigkeit steigt und die deutschen Güter durch die Abwertung der spanischen Währung bis zu 40 Prozent teurer werden? Die Schweizer Großbank UBS hat berechnet, dass Deutschland bei einem Scheitern der Eurozone weit über 500 Milliarden Euro Kosten zu bewältigen hätte, nahezu ein Viertel des Bruttoinlandsprodukts. Die deutsche Wirtschaftsleistung würde um 10 Prozent einbrechen, manche Experten gehen sogar von bis zu 15 Prozent aus.

Was wären die sozialen und politischen Folgen eines solchen Bebens? Die Arbeitslosigkeit würde dramatisch steigen, wegen unserer Exportabhängigkeit auch im wirtschaftlich starken Deutschland innerhalb kürzester Zeit auf fünf bis sechs Millionen. In ganz Europa würden breite Schichten der Bevölkerung verarmen. Obdachlosigkeit und Hunger würden mitten in Europa sprunghaft ansteigen. Die Jüngeren, Gesünderen, Gebildeteren und Mobileren würden ihre Heimatländer verlassen und ihr Glück woanders suchen. Viele Zurückgebliebene würden in einer solch existenziellen Wirtschaftskrise anfälliger für radikale Botschaften – uns Deutschen ist das aus unserer Geschichte nicht ganz fremd. Politische Verbrecher, die mit der Not der Menschen ihr übles Spiel spielen wollen, gab es immer und wird es immer geben. Das mühsam erreichte Miteinander in Europa könnte wieder vom schroffen Gegeneinander verdrängt werden. Verhärtungen und massive Schuldzuweisungen vom ärmeren Süden an den stärkeren Norden und umgekehrt wären die Folge. Renationalisierung wäre das Stichwort im »alten Europa« – ein absoluter Anachronismus in Zeiten der Globalisierung.

Die Misere würde ganz erheblich uns Deutschen zugerechnet – wenn auch zu Unrecht –, einem Land mit neun Nachbarstaaten mitten in Europa. Die europäische Integration hat uns das gebracht, wovon Generationen zuvor nur träumen konnten, Frieden und dann sogar Freundschaft mit allen unseren Nachbarn. Was brächten uns aber die genannten wirtschaftlichen, sozialen und politischen Verwerfungen? Intensiv beschäftigen wir uns in Deutschland mit allen vorstellbaren größeren und kleineren Gefahren. Doch die möglichen politischen Folgen der Euro-Krise diskutieren wir meines Erachtens immer noch zu wenig – im Gegensatz zu den ökonomischen. Wer den einfachen Weg propagiert und die Rückkehr zu nationalen Währungen ins Spiel bringt, muss auch klar benennen, was die Konsequenzen sind. So oder so: Wir müssen wissen, worauf wir uns einlassen. Wer möglicherweise sogar über solche existenziellen Fragen abstimmen will, muss wissen, was die Folgen wären.

Irritiert waren meine Gäste, als ich anlässlich der Feier meines siebzigsten Geburtstags im September 2011 von einem »Europa am Scheideweg« sprach und eine Parallele zu den Ereignissen des Sommers 1914 zog. Ich zitierte hierfür die düstere Ahnung des damaligen britischen Außenministers Sir Edward Grey: »In ganz Europa gehen die Lichter aus; wir werden es nicht mehr erleben, dass sie wieder angezündet werden.« Diese Ahnung darf knapp hundert Jahre später nicht ein zweites Mal Wirklichkeit werden. Anders als 1914 gibt es in Europa heute zwar keine Kriegsgefahr, doch könnte unser Kontinent bei einem Zerbrechen der gemeinsamen Währung wie damals in bittere Abgrenzungen und Feindschaften zerfallen. Wenn aber heute der italienische Ministerpräsident Mario Monti erklärt, dass die Spannungen, die in den letzten Jahren die Eurozone begleiten, bereits Züge einer psychologischen Auflösung Europas tragen, ist das nicht mehr so weit von Grey entfernt.

»Europa scheitert, wenn der Euro scheitert« – um die Dramatik der Situation auf einen kurzen Nenner zu bringen, ist diese Formel angemessen. Am Ende heißt aber die Schicksalsfrage: Wenn der Euro scheitert, darf Europa nicht scheitern. Die europäische Einigung mit ihren ideellen Grundlagen, die in den Erfahrungen von zwei großen Kriegen wurzeln, ist ein einzigartiges Jahrhundertwerk. Die großen Integrationsschritte in Europa müssen erhalten werden. Die Europäische Union ist mehr als die gemeinsame Währung und darf auf keinen Fall gefährdet werden. Ganz im Gegenteil: Wenn es die EU nicht schon gäbe, müsste sie jetzt von uns erfunden werden.

Das 21. Jahrhundert wird von wenigen Global Playern geprägt werden: Menschenrechte, Finanzwelt, Klimaschutz, Energie – diese großen Fragen werden auf der Weltbühne entschieden. Heute stellen die Europäer gerade noch 7,5 Prozent der Weltbevölkerung, im Jahr 2060 werden es nur noch 5,3 Prozent sein. Die einzige Chance, in der Weltliga mitzuspielen, sind regionale Zusammenschlüsse wie die EU. Und hier können wir nur gemeinsam als Europäer unsere Wertvorstellungen einbringen und durchsetzen. Die Europäische Union muss als Wirtschafts- und Kulturraum eine starke und konsequente Rolle in der Welthandelsorganisation WTO und beim Internationalen Währungsfonds spielen. Wir pflegen in Europa eine eigene Tradition im Umgang von Unternehmern und Arbeitnehmern. Wir haben – immer noch – einen Wohlstand mit Werten. Diese europäische Tradition, diese soziale Marktwirtschaft europäischer Prägung darf im Wettbewerb mit anderen Wirtschaftsräumen nicht ins Rutschen kommen. Umso mehr müssen die Demokratien Europas ihre Geschlossenheit bewahren. Sonst würde Europa als ein mitbestimmender Kontinent in der Weltpolitik extrem geschwächt. Stets würde uns entgegengehalten werden: Ihr habt ein großes Projekt versucht und jetzt seid ihr wieder zurück im letzten Jahrhundert, wieder gegeneinander und in Streit versunken. So stark ist Frankreich nicht, so stark ist auch Deutschland nicht, dass diese Länder allein die Politik in der Welt entscheidend mitgestalten könnten. Das Vertrauen vieler Menschen in die Nation ist größer, als es ihrem Gewicht in der heutigen Welt noch entspricht.

Und das gilt nicht nur im Weltmaßstab, sondern auch innerhalb Europas: Könnte Deutschland allein einen rumänischen Ministerpräsidenten zum Rapport bestellen aufgrund der Zweifel an seiner demokratischen Ausrichtung? Er musste sich beim EU-Kommissionspräsidenten erklären und Besserung geloben. Für den Fall, dass es in den nächsten Monaten und Jahren im Zusammenhang mit dem Euro noch sehr turbulent wird und sich die Eurozone doch verändert – was wir aus europäischem, aber auch aus zutiefst deutschem Interesse nicht hoffen wollen –, müssen wir uns deshalb vorbereiten.

Wir müssen alles dafür tun, dass die Errungenschaften der europäischen Einigung als solche erhalten bleiben. Die Institutionen müssen erhalten bleiben und arbeitsfähig sein. Es muss den EU-Haushalt weiter geben, den Binnenmarkt, die Reisefreiheit. Es muss vorangehen, auch wenn ein so tiefer Einschnitt wie die Veränderung der Eurozone käme. Es muss weiterhin europäische Projekte geben, und die EU muss fortgeführt werden. Europa bedarf auch künftig großer Baumeister. Denn es gibt bedeutende Politikfelder, die – unabhängig vom Euro – von der Europäischen Union gemeinsam besetzt und gepflegt werden müssen. Ein Beispiel: Die zunächst geplante Europäische Verteidigungsgemeinschaft scheiterte 1954 an nationalen Vorbehalten, vor allem in Frankreich. Ich bin davon überzeugt, dass man schon in überschaubarer Zeit aus

Gründen der finanziellen Ressourcen und der Sicherheit zu einem europäischen Verteidigungsverbund kommen muss. Mögen es manche auch heute noch für unrealistisch halten. In absehbarer Zeit wird es einen ähnlichen Quantensprung bei der militärischen Zusammenarbeit in Europa geben, wie wir ihn gerade in Deutschland von der Wehrpflicht zur Berufsarmee erleben. Und im Gegensatz zu unzähligen anderen Zuständigkeitsübertragungen auf die europäische Ebene werden sich die Bürger mit einem europäischen Verteidigungsverbund sogar leichtertun als manche Politiker. Ganz am Ende ist die Europäische Union für uns vielleicht doch, wie Helmut Kohl apostrophierte, eine Frage von Krieg und Frieden.

DIE ZUKUNFT DER DEMOKRATIE

Ich bin ein Kind der Demokratie. Es war eine großartige Leistung, wie unsere Eltern Deutschland nach dem Krieg nicht nur äußerlich wieder aufgerichtet haben – auf Schutt und Asche, moralisch am Boden. Die Entwicklung der Demokratie, die von den Nationalsozialisten psychisch wie physisch vernichtet worden war, ist eine Erfolgsgeschichte. Mein persönlicher Weg hat mich in den siebziger Jahren in die Politik geführt. Bei aller Auseinandersetzung war es das einigende Band über alle Parteigrenzen hinweg: Demokratie repräsentieren, verteidigen, stärken. So wie es mit Deutschland aufwärts ging, ging es auch mit der demokratischen Kultur aufwärts. Und auch wenn es immer etwas zu kritisieren und zu verbessern gibt – wir Deutschen können stolz sein auf unsere Demokratie.

Ernsthafte Sorgen um die Zukunftsfähigkeit unserer Demokratie habe ich mir in den letzten Jahrzehnten nicht gemacht. Am 3. Oktober 1990 war ich der Meinung, Demokratie und soziale Marktwirtschaft hätten im Wettstreit der Systeme für alle Zeiten gesiegt. Heute, gut zwanzig Jahre später, ist die Demokratie in der Defensive. Schwellenländer klagen die westeuropäischen Demokratien als den eigentlichen Gefahrenherd für die Welt an. Die Äußerungen des Club of Rome oder Wladimir Putins, die ich an den Beginn dieses Buches gestellt habe, sind nur ein kleiner Ausschnitt der Systemkritik, die über uns hereinbricht. Der indische Premierminister Manmohan Singh, Repräsentant von über 1,2 Milliarden Menschen, nennt die Eurozone die »größte Unsicherheit für die Weltwirtschaft«. Vize-Außenministerin Fu Ying bringt die Haltung Chinas, 1,3 Milliarden Einwohner, im *Spiegel* zum Ausdruck:

»Demokratie kann man nicht essen. Der Westen ist hochnäsig. Wir versuchen zu verstehen, warum so viele Regierungen Fehler machen. Warum geben sie Versprechen, die sie nicht einlösen können? Warum geben sie mehr Geld aus, als sie haben?« Und für die Russische Föderation, den flächenmäßig größten Staat der Welt, bringt der Politologe Alexander Rahr nach einem Bericht der *Frankfurter Allgemeinen Zeitung* diesen immer weiter verbreiteten Blick auf uns Europäer so hart auf den Punkt, dass ich ihn hier wiedergeben möchte: Die Europäer glaubten heute fast so religiös an die Demokratie wie einst Lenin und Trotzki an den Kommunismus – sie seien überzeugt, das Ziel aller historischen Entwicklung gefunden zu haben und damit den Rest der Welt beglücken zu müssen. Doch während sie eifrig damit beschäftigt seien, die demokratischen Spielregeln auf dem Kontinent zu perfektionieren, hätten sie keine Strategie für den Umgang mit der Welt, wie sie wirklich ist. Das »Fest der Freiheit« mache die Europäer für die globalen Realitäten blind.

Ich teile diese Ansicht nicht, ich weise sie zurück. Aber ich stelle mir die Frage: Ist unsere Demokratie stark und zukunftsfähig genug, um diesem internationalen Gegenwind auf Dauer standzuhalten? Die Form der Demokratie, wie wir sie schätzen und kennen, existiert in Deutschland erst seit 1949. Dreiundsechzig Jahre – in der Geschichte der Welt ist das nicht mehr als ein Wimpernschlag. Es gibt für unsere Demokratie keine Zukunftsgarantie. Man muss etwas dafür tun.

Demokratie braucht Erneuerung

Ein großes Problem unserer Demokratie ist: Die Politik hat immer weitreichendere Entscheidungen zu treffen, die Belastungen in der Gegenwart bedeuten, aber positive Wirkungen erst in der Zukunft entfalten. Ganz offen wird heute aus anderen politischen Systemen heraus behauptet, die Demokratie sei deshalb nicht mehr in der

Lage, mit Herausforderungen wie dem Klimawandel oder den Schuldenkrisen fertigzuwerden. Das darf nicht sein.

Um diese These auch in der Praxis zu widerlegen, ist aus meiner Sicht eine Erneuerung unserer repräsentativen Demokratie notwendig. Der Rhythmus von Wahlen in Bund und Ländern ist für langfristige Entscheidungen zu dicht. Die vierjährige Legislaturperiode des Bundestags ist meiner Ansicht nach nicht mehr zeitgemäß. Erstens sind die positiven Folgen von politischen Entscheidungen zu selten spürbar und erkennbar. Zweitens bleiben bei monatelanger Anlaufzeit zu Beginn der Legislaturperiode und einem Dreivierteljahr Wahlkampf am Ende nur drei Jahre zum Regieren. Können wir uns das leisten? Die Herausforderungen sind aber komplexer geworden und gute politische Arbeit ebenso. Aus diesen Gründen schlage ich vor: Die Legislaturperiode des Bundestags sollte auf fünf oder sogar sechs Jahre verlängert werden. Außerdem sollten die permanenten Landtagswahlen auf maximal einen Termin pro Jahr gebündelt werden. Dies ist notwendig, um die Rücksichtnahmen der Parteien auf die spezifischen Anliegen ihrer jeweiligen Wahlkämpfer auf ein vernünftiges Maß zu reduzieren. Zu oft entsteht der Eindruck, es werde nicht konsequent gehandelt, weil irgendwo in der Republik gerade die nächste Wahl vor der Tür steht.

Aber: Eine Verlängerung der Wahlperiode darf natürlich nicht zu weniger Demokratie führen – ganz im Gegenteil. Wir brauchen im 21. Jahrhundert nicht weniger Demokratie, sondern mehr. Deshalb unterstütze ich zusätzlich die Einführung von Volksentscheiden auf Bundesebene. Wir müssen die repräsentative Demokratie in Richtung größerer Bürgerbeteiligung weiterentwickeln. Die Parteien- und Gremiendemokratie hat zu einer gewissen politischen Enthaltsamkeit vieler Bürger geführt, der wir begegnen müssen. In Bayern haben wir gute Erfahrungen mit Volksentscheiden gemacht, auch wenn sie manchmal gegen die Position der Staatsregierung ausgegangen sind. Aber das ist zu akzeptieren, und es hatte vielfach eine befriedende Wirkung. Natürlich ist es nicht praktikabel und auch nicht sinnvoll, ein Land wie Deutschland ähnlich wie die

Schweiz maßgeblich durch direkte Demokratie zu regieren. Wenn man zu Volksentscheiden auf Bundesebene grundsätzlich Ja sagt, muss deshalb endlich auch eine breite inhaltliche Diskussion geführt werden, welche Politikfelder für diese Form der Bürgerbeteiligung überhaupt infrage kommen. Das bloße Glaubensbekenntnis zur direkten Demokratie reicht allein nicht aus. Bei der Ausformung direkter Demokratie geht es um schwierigste politische und juristische Abgrenzungsfragen. Wir haben in Deutschland ganz bestimmt keinen Mangel an Kommissionen zu diesem und jenem, zu bedeutenden Fragen und weniger gewichtigen. Manche sprechen geradezu von einer »Kommissionitis« – ich selbst gelegentlich auch. Aber für die Entwicklung von Elementen direkter Demokratie empfehle ich die Bildung einer Kommission »Moderne Demokratie« mit Vertretern der Parlamente, der Regierungen, der Parteien, mit Politikwissenschaftlern und Juristen und natürlich offen für Vorschläge aus der Bürgerschaft. Was bei der Reform des Föderalismus möglich war, muss auch bei der Reform der demokratischen Entscheidungsfindung möglich sein – der Zeitplan sollte allerdings etwas ehrgeiziger angelegt werden. Wenn man einen solchen konstruktiven und lösungsorientierten Weg nicht geht, werden alle Plädoyers für mehr Bürgerbeteiligung nur Lippenbekenntnisse bleiben. Klar ist für mich: Die allermeisten Entscheidungen müssen auch in Zukunft im Parlament getroffen werden. Aber mit vernünftigen Hürden – die hoch genug sein müssen – können Volksentscheide eine wichtige Ergänzung und auch ein Korrektiv sein. Ich bin davon überzeugt: Die etablierte Politik würde von mehr direkter Demokratie sogar profitieren.

Nur dürfen wir uns auch nichts vormachen. Direkte Demokratie klingt verlockend, sie ist aber deutlich anstrengender, für die Politik und vor allem auch für die Bürger. Die Politik muss mehr erklären, und die Bürger müssen sich stärker interessieren und mehr zuhören. Man sollte schließlich wissen, worüber man abstimmt. Wie anspruchsvoll das sein kann, war anlässlich der Debatte um Stuttgart 21 und den Ausbau des Münchner Flughafens zu erleben. Es entscheidet nicht mehr der Abgeordnete, der Repräsentant, sondern der Bürger selbst. Und deshalb muss dieser Bürger wissen: Er übernimmt bei der direkten Demokratie mehr Verantwortung als bei einer Wahl. Es ist schwieriger, selbst abzustimmen, selbst für eine konkrete Entscheidung Verantwortung zu übernehmen. Leichter ist es, Abgeordnete zu wählen und sie dann für ihre Entscheidungen zu kritisieren. Ist der Bürger bereit, sein Gegenwartsinteresse auch einmal gegenüber dem Zukunftsinteresse zurückstehen zu lassen? Ist der Bürger bereit, das Gemeinschaftsinteresse auch einmal über sein Eigeninteresse zu stellen? Ist dem Bürger klar, dass der Staat nichts Abstraktes ist, dass die Schulden im Staatshaushalt unsere gemeinsamen Schulden sind und dass wir alle zusammen pleite sind, wenn der Staat pleitegeht? Will er ein Staats-Bürger im besten Wortsinne sein? Das muss schonungslos und offen mit der Bevölkerung diskutiert werden. Wenn eine Mehrheit der Bevölkerung sich wirklich beteiligen will, ist es gut. Davon gehe ich aus, und das hoffe ich auch. Wenn aber eine Mehrheit so oder so mit Politik nichts anfangen kann und eigentlich »ihre Ruhe will«, ist die direkte Demokratie die falsche Form. Dann besteht die Gefahr, dass man ausschließlich aktiven Minderheiten den Weg zur Macht ebnet – und das wäre nicht besonders demokratisch.

Demokratie braucht Demokraten – direkte Demokratie erst recht. In unserer von Umfragen geprägten Demokratie erfahren wir jede Woche mehrmals, wie die Mehrheiten in dieser oder jener Frage aussehen und wie die Menschen wählen würden, wenn am nächsten Sonntag Bundestagswahl wäre. Was dabei so gut wie immer unter den Tisch fällt, ist die wachsende Gruppe derer, die überhaupt nicht zur Wahl gehen wollen. Die Nichtwähler sind das große Rätsel unserer Demokratie, mit ihnen beschäftigen sich Politik und Wissenschaft viel zu wenig. Es ist ein demokratisches Recht, nicht zu wählen. Aber das Ziel muss dennoch sein, Nichtwähler wieder für die Demokratie zu aktivieren. Sonst wird die Zahl derer immer größer, die sich aus welchen Gründen auch immer nicht am demokratischen Prozess beteiligen. Gerade noch 59,6 Prozent wählten zuletzt den Landtag von Nordrhein-Westfalen. Besonders erstaunlich ist aber auch, dass ausgerechnet die viel diskutierten und populären Bürgerentscheide oft eine noch geringere Beteiligung erfahren als die Parlamentswahlen. Was sind die Motive der Nichtwähler? Was ist ihre Kritik? Sind sie für Wahlen wiederzugewinnen? Und wie könnte das umgesetzt werden? Um diesen Fragen einmal fundiert nachzugehen, habe ich in meiner Eigenschaft als Beiratsvorsitzender der ProSiebenSat.1 Media AG gemeinsam mit Minu Barati-Fischer, Wolfgang A. Herrmann, Heike Kahl, Dieter Kronzucker, Markus Lüpertz, Christine Theiss und Klaus Töpfer eine umfassende Nichtwähler-Studie veranlasst, die Anfang 2013 vorgestellt werden soll.

Demokratie braucht auch Nachwuchs. Es ist mir ein großes Anliegen, dass wir junge Leute demokratisch bilden und nach Möglichkeit auch motivieren, ihr Wahlrecht auszuüben. Eine besondere Verantwortung kommt hier den Medien zu, die junge Zuschauer erreichen. Ich bin überzeugt, dass man Politik auch so darstellen kann, dass das jüngere Publikum nicht – im wahrsten Sinne des Wortes – abschaltet. Demokratie muss kein Quotenkiller sein. Natürlich muss das in einer Sprache und in einer Form erfolgen, die die jungen Leute auch tatsächlich ansprechen. Der genannte Medienbeirat hat auch dazu konkrete Schritte vorgeschlagen. Und der Konzern hat auf Anregung des Beirats beschlossen, gemeinsam mit einer großen deutschen Journalistenschule und einem Online-Medium ein auf drei Jahre angelegtes Pilotprojekt zur Entwicklung neuer politischer und wirtschaftlicher Informationsformate für junge Menschen zu starten. Auch die Politiker selbst sollten sich öffnen für neue Formen der Politikvermittlung, wenn sie die Wähler von morgen noch erreichen wollen.

Das Wohlgefühl von heute garantiert nicht den Wohlstand von morgen. Wir können langfristig die Renten nur hoch halten und die drohende Altersarmut bewältigen, wenn wir innovativ sind und uns anstrengen. Ich werde nicht müde, darauf hinzuweisen. Dabei müssen wir die demografische Entwicklung noch unter einem weiteren Gesichtspunkt betrachten. Was bedeutet sie für die Fähigkeit der Demokratie zum Fortschritt? Was bedeutet es für Wahlen und Volksentscheide, wenn eine deutliche Mehrheit der älteren Generation angehört? Es waren nicht in erster Linie veränderungswütige Junge, die zu Zigtausenden gegen einen modernen neuen Bahnhof in Stuttgart demonstriert haben. Vielmehr waren es auch gutsituierte Wohlstandsbürger, die Altes bewahren wollen und Neues skeptisch sehen. Zu den Olympischen Spielen 1972 herrschte in München Aufbruchsstimmung, Begeisterung, es wurde geplant und gebaut, München machte den Sprung zur Weltstadt mit Herz. Bei der Bewerbung 2018 war von dieser Begeisterung keine Spur. Die Stimmung war teilweise: Was habe ich von Olympia? Jahrelangen Lärm und Dreck und dann Besucherströme aus aller Welt, die ich gar nicht will. Ich will gar keinen Aufbruch, sondern meine Ruhe. Das ist alles menschlich nachvollziehbar. Aber eine Gesellschaft darf sich ihrer Innovationskraft nicht berauben.

Demokratie ist anstrengend. Im Moment geht es uns in Deutschland besser als den meisten Regionen der Erde. Wir treten selbstbewusst auf und sagen anderen Ländern: Ihr habt Reformen versäumt. Ihr habt zu wenig für eure Wettbewerbsfähigkeit getan. Eure Infrastruktur ist von vorgestern. Nehmt euch ein Beispiel an Deutschland. Aber auch für uns gilt: Stillstand ist Rückschritt – das ist nicht nur eine Floskel. Andere Regionen der Welt brechen auf. Der weltweite Flugverkehr etwa wird an Bedeutung und Umfang weiter zunehmen, ob uns das gefällt oder nicht. Die international agierenden Unternehmen werden ihre Investitionen nach Luftverkehrsdrehkreuzen und leistungsstarken Schienenverbindungen ausrichten, ob uns das gefällt oder nicht. Und wenn die Kapazitäten unserer Flughäfen erschöpft sind und wir sie nicht mehr erweitern, dann wird eben woanders geflogen und investiert. Was das für den Exportweltmeister Deutschland bedeutet, der seinen Wohlstand auf internationalen Handel gründet, muss man nicht weiter ausführen. Wenn wir nichts mehr tun, wenn wir unsere Infrastruktur nicht erneuern und verbessern, wenn wir nur noch ablehnen, wird man auch uns spätestens in einigen Jahren sagen: Ihr habt es versäumt, ihr liegt zurück. Modernisiert euer Land, sonst werdet ihr abgehängt. Für die Versäumnisse heute bezahlen wir morgen – das kann schon sehr bald der Fall sein. Hier ist die Politik gefordert, dies klar zu formulieren. Aber es ist genauso Aufgabe der Wirtschaft und der intellektuellen Köpfe unseres Landes.

Das sogenannte Großprojekt hat heute generell einen negativen Klang. Würde man die Bürger allgemein fragen: Sind Sie im Grundsatz für oder gegen Großprojekte, gäbe es wohl eine Mehrheit dagegen. Ein gravierendes Problem dabei ist: Die Verfahren zur Umsetzung großer Infrastrukturvorhaben sind heute so lang und kompliziert, dass sie keine befriedende Wirkung mehr entfalten. Dabei war die ursprüngliche Absicht vielleicht nicht einmal schlecht. Alle Einwendungen werden penibel und sorgfältig geprüft, der Rechtsweg steht offen. Aber in dem Bemühen, alles zu berücksichtigen, haben sich Verfahren herausgebildet, die nur noch von spezialisierten Juristen verstanden werden. Zwar sind die Bürger anfänglich oft noch interessiert, in den jahrelangen rechtlichen Diskussionen und Spitzfindigkeiten gehen sie aber nach und nach »verloren«. Und wenn sich die Verfahren dem Ende zuneigen und ein Baubeginn näher rückt, sind Überraschung und Unzufriedenheit groß und entladen sich in Protesten. Die inzwischen amtierenden Politiker wiederum sind verunsichert und fragen sich bald, ob wirklich sein muss, was ihre Vorgänger vor Jahren auf den Weg gebracht haben.

Mein Vorschlag zu dieser Entwicklung ist: Zunächst sollte bei Großprojekten eine obligatorische Bürgerbeteiligung erfolgen. Dafür müssen auch neue Verfahren entwickelt werden, die Schlichtung bei Stuttgart 21 könnte dafür ein Vorbild sein. Vor den weiteren Planungen sollte dann die politische Grundsatzentscheidung für oder gegen ein Projekt fallen – je nach Einzelfall durch Bürger- oder Volksentscheid beziehungsweise im zuständigen Parlament. Diese Grundsatzentscheidung ist dann die Leitlinie für das weitere Vorgehen und kann aufgrund ihrer demokratischen Legitimation auch eine befriedende Wirkung entfalten.

Fortschritt und Nachhaltigkeit sind kein Widerspruch, sondern gehören untrennbar zusammen. Nachhaltigkeit heißt, den Kindern und Kindeskindern einen intakte Umwelt und einen intakten Staat zu hinterlassen. Das ist nur erreichbar, wenn man das Land immer wieder auch mit Reformen auf die Zukunft einstellt. Es ist eben nicht nachhaltig, nur alles so zu lassen, wie es ist. Der »Wutbürger« – die neue und schon wieder im Abschwung befindliche moralische Instanz – ist nicht unbedingt nachhaltig. Mit ihm ist auch kein Staat zu machen. Nachhaltigkeit heißt nicht, nur nichts Neues, nur kein Fortschritt, nur »Nein«. Das Gegenteil von Nachhaltigkeit sind übrigens Konjunkturprogramme. Noch immer wird politisch vertreten, der Staat müsse die Wirtschaft mit solchen Konjunkturprogrammen ankurbeln, und mit den erzielten Einnahmen könnten die Schulden dann wieder getilgt werden. In der Theorie mag dies ja funktionieren. In der Praxis war es aber genau diese Politik, die uns die unvorstellbaren Schuldenberge mit eingebrockt hat. Ein Hund legt sich eben keinen Wurstvorrat für schlechte Zeiten an. Er stürzt sich gierig auf das, was er bekommt.

Einlösen, darüber dürfen wir uns keine Illusionen machen, können wir die Verpflichtung zur Nachhaltigkeit nur auf eine Weise: mit verantwortbarem Wachstum. Natürlich müssen wir sparen und konsolidieren. Das ist eine große politische Gestaltungsaufgabe. Aber ohne Wachstum sind die nationalen und weltweiten Probleme nicht zu lösen, sind die Schulden nicht zu bezahlen, ist unser Wohlstand nicht zu sichern.

Langfristig hängt Wachstum von zwei entscheidenden Faktoren ab: von der Bevölkerungsentwicklung und der Innovationskraft. Die Bevölkerung ist in Deutschland rückläufig, und damit haben wir von vornherein ein geringeres Wachstumspotenzial gegenüber jungen, aufstrebenden Wirtschaftsräumen oder den USA. Und die Deutschen werden auch immer älter. Die Bevölkerungsentwicklung gibt also Anlass zur Sorge, nicht zu besonderer Hoffnung. Deshalb ist Fortschritt umso wichtiger und für uns die eigentliche, zentrale Weichenstellung. Die Politik kann Innovationen nicht verordnen, aber sie kann sie beschleunigen.

Anzusetzen gilt es zunächst einmal in den Köpfen. Der Wert der Leistung ist dabei ein ganz entscheidender Faktor. Eine überragend hohe Bedeutung hat in Deutschland aber die soziale Gerechtigkeit. Das ist grundsätzlich auch in Ordnung, denn wir bekennen uns nicht nur zur Freiheit, sondern auch zur Nächstenliebe: Wir dürfen niemanden am Wegesrand liegen lassen, der unsere Hilfe und Unterstützung braucht, wir haben eine soziale Verantwortung. Aber wir müssen auch dem Gedanken der Leistung wieder einen höheren Stellenwert geben. Nur so können wir ein gutes Leben für uns und unsere ganze Gesellschaft erreichen. Wir müssen genauso stolz sein in Deutschland auf den Nobelpreis eines Wissenschaftlers wie auf einen Weltmeistertitel unserer Fußballer.

Der Schlüssel zu Fortschritt und Leistung ist die Bildung. Bildung ist aber keine Selbstverständlichkeit. Bildung fliegt einem nicht zu. Bildung ist ein Angebot und eine Chance. Die Angebote müssen wir ständig verfeinern und verbessern. Die Chancen müssen für alle gleich sein. Bildung ist aber auch – und das kommt mir manchmal in der Diskussion zu kurz – Lohn von Anstrengung. Wir müssen als Erwachsene, vor allem als Eltern, Anstrengung und Leistung auch vorleben. Gerade Kinder brauchen auch die Freude, Herausforderungen erfolgreich zu meistern.

Unsere Politik vermeidet es zu oft, den Menschen reinen Wein einzuschenken. Die Bürger wollen die Wahrheit häufig aber auch gar nicht hören. Der Überbringer unangenehmer Nachrichten wird nicht geliebt und nicht gewählt. Das ist menschlich mehr als verständlich. Aber um Mehrheiten für notwendige Entscheidungen zu gewinnen, muss man die Bürger manchmal auch aufrütteln und mit harten Realitäten konfrontieren.

Im Aussprechen unbequemer Wahrheiten sehe ich für die Politik noch Luft nach oben. Gelegenheiten dazu gäbe es viele: Die Euro-Krise gefährdet unser Lebensmodell. Der Klimawandel ist längst im Gang. Die Energiewende gibt es nicht zum Nulltarif. Die Rente ist nicht so sicher, wie wir glauben. Wir haben in Deutschland zu wenig Kinder. Die Welt wächst, Deutschland schrumpft. Die Entziehungskur von der Schuldensucht wird schmerzhaft, auch in Deutschland. Und, und, und. Die Herausforderungen sind groß, Patentrezepte gibt es kaum. Ich bin optimistisch, dass wir sie mit unserer Innovationskraft und unserem Fleiß bewältigen – wenn wir ihnen offener ins Gesicht sehen. Es darf nicht mehr sein, dass das bloße Aussprechen unbequemer Wahrheiten den politischen Bann zur Folge haben kann. Ex-Bundespräsident Horst Köhler hat das erlebt, als er nach dem Benennen einer Selbstverständlichkeit – der Sicherung von außenwirtschaftlichen Interessen Deutschlands – praktisch zum Rücktritt getrieben wurde. Zur Wahrheit gehört eben auch, dass viele in Deutschland gedanklich noch zu wenig in der globalisierten Welt des 21. Jahrhunderts angekommen sind. Im persönlichen Leben werden die Chancen der entgrenzten Welt durchaus wahrgenommen, von der Kommunikation mit dem Smartphone bis zu den Urlaubsreisen in fernste Länder. Aber politisch denken viele noch allzu gerne in den Kategorien des alten Nationalstaates nach dem Motto: Deutschland soll eine große Schweiz sein. Jeder kehrt vor seiner Tür und sauber ist das Stadtrevier – das war und ist eine verbreitete Denkweise. Leider ist die

Welt nicht so einfach – in der internationalen Finanzkrise nach der Lehman-Pleite mussten wir dies bitter erkennen.

Das hat Konsequenzen für unser Auftreten in der Welt. Deutschland betreibt aus guten Gründen nach der Katastrophe des Zweiten Weltkriegs eine defensive und zurückhaltende Außenpolitik. Aber zwanzig Jahre nach der Wiedervereinigung reicht es nicht mehr aus, wenn sich nur intellektuelle Eliten mit außenpolitischen Fragen beschäftigen. Außenpolitik muss einen anderen Stellenwert in der politischen und gesellschaftlichen Diskussion bekommen.

Neben dem Mut zur Wahrheit brauchen wir in der politischen Diskussion auch die notwendige Klarheit. Demokraten müssen verantwortlich sprechen, aber sie müssen so sprechen, dass die Bürger sich in dem Gesagten auch wiederfinden. Politik darf sich nicht mit einem Pferch der sogenannten Political Correctness umgeben: Wer sich außerhalb dieses Pferchs bewegt, wird vom politischen Betrieb exkommuniziert. Die Bürger dürfen nicht den Eindruck bekommen, die da oben reden doch sowieso nur unter sich, in einer gekünstelten Sprache, und nehmen unsere Alltagssorgen gar nicht mehr wahr. Ich selbst habe mich immer dem Verein für klare Aussprache zugehörig gefühlt. Zugegeben, natürlich habe ich auch auf die Political Correctness geachtet, um nicht ständig im Mittelpunkt großer medialer Aufregung zu stehen – oft genug widerfuhr mir dies trotzdem. Die in den Medien und im Parlament geführten Diskussionen dürfen nicht gänzlich andere sein als im Volk, in der Familie, am Arbeitsplatz.

In früheren Zeiten, als in der Politik eher die Gesinnung im Mittelpunkt stand als die Pragmatik, wurde öffentlicher Gegenwind weniger gescheut. Strauß hat gesprochen wie seine Anhänger. Viele haben gesagt: »Der sieht das Problem so wie ich.« Zur Verdeutlichung sei an sein Wort erinnert, die Deutschen müssten wieder den aufrechten Gang lernen, das eben nicht nur Beifall auslöste, sondern auch massive Kritik. Auf der anderen Seite war Willy Brandt für die politische Linke eine charismatische Persönlichkeit, die Menschen gewinnen konnte. Als er in Warschau niederkniete, hat er in Kauf genommen, dass ein Großteil der Deutschen das nicht unbedingt gutheißen würde. Aber seine Position war klar, und es konnte politisch darüber gestritten werden. Natürlich sind die Zeiten heute anders, aber etwas mehr klare Kante würde der politischen Kultur durchaus guttun. Der Erfolg von – gewollten oder ungewollten – Klartext-Interviews bei den Bürgern spricht für sich. Etwas mehr davon kann bestimmt nicht schaden.

Offenbar bereitet es Teilen unserer Gesellschaft immer noch gewisse Schwierigkeiten, die Demokratie als Wettbewerb der politischen Konzepte und Ideen, als Ringen um die besten Lösungen, aber auch als Konkurrenz von Persönlichkeiten zu begreifen. Es ist falsch, wenn dies in Medien und Öffentlichkeit mit dem zum Negativbegriff gewordenen »Parteienstreit« belegt wird. Die Überschriften und Titel in den Meldungen lauten dazu mit großer Sicherheit: »Streit spitzt sich zu.« So kommt eine Harmonievorstellung zum Ausdruck, die mit einer gelebten Demokratie gar nicht vereinbar ist. Die deutsche Gesellschaft muss Konflikte wieder ertragen lernen. Politische Auseinandersetzung kann produktiv sein. Am Ende ist auch Konsens wichtig. Aber die Sehnsucht nach dem Konsens darf nicht von vornherein die produktive Streitkultur unterdrücken. Oder gar dazu führen, nicht Konsensfähiges auf die lange Bank zu schieben und sich vor einer Entscheidung zu drücken.

Demokratie braucht (Volks-)Parteien

An bürgerschaftlichem Engagement mangelt es in Deutschland nicht. Vereine, Verbände, Bürgerinitiativen leisten großartige Arbeit. Ihr Beitrag für unsere Demokratie ist nicht hoch genug einzuschätzen. Im Grundgesetz steht aber nach wie vor: »Die Parteien wirken bei der politischen Willensbildung des Volkes mit.« Demokratie ohne Parteien funktioniert nicht. Unter dem Strich haben die Parteien in der Bundesrepublik Deutschland eine gute Arbeite geleistet. Leider werden die Mängel, die es auch gibt, oft stärker in den Vordergrund gerückt als die Leistungen. Die Parteien haben daran selbst einen nicht geringen Anteil. Gut zum Ausdruck kommt das in einer der heftigsten Beschimpfungen, die unsere Politik und unsere Gesellschaft zu bieten hat: Das ist doch reine Parteipolitik! Dieser Vorwurf diskreditiert einen Vorstoß der Konkurrenz mehr als jedes sachliche Argument – ich habe ehrlich gesagt von diesem Stilmittel selbst auch Gebrauch gemacht. Aber was sollen die Menschen von der Parteipolitik halten, wenn sie als schlimmstes anzunehmendes Übel angesehen wird? Was ich sagen will: Bei aller Konkurrenz in der Sache sollten die Parteien ihre wichtige Rolle in der Demokratie gemeinsam schützen und stärken. Persönlicher Respekt darf trotz der Ablehnung einer inhaltlichen Position nicht zu kurz kommen.

Vor gar nicht so vielen Jahren gab es in Deutschland ein geflügeltes politisches Wort: Wir wollen keine italienischen Verhältnisse. Damit waren nicht Rotwein und Pasta gemeint, auch nicht die gegenwärtige Wirtschaftskrise. Gemeint war: Die Erfolgsgeschichte der Bundesrepublik Deutschland hängt ganz entscheidend damit zusammen, dass wir immer stabile Regierungen aus zwei Regierungsfraktionen hatten. Und eine starke Opposition – die Großen Koalitionen von Union und SPD blieben die Ausnahme. Das ist das staatspolitische Erfolgsmodell der letzten Jahrzehnte. Die Volksparteien haben einen ganz wesentlichen Anteil am Aufstieg Deutschlands und an der politischen, wirtschaftlichen und sozialen Stabilität. Ihre große Leistung ist es, eine Vielfalt von Meinungen und Interessen aufzunehmen, sie zu bündeln und konsensfähig zu machen. Viel-Parteien-Bündnisse, wie wir sie lange Zeit in Italien und anderen europäischen Ländern beobachten konnten, sind wesentlich fragiler. Nicht selten brechen sie vorzeitig auseinander, weil die innerparteiliche Konsensbildung fehlt. Koalitionen brechen schneller auseinander als Volksparteien. Starke Volksparteien sind notwendig für eine gute Entwicklung, weil sie stabile Regierungen garantieren.

Doch trotz des objektiven Erfolgs: Im Moment hätte eine klassische Zweier-Koalition keine Mehrheit. Im Bundestag sitzen fünf, vielleicht bald sechs Fraktionen. Diese Vielfalt gilt vielen als modern, lebendig und zeitgemäß. Trotzdem: Starke Volksparteien sind eine Wesensmerkmal eines erfolgreichen Deutschlands und im staatspolitischen Interesse. Eine Tendenz zu mehreren Mittelparteien würde für Deutschland eine Schwächung bedeuten. Ich möchte durchaus das Nachdenken anregen, ob ein Trend zur Zersplitterung des Parteiensystems unserem Land wirklich guttut. Zwangsläufig ist dieser Trend nicht – die Wählerinnen und Wähler haben es in der Hand.

Und bevor es ein Missverständnis gibt: Es bleibt die Aufgabe der Volksparteien selbst, für möglichst viele Menschen attraktiv und wählbar zu sein. Haben sie noch die erforderliche Bindekraft? Können sie die Menschen über soziale Schichten hinweg zusammenführen? Haben sie die Kraft, das Gesamtinteresse des Landes und seiner Bürger zu vertreten, nicht nur Einzelinteressen – so berechtigt sie auch sein mögen?

Ich halte es zum Beispiel für ein Problem, dass auch in den Volksparteien Fragestellungen sehr stark unter dem Gesichtspunkt einer betroffenen Minderheit erörtert werden, aber die schweigende Mehrheit sich in diesen Debatten oft nicht mehr wiederfindet. Das Thema, ob die Erhöhung der Hartz-IV-Beträge um fünf Euro ausreichend ist, erregt die öffentliche Meinung viel mehr als die Abzocke des Mittelstands durch die kalte Steuerprogression. Wenn aber die Menschen das Gefühl bekommen, ihre Anliegen werden nicht entsprechend ernst genommen, sind sie schwer zu mobilisieren.

In einer sich rasant wandelnden Welt haben gerade die bürgerlich-konservativen Parteien eine große Aufgabe: Tradition und Moderne so miteinander zu verbinden, dass eine Mehrheit der Bürgerinnen und Bürger auf dem Weg in die Zukunft mitgenommen wird. Je schneller sich die Welt verändert und je unübersichtlicher sie wird, desto größer wird das Bedürfnis nach Leitplanken. Es ist kein Zufall, dass die Pflege von Heimat und Tradition ausgerechnet in dieser Zeit einen solchen Zulauf erfährt, gerade auch von jungen Leuten. Wenn sich eine Partei nicht verändert, wird sie von den Wählern verändert – das habe ich meiner Partei immer wieder gepredigt und das bleibt auch richtig. Aber es ist entscheidend, bei der Veränderung lange vertretener Positionen zuerst auch an die eigenen Anhänger und potenziellen Wähler zu denken. Noch einmal: Neue Wählerschichten erschließen ist gut, wenn dabei nicht die eigenen Anhänger irritiert werden. Das Werben um neue Wähler sollte nicht zu schlechteren Wahlergebnissen führen.

Eine historische Aufgabe von CDU und CSU bleibt, wie es Franz Josef Strauß formulierte, dass es rechts von der Union keine demokratisch legitimierte politische Kraft in Deutschland geben darf. Bisher hat die Union diesen Auftrag erfolgreich erfüllt. Neben einer guten Unionspolitik schützte uns bisher auch die deutsche Geschichte vor Rechtspopulisten im Deutschen Bundestag. In den meisten anderen europäischen Ländern sind solche Rechtsparteien leider in den Parlamenten vertreten. Verantwortliche Unionspolitik muss dies immer im Auge haben. Ich kann nur davor warnen, in der Zukunft das konservative Spektrum in unserer Bevölkerung zu vernachlässigen. Es gibt auch viele Menschen, die sich in der politischen Mitte nicht wiederfinden und nach wie vor sehr auf die Kraft der Nation setzen. An deren demokratischer Einbindung müssen alle Demokraten ein elementares Interesse haben.

Immer wieder taucht in der politischen Diskussion die Frage auf, ob CDU und CSU noch in notwendigem Maße konservative Positionen bewahrten. Mir persönlich ist diese Debatte meist zu theoretisch. Die Bevölkerung beurteilt die Parteien und das politische Personal nicht nach abstrakten Diskussionen, sondern nach konkreten Taten. Ob das konservative Element so zum Tragen kommt, wie es für den Erfolg der Union notwendig ist, entscheidet sich einzig und allein an den Sachfragen. Richten wir in der inneren Sicherheit unser Augenmerk mehr auf das Opfer oder auf den Täter? Kümmern wir uns mit unserer Politik mehr um alternative Lebensformen oder um Ehe und Familie? Wo waren zum Beispiel die konservativen Bannerträger beim Betreuungsgeld? Erwarten wir von Migranten eine Integration in unsere Alltagskultur oder liebäugeln auch wir mehr mit multikultureller Vielfalt? Fördern wir die Leistungsträger unserer Gesellschaft oder lösen wir ausschließlich soziale Probleme? Liberal, sozial und – auch – konservativ: Das bleiben die drei Wurzeln von CDU und CSU. Sie müssen alle drei Wurzeln lebendig halten, um die Menschen zu gewinnen. Keine dieser Wurzeln darf zu kurz kommen, keine dieser Wurzeln gedeiht ohne Pflege. Wählerinnen oder Wähler, die »sowieso« Union wählen, gibt es jedenfalls nicht.

Bewährt hat sich, wie bereits beim »Mythos Kreuth« ausgeführt, die Aufstellung der Union mit zwei selbstständigen Schwesterparteien. Die CSU kann als die kleinere Schwester, dafür etwas homogener und ohne Parteiflügel, die Haltung der gesamten Union konturieren. Der Erfolg der CSU ist unbedingte Voraussetzung für gemeinsame Erfolge.

Aber vor allem passt die CSU zu Bayern und zur bayerischen Mentalität, die andere manchmal nicht auf Anhieb verstehen. Als große Volkspartei ist die CSU die beste Regierungspartei für Bayern. Viele haben am Premiumland Bayern ihren Anteil. Die innovative bayerische Wirtschaft mit ihren engagierten Beschäftigten, die Kirchen, Vereine und Verbände, die Bürgerinnen und Bürger. Jeder weiß, dass die Schönheit und die Attraktivität Bayerns nicht allein mit der CSU verbunden sind. Das haben wir auch nie behauptet. Aber ein bisschen haben die Identität und der Erfolg Bayerns eben schon mit der CSU zu tun, die seit den fünfziger Jahren die politische Verantwortung trägt und den Aufstieg des Landes politisch gestaltet.

Die Tatsache, dass Bayern ein Premiumland ist, wird nicht einmal von der Opposition bestritten. »Die CSU hat es ganz gut gemacht, jetzt kann man uns doch auch einmal an die Regierung lassen« – so klingt deren zentrales Argument, das einigende Band eines inhomogenen Oppositionsbündnisses, wenn man so will. Das ist natürlich viel zu wenig. Es reicht nicht, dass man als Opposition an die Macht will, wenn man nicht so recht weiß, was man mit dieser Macht für das Land über den Tag hinaus gestalten will. Ich spreche nun wirklich aus Erfahrung, welcher Vorteil es gerade im politischen Tagesgeschäft für Bayern ist, dass das Land eine eigene Partei hat. Eine Partei, die hier ihre Wurzeln und ihr Zentrum hat. Eine Volkspartei, die in den vielen kleinen und großen Fragen auch spezifisch bayerische Interessen in Berlin vertritt – auf Augenhöhe. Andere, die in Bayern Politik machen wollen, müssen – bei allem Respekt – ihre Anliegen erst einmal bei ihren Bundesvorsitzenden vortragen und darauf hoffen, dass sie nicht vergessen werden. Eine Drei-Parteien-Koalition, womöglich noch mit Duldung eines unerfahrenen bunten Haufens, würde in Berlin kein Bein auf den Boden bringen und den bayerischen Interessen schaden. Darauf hoffen manche andere Länder schon lange, die gerne mehr vom bundesdeutschen Kuchen hätten. Bayern fährt definitiv am besten mit einer eigenen Partei für die Regierung – in Berlin und in München. Wer mit offenen Augen durchs Land geht, sieht: Die CSU hat gezeigt, dass sie es kann.

Immer wieder wird die These vertreten, der starke Zuzug aus den anderen Bundesländern und neue, moderne Berufe würden die CSU automatisch schwächen. Das Beruhigende daran ist, dass das schon seit den sechziger Jahren behauptet wird; besonders intensiv wurde es bei meinem Amtsantritt 1993 vorgetragen. Bayern hat in all den Jahrzehnten seit dem Zweiten Weltkrieg Millionen von Menschen aufgenommen. Nach dem Krieg hatten wir fünf Millionen Einwohner. Seither sind wir auf zwölfeinhalb Millionen Einwohner angewachsen. Und seit vielen Jahren nimmt die Bevölkerung anderer Landesteile und Länder in Deutschland ab, während sie in Bayern stetig zunimmt. Trotzdem ist es uns in all den Jahrzehnten immer wieder gelungen, die Übereinstimmung von Land und Partei herzustellen und zu sichern. Zuwanderung aus den neuen Bundesländern haben wir seit über zwanzig Jahren. Zuwanderung aus der alten Bundesrepublik seit Jahrzehnten. Millionen von Heimatvertriebenen sind in den vierziger und fünfziger Jahren nach Bayern gekommen und wurden hervorragend integriert. Es ist also keine Besonderheit, dass sich Bayern durch Zuzug und Modernisierung der Gesellschaft immer wieder wandelt und erneuert. Die historische Aufgabe und Leistung der CSU war es aber stets – und bleibt es auch in Zukunft –, diese Menschen mehrheitlich an sich zu binden.

Demokratie braucht – ja, auch – Politiker

Die Deutschen vertrauen dem Staat. Zugleich pflegen sie eine kritische Distanz zu seinen Repräsentanten, bis hin zur Verachtung. Manche Skandale und Ungeschicklichkeiten von Politikern haben daran gewiss ihren Anteil. Aber ohne Politiker ist keine Demokratie zu machen. Auch diejenigen, die aus dem virtuellen Schwarm des Netzes kommen, finden sich im Erfolgsfall auf realen Stühlen im Parlament wieder. Legt dann ein Politiker konturiert, pointiert, abgrenzend, mit Leidenschaft und seiner gesamten Persönlichkeit eine Position dar, wird er mit hoher Wahrscheinlichkeit öffentlich zur Ordnung gerufen. Ist ihm das zu anstrengend oder zu riskant und verwendet er nur Allgemeinplätze, so heißt es schnell: Die schwafeln nur, diese glatt geschliffene Politik ist ja gar nicht auszuhalten. Ich plädiere für eine größere Toleranz gegenüber Politikern, ihre Persönlichkeit in die Debatten einzubringen. Das macht die Politik authentischer und motiviert eher mehr Bürger, sich auch öffentlich einzubringen.

Vielleicht müssen wir das Bild neu justieren, das sich Menschen von Politikern machen, das Politiker aber auch selbst von sich zeichnen. Dieses Bild sieht manchmal so aus: Der Politiker soll unentwegt volksnah bei den Menschen vor Ort sein, aber sich natürlich vorbildlich zur selben Zeit um seine Familie kümmern. Er – oder sie – soll ausgeruht, frisch und schlagfertig sein, aber rund um die Uhr erreichbar. Natürlich soll er im Detail Bescheid wissen, aber kein griesgrämiger Aktenfresser sein. Er soll nicht zu viel verdienen, aber großzügig spenden. Diese nicht ganz ernst gemeinte Aufzählung ließe sich beinahe beliebig fortsetzen. Die Antwort auf diese Erwartungshaltung ist: Politik ist wie das Leben, Politiker sind wie wir. Es geht in der Politik nicht anders zu als in anderen Lebensbereichen auch. Der große Unterschied ist, dass die Auseinandersetzungen und Unzulänglichkeiten in der Politik auf öffentlicher Bühne ausgetragen und präsentiert werden. Hinzu kommt eine gewisse Illusion, die mit dem Wort vom Parteifreund oder Genossen geweckt wird. Zumindest in der Berufspolitik geht es natürlich genauso um persönliches Fortkommen, wie in jedem Unternehmen auch. Nicht jeder Kollege ist ein Freund. Die Politiker sollten ihren Beruf weniger romantisieren und die Bürger den Beruf des Politikers weniger idealisieren. Dann wird es vielleicht auch wieder etwas leichter, guten Nachwuchs oder Quereinsteiger für die Politik zu gewinnen.

Abschreckend wirkt für viele, die sich ein großes politisches Engagement vorstellen können, auch, dass Politik zu oft als eine berufliche Einbahnstraße erscheint. Zwar wird der verstärkte Einstieg von Quereinsteigern immer wieder thematisiert und auch gefordert. Aber wenn es dann einmal dazu kommt, bestraft der gesamte politische Betrieb inklusive der Medien ein nicht ganz »regelkonformes« Verhalten unerbittlich. Vor allem aber wird der Weg zurück in die andere Richtung – von der Politik in die Wirtschaft – deutlich weniger begeistert begleitet. So finden sich frühere Kollegen sehr schnell auf irgendwelchen Listen à la »Die 20 größten Polit-Raffkes« wieder. Ob dies in den meisten Fällen gerechtfertigt ist und gute Leute für die Politik gewinnen kann, wage ich zu bezweifeln. Auch in den Unternehmen wird natürlich sehr genau abgewogen, ob man sich diese Schlagzeilen wirklich »antun« will. Roland Koch ist nach seinen Jahren als Hessischer Ministerpräsident Vorstandsvorsitzender eines international agierenden Unternehmens geworden. Dies ist seiner Kompetenz geschuldet und eine herausragende, aber viel zu seltene Ausnahme.

Eine Entwicklung, die ich für problematisch halte, ist der Einfluss der Demoskopie auf den politischen Prozess. Natürlich muss die Politik wissen, wie das Volk über dieses oder jenes politische Thema denkt. Etwa um zu sehen, wo man Argumentation und Überzeugung noch verstärken muss. Politik darf sich aber nicht allein in Meinungsbefragung erschöpfen. Wer nur aktuelle Stimmungen vollziehen würde, wäre kein Politiker, sondern ein reiner Verwalter. Der Politiker muss immer den Anspruch haben, Meinung zu gestalten, die Wählerinnen und Wähler von einer politischen Initiative zu überzeugen, von der man auch selbst überzeugt ist. Mein Eindruck ist: Die Bürger nehmen Politik oft als etwas Kurzatmiges wahr nach dem Motto: Hier stehe ich, ich kann morgen aber auch wieder anders. Es gibt eine Sehnsucht der Menschen nach Haltung und klaren Werten.

Der Eindruck von Kurzatmigkeit ist nicht nur eine Folge der Orientierung an Stimmungen. Der gesamte Politikbetrieb einschließlich der Medien ist in den letzten Jahren hektisch geworden. Ein negatives Beispiel hierfür sind für mich die großen politischen Gipfeltreffen. Oft hat man den Eindruck: Je bedeutender die Entscheidung, desto später die Nacht. Welche Unternehmensleitung trifft sich regelmäßig um acht Uhr abends und tagt dann bis in die frühen Morgenstunden? Welche Familie versammelt den Familienrat und entscheidet wichtige Dinge um zwei Uhr früh? Welchen Eindruck macht es auf die Bürger, wenn scheinbar übernächtigte Politiker über Milliarden entscheiden? Nun konnte ich Gott sei Dank immer auf eine gute Kondition vertrauen und manche Entscheidung im Morgengrauen doch noch in meinem Sinne beeinflussen. Bundeskanzlerin Angela Merkel ist in dieser Disziplin nahezu »unschlagbar«. Doch eigentlich ist es ein Fehlmanagement, das ich selbst nur zu gut kenne, wenn sich zu einer normalen Arbeitszeit keine Termine für die großen Beratungen finden lassen. Mögen die Entscheidungen dann noch so gut sein, Vertrauen in die Politik fördert dieses Procedere sicherlich nicht.

Nicht weitere Beschleunigung, sondern Entschleunigung würde unserer Demokratie sehr guttun. Otto von Bismarck nahm sich noch monatelange Auszeiten und zog sich auf seine Güter oder auch auf die Insel Norderney zurück. Konrad Adenauer und sein Gast, US-Präsident Dwight D. Eisenhower, gingen nach einem Termin im Bundeskanzleramt dort zu Bett und hielten Mittagsschlaf. Am Amtssitz des Bundeskanzlers gab es eigens dafür vorbereitete Schlafstätten. Noch Helmut Kohl pflegte diese Form der Ruhe. Zu meiner Anfangszeit in der Politik bekam man über die Ereignisse eines Tages am nächsten Mittag eine Auswahl der Presseartikel. Eine Reaktion war frühestens zwei Tage nach dem ursprünglichen Anlass in den Zeitungen. Keine Sorge, weder möchte ich eine Mittagsruhe über Berlin verhängen noch Tablets und Smartphones den Kampf ansagen. Was ich zum Ausdruck bringen will: Vielleicht haben etwas mehr Ruhe und Zeit zum Nachdenken der Politik nicht geschadet.

Heute wird Politik in »Echtzeit« betrieben. Wer nicht in kürzester Zeit reagiert, findet in der mediengeprägten Politik gar nicht mehr statt: »Tut uns leid, aber wir haben schon drei Reaktionen aus Ihrer Partei.« Die Stellungnahmen zu irgendwelchen Meldungen erfolgen oft ohne großes Überlegen, schließlich »muss es raus«. Der moderne Politiker benötigt auch keine Pressestelle mehr, er tippt selbst, gerne auch während einer Sitzung. Auch hier betone ich: Politik ist wie das Leben, das Kommunikationsverhalten der meisten ist so, meines allzu oft auch. Nur darf in der Politik bei aller Kommunikation nicht vergessen werden, dass Entscheidungen im Mittelpunkt stehen, die gut durchdacht und begründet werden sollten. Wenn ein Politiker etwas sagt, sollte er im Idealfall auch etwas zu sagen haben.

Muss Politik in »Echtzeit« wirklich sein? Was bedeutet das für die Qualität der Entscheidungen? Wollen das die Bürger überhaupt? Ich bezweifle es, weil die meisten Bürger den Tag über andere Probleme haben, als unentwegt auf die Regungen der Politik zu starren. Interessant scheint mir auch, dass gerade ältere Damen und Herren, die nicht mehr im politischen Tagesgeschäft aktiv sind und die sich auch ganz bewusst aus den ständigen politischen Ausschlägen heraushalten, besonderes Vertrauen in der Bevölkerung genießen. Auch Ruhe kann Vertrauen geben. Die hyperaktive Kommunikation ist in erster Linie ein internes Ritual von Politik und Medien. Wir werden das Rad nicht mehr zurückdrehen, aber vielleicht kann man es doch das eine oder andere Mal anhalten. Zum Schaden der Demokratie wäre es nicht.

Bei allen Problemen, die ich in diesem Buch angesprochen habe, ob auf bayerischer, ob auf deutscher, ob auf europäischer Ebene, mögen sie die Politik, die Wirtschaft oder ganz allgemein unsere Gesellschaft betreffen: Ich sehe mehr die Chancen als die Risiken. Und vor allem an die jüngere Generation möchte ich appellieren: Bringt euch ein, mischt euch ein, übernehmt Verantwortung und geht mit Schwung an die Dinge heran. Dann habt ihr wiederum alle Chancen. Weil die Welt sich ändert. Es ist eure Welt.

Bildnachweis

Bundesarchiv/Presse- und Informationsamt der Bundesregierung, Bildbestand: S. 147 (Julia Fassbender; Sig. B 145 Bild-00087679)
ddp images, Hamburg: S. 41 (AP/Christof Stache), 123 (dapd/Johannes Simon), 146 (Maurice Gambarini), 188 (dapd), 246 (AP), 257 (dapd/Sebastian Widmann), 283 (AP)
Getty Images, München: S. 245 (Johannes Simon)
imago, Berlin: S. 63 (Sepp Spiegl), 87, 119 (bd. Dieter Bauer), 219 (Astrid Schmidhuber)
picture-alliance, Frankfurt am Main: S. 253 (Peter Kneffel/dpa-Report)
Photoshot, London: S. 79
Privatbesitz Edmund Stoiber: S. 14
Reloaded: S. 196 (imagetrust/Laurence Chaperon)
Schroewig, Berlin: S. 260 (Ralf Succo)
Spiegel, Hamburg: S. 181
SZ Photo, München: S. 42 (Werek), 70 (Karl-Heinz Egginger), 160 (Rudolf Dietrich)
ullstein bild, Berlin: S. 167 (ddp), 173 (P.S.I. Bonn), 183 (LS-Press), 185 (Reuters), 193 (ddp), 269 (AP)